高等院校经济管理类"十三五"规划系列教材

管理学基础

主　编　曾仝声　吴　波
副主编　李　燕　黄冬波

华中科技大学出版社
http://www.hustp.com
中国·武汉

内 容 简 介

本书内容包括管理学的基本概念、管理理论、管理职能、管理方法,以及中国管理学的基础知识。第一章是绪论,第二章是管理思想理论,第三章至第八章是管理的六项职能。第九章是中国管理学概述,结合中国国情,讲解中国的管理智慧,此章为本书的亮点。书中还有案例分析和拓展阅读,用以提高本书的实用性和趣味性。

本书可供高职院校经济管理类相关专业的学生使用,也可供广大业内人士参考使用。

图书在版编目(CIP)数据

管理学基础/曾全声,吴波主编.—武汉:华中科技大学出版社,2018.8(2022.1重印)
ISBN 978-7-5680-4539-1

Ⅰ.①管… Ⅱ.①曾… ②吴… Ⅲ.①管理学-高等职业教育-教材 Ⅳ.①C93

中国版本图书馆 CIP 数据核字(2018)第 196748 号

管理学基础 曾全声 吴 波 主编
Guanlixue Jichu

策划编辑:张 毅	
责任编辑:赵巧玲	
封面设计:孢 子	
责任监印:朱 玢	

出版发行:华中科技大学出版社(中国•武汉) 电话:(027)81321913
武汉市东湖新技术开发区华工科技园 邮编:430223
录 排:华中科技大学惠友文印中心
印 刷:武汉邮科印务有限公司
开 本:787mm×1092mm 1/16
印 张:16.75
字 数:429千字
版 次:2022年1月第1版第4次印刷
定 价:45.00元

本书若有印装质量问题,请向出版社营销中心调换
全国免费服务热线:400-6679-118 竭诚为您服务
版权所有 侵权必究

前　言

管理学基础是高校经济管理类专业的必修课，主要阐释管理学的原理性知识。本书共九章，内容包括管理学的基本概念、管理理论、管理职能、管理方法，以及中国管理学的基础知识。第一章是绪论；第二章是管理思想理论；之后六章是介绍管理的职能，管理职能分别为组织、计划、领导、人事、协调、控制；最后一章是中国管理学概述，内容包括中国管理学的含义、中国管理学的理论基础、中国式管理精要和中国式管理的特色。

如何在教材中体现中国本土的特点，让中国人更好地学习管理，是一项重要的研究课题。本书是江西省高等学校教学改革研究课题"基于西方理论中国化视角的高职《管理学基础》教材创新建设研究"（编号：JXJG-16-94-2）的研究成果。本书的编者都是该课题组的成员，其中课题主持人曾全声编写第一、七、八、九章，共四章；吴波编写第二、四、六章，共三章；李燕编写第三、五章，共两章。黄冬波协助搜集第一、七、八章的案例资料。为了使本书内容更加生动、形象，本书使用的案例内容，尽量采用来自中国的管理文化案例，较少采用国外的案例。本书还添加了拓展阅读内容，以扩大学生的知识面。

改革开放以来，西方管理学大量传入中国，许多企业投入了大量的人力、物力，在硬件方面取得了很大的进步，但是由于西方的理论未必都能适合中国的国情，使得在实践应用中也出现了一些问题。由此引发了理论界结合中国国情对西方管理理论进行中国化的研究，根据中国的管理智慧，并吸取国外优秀的管理思想，总结提炼出中国管理实践的中国管理学。1986年，"中国管理研究"和"中国管理通鉴"是复旦大学经济管理研究所研究生的主要课程。国际管理界也对中国管理研究十分关注。编者从大量的对中国管理问题的研究中，吸收优秀的部分编入本书中，专门列出一章介绍中国管理学。

本书在编写过程中参考了国内外相关研究成果和文献，在此向所有帮助过本书编写和出版的朋友表示衷心的感谢！由于编者的时间和水平有限，书中难免存在疏漏之处，敬请读者批评和指正。

编　者
2018年5月

目　录

第一章　绪论 ··· 1
　第一节　管理概述 ·· 1
　第二节　管理学研究的内容 ··· 9
　第三节　管理学的学习方法与学习意义 ·· 11

第二章　管理思想理论 ·· 17
　第一节　管理思想的产生与演进 ··· 17
　第二节　古典管理理论 ·· 19
　第三节　行为科学理论 ·· 30
　第四节　现代管理理论新发展 ··· 35

第三章　组织 ·· 45
　第一节　组织概述 ·· 45
　第二节　组织设计 ·· 53
　第三节　组织结构形式 ·· 64
　第四节　组织变革 ·· 72
　第五节　组织文化 ·· 83

第四章　计划 ·· 94
　第一节　计划概述 ·· 94
　第二节　计划的种类与选择 ·· 98
　第三节　编制计划 ·· 104
　第四节　计划的执行——目标管理 ··· 114

第五章　领导 ·· 126
　第一节　领导概述 ·· 126
　第二节　领导理论 ·· 136
　第三节　领导的决策行为 ··· 147
　第四节　领导艺术 ·· 157

第六章　人事 ·· 174
　第一节　人事概论 ·· 174
　第二节　人力资源规划 ·· 176
　第三节　招聘与录用 ··· 180
　第四节　培训与开发 ··· 185
　第五节　绩效管理 ·· 188

第七章　协调 195
第一节　协调概述 195
第二节　协调的内容与要求 198
第三节　协调中的沟通 202

第八章　控制 217
第一节　控制概述 217
第二节　控制的原则与过程 220
第三节　控制的方法 227

第九章　中国管理学概述 237
第一节　中国管理学的含义 237
第二节　中国管理学的理论基础 242
第三节　中国式管理精要 247
第四节　中国式管理的特色 253

参考文献 262

第一章 绪 论

【本章学习目标】
1. 掌握管理的基本概念及内涵;
2. 了解管理的必要性和二重性及其特点;
3. 掌握管理者的概念、特征及类型;
4. 理解管理学的概念、研究对象和学科体系;
5. 理解管理学既是一门科学又是一门艺术。

第一节 管理概述

管理活动自古有之,只要有人群活动的地方,都存在管理活动。作为人类基本的活动之一,管理广泛地存在于现实的社会生活之中,大至国家,小到家庭,凡是由两个以上(含两个)的人组成的有一定目的的组织都离不开管理。换言之,管理是一切有组织的活动中必不可少的组成要素之一。

一、管理的概念

(一)管理的定义

自从有人类以来,就有了管理。如古代社会的男耕女织,就是分工与合作的一种表现。人类社会有各种组织,目的是希望由群体合作,获得较个人分别努力更丰富的成果。例如,政府、军队、教会及企业等,就代表了不同的组织,借以解决不同方面的问题。但是,人类组织是一种由具有不同思想、主张的分子组合而成的。一方面,它不像日月星辰之天体现象,遵循一定轨迹而运行;另一方面,又不像蚂蚁、蜜蜂之类的生物,自然分工有条不紊。因此仅维持组织的形式是不够的,主要的是这一组织能够密切配合、有效合作,以达成预期的目的,故需要有人对组织的构成要素,如人员、物料、器械、资金及工作方法进行协调,使其密切配合,此即一般管理。简言之,人类为了生存,必须分工合作,因而有组织的诞生,为了使组织能发挥其功效,则必须有管理,管理是人类生存所必需的。

有人认为,管理就是人和人打交道,通过组织别人去把某些事情办好;有人把管理和决策、命令、权力联系在一起;还有人认为,管理是一种组织活动,是为了达成一定的目标,由一个或更多的人来协调他人的活动,以便收到个人单独活动所不能收到的效果而进行的各种活动,认为管理是组织中协调各分系统的活动,并使之与环境相适应的主要力量。

泰勒的定义:管理是一门怎样建立目标,然后用最好的方法经过他人的努力来达到的艺术。

管理科学创始人之一的亨利·法约尔认为:管理就是计划、组织、指挥、协调和控制的过程。

管理学家赫伯特·西蒙认为:管理就是决策。

美国管理协会的定义:管理是通过他人的努力来达到目标。

美国管理学教授罗宾斯在其《管理学》一书中指出:管理是指同别人一起,或通过别人使活动完成得更有效的过程。

著名管理学家哈罗德·孔茨在其畅销几十年的教科书《管理学》中指出:管理是设计和保持一种良好的环境,使人在组织中高效达成既定目标。可以认为,管理的本质是影响员工的行为。

我们的观点是:管理是一个过程,是组织或个人,为了实现一定的目标所采取的最有效、最经济的行动,是通过计划、组织、领导、人事、协调、控制等职能来协调人力、物力、财力等资源,以期有效地达成组织目标的过程。管理就是对组织的资源进行有效整合,以达成组织既定目标与责任的动态创造性活动。

(二)管理的对象

管理对象的分类和结构:人,管理对象的核心要素;财、物、时间、信息;人和物质相结合而形成的各种活动(产、供、销等)。

(1)管理的主体,即管理者。

(2)管理的客体,即管理者执行管理职能、实现管理目标时所作用于的人或事(即管理对象)。

(三)管理者层次

管理者可分为三个层次:高层、中层、基层。

(1)高层管理者对组织的所有部门负责,他们附有跨部门的职责。高层管理者负责确定组织目标,决定不同部门间如何联系协作等。高层管理人员对组织的成败负有最终的责任,他们的工作绩效受到组织内外员工、投资者的考核和监督。

(2)中层管理者监督基层管理者的工作,他们的职责是找寻一个组织人力和其他资源的最佳方法来实现组织目标。为提高效率,中层管理者需要想办法找出能够帮助基层管理者和非管理层员工更好地实现利用资源、降低成本的方法。中层管理者要分析判断组织的目标是否正确适当,并向高层管理者提出如何加以改进的建议。他们工作的一个主要部分就是发展和改进工作中某种工作的技术(生产技术、营销技术),以更加有效率地利用组织资源。中层管理者需要做出的决定,比如:哪些基层管理者需要被选入这个项目;到哪里去找到最佳质量的资源;怎样组织员工才能得到最高的效率等。

(3)基层管理者是出于基层的管理等级的一线管理。他们的职责是对从事的生产或服务等特定的活动的非管理层员工进行日常的监督管理。基层管理者遍布组织的各个部门。

(四)管理者的基本素质

管理者要具备良好的品德修养、业务素质、身心素质、政治思想素质。

1. 品德修养

管理者的品德是影响管理工作成败的一个重要因素,不可低估和轻视。一个成功的管理者必须自信、谦虚、诚实、心胸开阔、善待他人和具有吃苦耐劳的精神。

2. 业务素质

管理者在所从事的工作领域内应该具备一定的知识和能力。科学技术日益渗透经济发展和社会生活的各个领域,成为推动现代化生产力发展最活跃的因素。同时,人类也正进行着一场新思维、新知识的革命。这就要求管理者具有获得知识后的运用和驾驭知识的能力。

3. 身心素质

无论是深入基层,强化生产经营管理,还是运筹帷幄,对变化莫测的市场形势做出战略决策,没有好的身体,都将留下力不从心的遗憾。管理者还要有乐观开朗的性格、广泛而健康的兴趣,坚强的意志力、强烈的事业心等。

4. 政治思想素质

管理者要坚定正确的政治方向,树立全心全意为人民服务的意识。政治思想素质包括政治坚定性、责任感、环保意识、国家安全意识、思想境界与职业道德等。

(五)管理者扮演的角色与技能要求

1. 管理者扮演的角色

根据亨利·明茨伯格的一项被广泛引用的研究,管理者扮演着十种角色,可以归纳为三大类型:人际角色、信息角色、决策角色。

1)人际角色

管理者扮演的人际角色有三种:代表人角色、领导者角色、联络者角色。管理者扮演人际角色的目的是组织其他成员协助互动,并为员工和组织整体提供导向和监督管理。管理者作为代表人需要行使一些礼仪性质的职责,例如,管理者有时出现在社区的集会上,参加社会活动,代表本组织宴请重要客户等;管理者的领导角色意味着决定组织的使命与目标,并传达给员工等其他有关群体,鼓励员工发挥出高水平的绩效,还需要有计划地去培训、指导员工以促使他们发挥出全部潜能;管理者的联络角色意味着他要对组织内外个人和群体的行为进行联系与协调,建立良好的关系与网络。在组织内部,管理者要协调不同部门的活动以提高合作水平,在组织外部,管理者需要与供应商、消费者及当地社区建立联系,以获取稀缺的资源。

2)信息角色

管理者扮演的信息角色有三种:监督者角色、传播者角色、发言人角色。在信息角色中,管理者需要获取和传递信息,从而顺利完成工作任务。管理者需要扮演监督者的角色,管理者需要搜集组织内外的各种信息,有效地组织控制人力资源和其他资源,并分析和识别工作小组与组织的潜在机会和威胁;管理者同时扮演信息传播者角色,把信息传达给组织成员并影响他们的态度和行为,有时候也对特定的成员或工作小组隐藏信息。更重要的是,管理者必须保证员工有必要的信息,以便切实有效地完成工作;管理者还扮演发言人角色,管理者运作信息以使组织内部和外部都对组织有积极的反应。例如,向董事和股东说明组织财务状况以及战略方向,向消费者保证组织正在切实履行社会义务,必须让政府对组织遵守法律感到满意等。

3）决策角色

管理者扮演的信息角色有四种：企业家角色、干扰应对者角色、资源分配者角色、谈判者角色。决策型角色与管理者所从事的战略规则、资源应用等工作密切相关。作为企业家角色，管理者必须决定将从事何种项目计划，决定怎样利用资源以提高组织绩效。作为干扰应对者角色，管理者需要处理可影响组织运营的突发事件或危机。例如平息顾客的怒气，对员工之间的争端进行调解等。管理者必须扮演资源分配者这一重要角色，以决定怎样才能够最佳地运用人力和其他资源来提高组织绩效。管理者还必须扮演谈判者角色，即与其他管理者、组织内外部群体，如投资者、消费者等在资源分配权方面达成共识，确保工作朝着组织目标方向迈进。

2. 管理者的技能

管理者不仅要具备一定的素质，而且要具备一定的技能，才能有效地完成工作。管理者需要具备的技能力包括技术技能、人际技能、概念技能。

1）技术技能

技术技能是指使用某一专业领域内有关的工作程序、技术和知识完成组织任务的能力，也是完成管理范围内工作所需的方法和技术的掌握程度。技术技能包括诊断技术、决策技术、计划技术、组织设计技术、评价技术、书写技术等。一般人们所讲的"懂行""一技之长""不熟不做"等都是对技术技能的描述。技术技能对基础管理者尤其重要，因为他们直接管理基础员工从事一线作业。技术技能是履行决策、计划、组织、控制等管理职能的基础。

2）人际技能

人际技能是指管理者与他人一起工作和作为小组成员而有效工作的能力。人际技能具体表现为管理者与他人的关系，包括表达能力、协调能力、激励能力、领导能力、沟通能力、解决冲突的能力、公关能力等。人际技能是获取信息、履行领导职能、组织落实和创造良好的组织环境所必需的，对各层管理者具有重要的意义。

3）概念技能

概念技能是指对事物进行感知、分析、判断、抽象、概括的能力。概念技能包括：对复杂环境和管理问题的观察与分析的能力；对战略性的重大问题进行处理和决断的能力；对突发紧急状况的应变处理能力等。概念技能的核心是观察力和思维力。越是高层管理者，此项技能的重要性就越强。

尽管有效的管理应该同时具备这三种技能，但在不同的管理层次上，这些技能的重要程度有所不同。对于高层管理者来说，概念技能的要求较高；而对于基层管理者来说，更重要的是技术技能。人际技能对于三个层次的管理者来说同等重要。

【案例 1-1】

管理中人际沟通的重要性

有一个男孩子第一次拥有了自己的一条长裤，穿上一试，裤子长了一些。他请奶奶帮忙把裤子剪短一点，可奶奶说，眼下的家务事太多，让他去找妈妈。而妈妈却说，今天她已经同别人约好去玩桥牌。男孩子又去找姐姐，但是姐姐有约会，时间就要到了。这个男孩子非常失望，担心明天穿不上这条裤子，带着这种心情就入睡了。

奶奶忙完家务事,想起了孙子的裤子,就去把裤子剪短了一点。姐姐回来后又心疼弟弟,又把裤子剪短了一点。妈妈回来后同样也把裤子剪短了一点,可以想象,第二天早上大家会发现什么样的结果。

二、管理的性质

(一) 管理的二重性

管理的二重性是指管理的自然属性和社会属性。管理是由许多人进行协作劳动而产生的,是有效组织共同劳动所必需的,具有同生产力和社会化大生产相联系的自然属性;管理又体现着生产资料所有者指挥劳动、监督劳动的意志,因此它又有同生产关系和社会制度相联系的社会属性。从管理活动过程的要求来看,既要遵循管理过程客观规律的科学性要求,又要体现灵活协调的艺术性要求,这就是管理所具有的科学性和艺术性。

管理的二重性是马克思主义管理问题的基本观点,它反映出管理的必要性和目的性。必要性是指管理是生产过程固有的属性,是有效组织劳动所必需的;目的性是指管理直接或间接地同生产资料所有制有关,反映生产资料占有者组织劳动的基本目的。

1. 管理的自然属性

管理是由人类活动特点所产生的,人类的任何社会活动都必定具有各种管理职能。如果没有管理,一切生产、交换、分配活动都不可能正常进行,社会劳动过程就要发生混乱和中断,社会文明就不能继续。这一点马克思在100多年前就做了有力的论证:一切规模较大的直接社会劳动或共同劳动,都或多或少地需要指挥,以协调个人的活动,并执行生产总体的运动(不同于这一总体的独立器官的运动)所产生的各种一般职能。一个单独的提琴手是自己指挥自己,一个乐队就需要一个乐队指挥。由此可见,管理是人类社会活动的客观需要。

管理也是由社会分工所产生的社会劳动过程中的一种特殊职能。管理用于各种社会活动之中,它是一般职能;但就管理职能本身而言,由于社会的进化,人类分工的发展,早在原始社会就已经有专门从事管理职能的人,从一般社会劳动过程中分离出来,就如同有人专门从事围猎,有人专门从事进攻,有人专门从事农业一样。人类社会经过几千年的演变发展,出现了许多政治家和行政官员,专门从事国家的管理;出现了许多军事家和军官,专门从事军队的管理;出现了许多社会活动家,专门从事各种社会团体的管理;出现了许多商人、厂长、企业家、银行家,专门从事商店、工厂、企业、银行的管理;还有许多人专门从事学校、医院、交通运输和人事的管理等。据保守估计,全体就业人员中,有30%~40%的人专门从事各类管理工作,他们的职能就是协调人们的活动,而不是直接从事物质产品或精神产品的产出。因此,管理职能早已成为社会劳动过程中不可缺少的一种特殊职能。

管理也是生产力。任何社会、任何企业,其生产力是否发达,都取决于它所拥有的各种经济资源或各种生产要素是否得到有效的利用,取决于从事社会劳动的人的积极性是否得到充分发挥,而这两者都有赖于管理。在同样的社会制度下,企业外部环境基本相同,有不少企业其内部条件如资金、设备、能源、原材料、产品及人员素质和技术水平基本类似,但经营结果、所达到的生产力水平却相差悬殊。同一个企业有时只是更换了企业主要领导人,如换了厂长,企业就可能出现新的面貌。其他社会组织也有类似的情况,其原因也在于管理,由于不同的领导人采用了不同的管理思想、管理制度和管理方法,就会产生完全不同的效果。这样的事例不胜枚举,事实证明管理也是生产力。科学技术是生产力,但科学技术的发展本身需要有效的管理,并且也只有通过管理,科学技术才能转化为生产力。

管理的上述性质并不以人的意志而转移,也不因社会制度意识形态的不同而有所改变,这完全是一种客观存在,称之为管理的自然属性。

2. 管理的社会属性

管理是为了达到预期目的所进行具有特殊职能的活动。谁的预期目的?什么样的预期目的?实质上就是"为谁管理"的问题。

在人类漫长的历史中,管理从来就是为统治阶级、为生产资料的占有者服务的。管理也是一定社会生产关系的反映。国家的管理、企业的管理以及各种社会组织的管理,概莫能外。以资本主义企业管理为例,列宁有过十分深刻的分析:资本家所关心的是怎样为掠夺而管理,怎样借管理来掠夺。因此,资本主义企业管理的社会属性具有剥削性。

在中国,公有制实现形式也正在向多样化方向发展,股份制、股份合作制及其他有效的资本组织形式,正在被越来越多的企业所采用。企业管理的形式正在发生急剧的变化,但管理的社会属性并未发生根本性的变化。从总体上来看,在社会主义社会中,社会主义国家的企业及其他社会组织的管理都是为人民服务的,管理的预期目的都是为了使人与人之间的关系,以及国家、集体和个人的关系更加协调,所以社会主义管理的社会属性与资本主义社会管理的社会属性根本不同。

(二) 管理既是一门科学,又是一门艺术

20世纪以来,管理知识逐渐系统化,并形成了一套行之有效的管理方法,部分内容是科学,部分内容是艺术。经过系统整理的管理知识是科学,管理知识的应用,即管理实践是艺术。

1. 管理的科学性

科学是反映自然、社会、思维等客观规律的分科知识体系。管理的科学性是指管理作为一个活动过程,其间存在着一系列基本客观规律。人们经过无数次的失败和成功,通过从实践中收集、归纳、检测数据,提出假设,验证假设,从中抽象总结出一系列反映管理活动过程中客观规律的管理理论和一般方法。人们利用这些理论和方法来指导自己的管理实践,又以管理活动的结果来衡量管理过程中所使用的理论和方法是否正确,是否行之有效,从而使管理的科学理论和方法在实践中得到不断的验证和丰富。因此,管理是一门科学,是指它以反映管理客观规律的管理理论和方法为指导,有一套分析问题、解决问题的科学的方法。

管理是一门科学,是指管理是由一些概念、原理、原则和方法构成的科学知识体系,是有规律可循的。要求管理者必须认真学习管理理论,把握管理的思想、理念和管理活动的规律;管理作为一门科学知识,是可以通过学习和传授而掌握的,一个优秀的管理者,必须经过系统的管理知识的学习和训练。管理人员在管理中要学会灵活应用管理知识,使组织活动达到最大的效果。

2. 管理的艺术性

管理是一门艺术,是指管理需要创造性,不能机械照搬。管理的艺术性是指强调其实践性,没有实践则无所谓艺术。管理者在管理中,既要用到管理知识,又不能完全依赖管理知识,必须

发挥创造性,根据不同的情况采取不同的方法来实现目标。管理人员在管理中要学会灵活应用知识,使组织活动达到最大的效果。这就是说,仅凭停留在书本上的管理理论,或背诵原理和公式来进行管理活动是不能保证其成功的。主管人员必须在管理实践中发挥积极性、主动性和创造性,因地制宜地将管理知识与具体管理活动相结合,才能进行有效的管理。所以,管理的艺术性,就是强调管理活动除了要掌握一定的理论和方法外,还要有灵活运用这些知识和技能的技巧和诀窍。

管理知识在运用时具有较大的技巧性、创造性和灵活性,很难用规律或原理把它束缚起来,它有很强的实践性。同一件事情,因时间、地点、人物不同,不能用同一办法来解决。就是说,仅有原理或理论知识还不能保证管理实践的成功。学校是培养不出"成品"经理来的,要成为一个高水平的管理者,除了掌握管理科学的基本知识外,还必须经过管理实践的长期锻炼,必须有一个经验积累的过程。因此,管理者在管理中,既要用到管理知识,又不能完全依赖管理知识,必须发挥创造性,根据不同的情况采取不同的方法来实现目标。

3. 管理是科学性与艺术性的结合

从管理的科学性与艺术性可知,有成效的管理艺术是以对它所依据的管理理论的理解为基础的。因此,二者之间不是互相排斥,而是互相补充的。靠"背诵原理"来进行管理活动,必然是脱离或忽视现实情况的无效活动;而没有掌握管理理论和基本知识的主管人员,在进行管理时必然是靠碰运气,靠直觉或过去的经验办事,很难找到对管理问题可行的、令人满意的解决办法。所以,管理的专业训练不可能培训出"成品"的主管人员,但却是为通过实践进一步培训主管人员的一个良好的开端,为培养出色的主管人员在理论知识方面打下坚实的基础。当然,仅凭理论也不足以保证管理的成功,人们还必须懂得如何在实践中运用它们,这一点是非常重要的。美国哈佛商学院企业管理教授列文斯敦,在他担任某研究所所长和管理系统公司总经理期间,通过对大量获得管理学硕士学位的人在实际管理工作中的表现发现,他们在学校里的成绩同管理上获得的业绩之间并无直接关系。

因此,管理既是一门科学,又是一门艺术,是科学与艺术的有机结合体。管理的这一特性,对于学习管理学和从事管理工作的主管人员来说是十分重要的,它可以促使人们既注重管理基本理论的学习,又不忽视在实践中因地制宜地灵活运用,这一点,可以说是管理成功的一项重要保证。

管理的艺术性反映的是千变万化的管理现象,而管理的科学性则反映了纷繁万千现象中的规律,并使之上升为理论、原理和方法。管理的艺术可以上升为科学理论,管理艺术需要理论指导;而管理科学理论的运用必须讲究艺术,管理是科学性和艺术性的有机统一。

也有专家认为:一个管理者的能力=科学知识+管理艺术+经验的积累。并且指出,一个现代管理者如果仅具备管理的艺术和经验,其成功的概率只有50%,如果仅掌握了管理的科学知识,其成功的概率也只有50%。这种观点表明,管理既是科学又是艺术。

三、管理的职能

(一) 计划

计划是指对未来活动如何进行的预先筹划,为组织确定任务、宗旨、目标,实现目标的战略、措施、程序以及实现目标的时间表和预算。计划包括:①研究活动条件,研究活动条件包括内部能力研究和外部环境研究两个方面;②制订业务决策;③编制行动计划。

（二）组织

组织是两个或两个以上的人为了共同的目标，按照特定的原则，通过系统性的结构设计而构成的有机整体，也指根据组织的目标、战略和内外环境设计组织结构，并为不同岗位配置人力资源的过程。组织包括组织设计、组织结构形式、组织变革、组织文化等方面。

（三）领导

领导是指对组织成员施加影响，以推动实现组织目标的过程。也就是利用组织赋予的权力和自身的能力去指挥和影响下属为实现组织目标而努力工作的管理活动过程。领导的主要内容包括领导的作用、领导理论、领导的决策行为等环节。

（四）人事

人是一种特殊的资源，其他资源通过人的使用才发挥作用。广义的"人事"是指在社会劳动的整个过程中，人与人、人与事，人与组织之间的相互关系。不仅包括对人的事情进行管理，而且包括对人与事之间的关系进行管理。

狭义的"人事"是指用人以治事，力求人与事的协调，指关于工作人员的录用、培养、调配、奖惩等工作（也就是所谓的人力资源管理人员所从事的工作）、人力资源规划、招聘与配置、培训与开发、绩效管理、薪酬福利管理、劳动关系管理。本书中的"人事"就是狭义层面的含义，现代管理学也称之为人力资源管理。

（五）协调

协调是指和谐一致，配合得当，就是正确处理组织内外各种关系，为组织正常运转创造良好的条件和环境，促进组织目标的实现。

（六）控制

控制是指为保证系统按预定要求运作而进行的一系列工作。衡量和纠正下属活动，以保证事态发展符合计划要求的过程。

（1）控制的目标，包括限制偏差的累积和适应环境的变化两个方面。

（2）基本的控制过程，包括确立标准、根据建立的标准衡量实际工作情况、纠正实际执行情况偏离标准和计划的误差三个主要环节。

【案例 1-2】

探究管理混乱背后的根源

2013年年初，某国内民营企业集团人力资源总监张先生接到老板指示，要求他介入集团下属电子商务事业部的人力资源管理事务，并找出相应的问题进行改善。

张总监对此感到非常怵头，因为他知道，该部门的总经理王大伟尽管曾经是销售明星，但缺乏基础的管理概念，无论业务运作所需要的各项营销政策、制度及流程，还是支撑营销战略规划落地的部门岗位职责以及组织架构，都没有成形的文件，几乎所有事情都处于无规范的失控状态。

当然，过去电子商务事业部也曾经设置过人力资源经理的岗位支撑业务运营所需的各项日常人事活动,但最终的结局是:事业部总经理王大伟三天两头变化组织架构,导致岗位随意更改、人员任意调配。组织架构一调整,原有人员随之调整岗位和工作内容,出现空缺后人力资源经理便再招人,而新人来了之后无法适应这种不稳定的状况,很快就又流失,于是HR(人力资源部)只好继续招人。

如此周而复始,最后该事业部总经理王大伟就不再要求人力资源经理招人了,并认为这个HR经理根本就没有能力为事业部招到合适的人,是不称职的。最后连这个HR经理也不得不走人了。

张总监介入电子商务事业部后,发现该事业部的总体战略决策不够明确和具体,事业部下属各业务部门都写了本部门当年的年度经营规划。可惜这些经营规划上交到事业部总经理王大伟那里就都没了消息,王大伟从来没有想过要召开年度经营分析会对各部门的经营规划进行评审,看是否与事业部战略决策方向一致,看能否支撑战略决策的落地。

面对这样的混乱状况,张总监决定重新梳理事业部的组织架构,并计划在一周内完成。但在梳理组织架构的过程中,他发现问题之严重,远远超出他的想象,具体表现为以下几点。

第一,电子商务事业部在部门层级的管理以及对应的职位管理上非常紊乱。公司规定各事业部下设的一级部门通常称为中心,对应的部门负责人的头衔为总监;二级部门称为部,对应的部门负责人为经理;三级部门称为科、室或组,对应的部门负责人为主任、主管;但是电子商务事业部却在中心下面再设中心,一个科、室的部门负责人也称为经理,职位体系比较紊乱。

第二,电子商务事业部下面的一级部门均有组织架构,但也只有一个部门名称和下辖的部门名称,至于各级部门的对应负责人的岗位名称、在职员工的姓名、编制数量与状况等,在组织架构图上是一片空白;因为电子商务事业部的人员进出、调动一直没有走规范的入职、离职、调动手续,所以张总监耗费了一周时间,也没搞清楚该事业部到底有哪些岗位、哪些人。

第三,各个部门的架构图根本就没有根据部门职责和岗位职责的分工进行设置,有的部门负责人一听要交组织架构图了,立即随手画了一个架构图提交了事,一直没有走公司规定的审批程序,而且二级、三级部门大部分都没有组织架构图。

面对如此情景,我们不仅要问,到底是什么让电子商务事业部发展到如此混乱的境地?谁该为这种状况负责?接下来张总监又该怎么办呢?

★ **思考题**

1. 结合案例谈谈该电子商务事业部混乱的根源是什么。
2. 作为管理者,张总监应该做什么来改善目前的情况?

第二节　管理学研究的内容

一、管理学及其特点

管理学是一门系统地研究管理过程的普遍规律、基本原理和一般方法的科学。随着社会的不断进步,科技飞速发展,管理活动的内容日渐丰富,管理在人们的实践生活和生产过程中的作用越来越受到广泛的重视。这就为全面系统地研究管理活动的客观规律和一般方法提供了条件和基础,作为一门动态发展的学科,它具有以下特点。

(一) 一般性

管理学试图从各种不同的组织中概括、抽象、提炼出一般共同的东西,并形成系统的管理理论。

(二) 多样性

管理学的多样性表现为:在内容上,从社会生活的各个方面、多个领域、各种不同类型的组织管理活动中,概括和抽象出对各门具体管理学科适用的管理思想、管理原理、管理方法;在研究方法上,需要综合运用自然科学、社会科学以及其他现代科学技术成果,利用经济学、数学、心理学、行为科学等来研究管理问题。所以管理学是一门综合性的交叉学科。

(三) 历史性

管理学是对前人的管理实践、管理思想和管理理论的总结、扬弃和发展。割断历史,不了解前人对管理经验的理论总结和管理历史,就难以很好地理解、把握和运用管理学知识。

(四) 实践性

管理学是一门应用性科学,它的理论与方法要通过企业生产经营活动的实践来检验其有效性;同时,有效的管理理论与方法只有通过一大批企业家实践,才能带来实效,发挥其指导实际工作的作用,并在不断反复的实践中,完善管理学的理论和方法。

二、管理学研究对象和研究范围

就管理学的研究对象而言,涉及公司、工厂、学校、银行、城市、监狱、研究所、连队、电视台、班级等各种各样的组织,其中有企业单位、事业单位、政府机关,还有各种社会组织和民间团体。但这些有差别的组织存在着管理工作的共同点,我们通过研究可以发现它们共同的规律性。

总的来说:管理学的研究对象是人类管理活动和过程。大体可以分三个层次或侧重点。

(1) 根据管理活动总是在一定的社会生产方式下进行的特点,研究内容可分三个方面,即生产力(主要研究如何合理配置和使用组织中的人财物,使各要素充分发挥作用;研究如何根据组织目标和社会需求,合理使用资源,以求得最佳经济效益和社会效益。)、生产关系和上层建筑。

(2) 从历史的角度研究企业管理实践、管理思想及管理理论的形成与演变过程。

(3) 着重从管理者的工作或职能出发来系统研究管理活动的原理、规律、方法等问题。

如果对管理学的具体内容进行分类的话,一般是按照各个专业管理的范围来划分的,管理学包括了信息管理、采购管理、战略管理、文化管理、人力资源管理、研究与开发管理、财务管理、营销管理、物流管理、生产管理十大方面。看到这十个方面,很多人会认为这是企业管理的内容。其实,除了企业外,其他组织同样也存在这些专业管理,只不过一般人不了解其真正含义罢了。比如：生产管理里的生产并不仅指的是工厂里的产品生产，而且包括了商店售货员的售货活动、学校里教师的教学过程、医院大夫的手术过程以及银行营业员的服务过程等，因而，生产管理就不仅仅是企业的生产管理了，当然，更不仅仅是指工厂生产的管理。

第三节 管理学的学习方法与学习意义

一、管理学的研究方法

（一）理论和实践相结合的研究方法

管理是一门应用科学，它和生产经营活动的实践关系非常密切。计划、组织、分析和控制企业生产经营活动的理论和方法，都是在总结企业生产经营活动实践的基础上形成的，而实践的经验一旦被总结成为理论和指导原则，又反过来指导实践工作，提高企业的管理水平。这种从实践上升到理论，再由理论回到实践的循环是企业管理这门学科发展的途径，也是研究企业管理所应采取的方法。

（二）定性分析和定量分析相结合的方法

定性分析和定量分析相结合，是现代管理的特征之一。组织企业的生产经营活动，传统的办法是依靠个人的经验，进行定性的分析。定性分析对处理企业生产经营活动中出现的不可控的、难以度量的、无法建立数学模型进行科学计划的问题，具有很大的优势。如宏观经济的景气状况、国家的产业政策等，只能依靠人们的经验、学识来分析和判断。但是，定性分析也存在缺乏科学依据、主观性强、容易导致个人独断专权等缺点，需要与定量分析相结合。在企业管理实践中，最初的定量分析是利用初等数学知识进行简单的计划，与定性分析关系不紧密。随着线性代数、概率论、数理统计、运筹学、电子计算机等的产生和发展，定量分析在企业管理中应用的深度和广度不断扩张，而且定量分析也越来越细，特别是电子计算机技术的发展，为定量分析在企业管理中的应用开辟了广阔的前景。定性分析和定量分析的结合有利于取长补短，能有效组织生产，提高企业管理水平，促进企业管理的科学发展。

（三）系统分析的方法

系统分析是指用系统的观点来研究和分析管理活动的全过程。从管理的角度来看，系统有两个含义：一是指一个实体，二是指一种方法或手段。二者既有区别又有联系。系统分析的方法是指用系统的观点来研究和分析管理活动的全过程。系统作为一种方法，在研究、分析和解决问题时必须具备以下的观点。

(1) 整体观点。有效的管理总能带来"整体大于部分"的效果。
(2) 开放性。管理过程必须不断地与外部社会环境交换能量与信息。
(3) 封闭则消亡的观点。凡封闭的系统，都具有消亡的倾向。
(4) 模糊分界的观点。将系统与其所处的环境分开的"分界线"往往是模糊的。

（5）保持"体内动态平衡"的观点。开放的系统要生存下去,至少必须从环境中摄取足够的投入物来补偿它的产出物和其自身在运动中所消耗的能量。

（6）信息反馈观点。系统要达到体内动态平衡,就必须有信息反馈。

（7）分级观点。每个系统都有子系统,同时它又是一个更大系统的组成部分,它们之间是等级形态。

（8）相互依存性观点。管理的各要素之间是相互依存的,而且管理活动与社会相关活动之间也是相互依存的。

（9）等效观点。在一个社会系统内,可以用不同的输入或不同的过程去实现同一个目标,不存在唯一的、最好的方式。

企业管理是一门内容十分广泛的学科,以上所列三种研究方法只是企业管理中最常用、最典型的研究方法,而不是全部。例如,在全面质量管理中,更多地会用到统计的方法。这要求读者在学习时根据自己的实际情况理解、使用。

管理学虽然要运用到其他科学的成果,但它本身属于社会科学,所以,其研究方法也与其他社会科学一样分为三种:实证研究法、试验法和演绎法。

1. 实证研究法

实证研究法就是通过对客观存在的一系列典型事物进行观察,从掌握典型事物的典型特点、关系、规律入手,进而分析研究事物之间的因果关系,从中找出事物变化发展的一般规律,这种从典型到一般的研究方法也称为归纳法。

管理活动涉及许多要素,管理过程十分复杂,影响管理效果的因素不仅多,而且相互交叉,人们很难把各个因素的影响程度分解出来,所以,大量的管理问题都只能用归纳法进行实证研究。

在管理学研究中,归纳法应用最为广泛,但其局限性也十分明显。一次典型调查或多次管理经验也只是近似无穷大总体中的一个样本,用样本去推断总体,本身会存在误差,尤其是当样本的数量比较少的情况下。所以,实证研究要求对足够多的对象进行研究才有价值,并且所选择的研究对象也必须具有代表性,归纳出的结论才能反映事物的本质。

2. 试验法

试验法是指人为地为某一试验创造一定条件,观察其实际试验结果,再与未给予这些条件的对比试验结果进行比较分析,寻找外加条件与试验结果之间的因果关系。经过多次试验,如果总是得到相近或相同的结果,那就可以得出具有某种规律性的结论。著名的霍桑试验就是采用试验法研究影响劳动生产率的主要因素的成功例子。它前后进行了八年,经过长期的试验才找到了人际关系是影响工人工作效率的主要因素,从而创立了人际关系学说。

3. 演绎法

对复杂的管理问题,可以从某种概念出发,或从某种统计规律出发,也可以在实证研究的基础上,用归纳法找到一般的规律性,并加以简化,形成某种出发点,建立起能反映某种逻辑关系的经济模型或模式,这种模型或模式反映的是简化了的事实,它完全合乎逻辑的推理。它是从简化了的事实前提推断而来的,所以称为演绎法。

二、学习和研究管理学的重要性

(一) 管理的重要性决定了学习、研究管理学的必要性

管理是有效地组织共同劳动所必需的。随着生产力和科学技术的发展,人们逐渐认识到管理的重要性。从历史上来看,经过了两次转折,管理学才逐步形成并发展起来。第一次转折是泰勒科学管理理论的出现,意在加强生产现场管理,使人们开始认识到管理在生产活动中所发挥的作用。第二次转折是在第二次世界大战后,人们看到,不依照管理规律办事,就无法使企业兴旺发达,因此要重视管理人员的培养,这促进了管理学的发展。管理也日益表现出它在社会中的地位与作用。管理是促进现代社会文明发展的三大支柱之一,它与科学和技术三足鼎立。管理是促成社会经济发展的最基本的、关键的因素。发展中国家经济落后,关键是由于管理落后。先进的科学技术与先进的管理是推动现代社会发展的"两个轮子",二者缺一不可。管理在现代社会中占有重要地位。经济的发展固然需要丰富的资源与先进的技术,但更重要的还是组织经济的能力,即管理能力。从这个意义上来说,管理本身就是一种经济资源,作为"第三生产力"在社会中发挥作用。

(二) 学习、研究管理学是培养管理人员的重要手段之一

判定管理是否有效的标准是管理者的管理成果。通过实践可验证管理是否有效,因此,实践是培养管理者的重要一环。而学习、研究管理学也是培养管理者的一个重要环节。只有掌握扎实的管理理论与方法,才能很好地指导实践,并可缩短或加速管理者的成长过程。目前中国的管理人才,尤其是合格的管理人才是缺乏的,因此,学习、研究管理学,培养高质量的管理者成为当务之急。

(三) 学习、研究管理学是未来的需要

随着社会的发展,专业化分工会更加精细,社会化大生产会日益复杂,而日新月异的社会将需要更加科学的管理。因此,管理在未来的社会中将处于更加重要的地位。

★ 复习思考题

1. 什么是管理?怎样理解管理的含义?
2. 如何理解管理的必要性和管理的二重性?
3. 管理的特点表现在哪些方面?
4. 为什么说管理既是一门科学又是一门艺术?
5. 现代管理学有哪些理论?请简述。
6. 请简述现代管理学的发展趋势。
7. 管理学的学习方法有哪些?

【案例分析 1-1】

城乡建设委员会主任的烦恼

张华是某市城乡建设委员会主任,最近他陷入一个难堪的境地。由于在长期的计划经济体制下,城市基础建设如水、环卫、公交、道路等都是垄断经营、福利性供应,因此该市的城建系统,不可避免地存在着服务质量低下、设施落后等问题。而城市基础建设的建设管理,涉及千家万户的利益,随着人民群众对生活质量要求的日益提高,对城市基础设施和相应的服务也提出了更高的要求。在这种情况下,新闻舆论纷纷采用新闻热点、读者来函等方式报道群众对不符合质量要求的城市基础设施和不良服务的批评意见。最近一段时间,报纸、电视、电台上经常报道的尽是哪儿道路堵塞了,哪儿自来水压上不去了,哪儿环境卫生差、垃圾没人管等。由于新闻舆论传递信息快、辐射面广,有关的报道给建设系统带来了很大的压力。市委、市府、市人大纷纷来电,要求城建系统解决这些问题,张华这段时间整天就是带领有关人员去对付这些热点、难点,但是,精力花了不少,收效却不大,市民反映还是不满意。张华为此感到非常苦恼。

问:张华他们应该怎样才能摆脱这一困境?

【案例分析 1-2】

英特尔制胜的管理之道

具有权威性的美国《财富》500 强的排名中,英特尔排在第 46 名。那么,英特尔制胜的管理之道是什么呢?

(一)信息就是生命

除了"时间就是金钱"外,公司领导还信奉"时间就是生命"这一信条。最高领导层时刻关注着市场信息,总裁、副总裁每天在阅读各种信息材料以及在电子网络上花费很多时间。英特尔总裁每天晚上从网络上查看第二天才出刊的报纸上对公司有价值的新闻。这样信息比其他人早 10 小时以上,因此采取对策的时间也相对多一些。

(二)纪律胜于一切

公司从创立之初,就规定了严格的纪律。准时上班是纪律要求的第一条,迟到者必须在所谓"英雄榜"上签名,即使头天晚上加班,第二天也不能迟到,因为公司有一句口号——"纪律胜于一切"。英特尔的人认为,现代化企业应强调团队合作,任何人不守时,都会影响团队中的其他成员,对公司资源造成浪费。商场如战场,前有敌军,后有来者,常面临严酷的市场竞争环境,而纪律正是制胜的法宝。

(三)让数据说话

公司大小事,都以数据为标准。无论是销售状况、出货量、退货比率、产品等级等各个环节,都有数据化目标和记录,每个员工都明白自己的职责,执行时也不会忘记衡量实际工作与目标的差距。发现差距,就会马上采取措施补救。英特尔的人认为"这是驱使不同工作团队,同步分头进行工作的最佳方法。"

(四)平等、自由

在公司内部,不会因职位不同而区别对待。在英特尔,任何人都没有私人办公室,大办公室只有隔间,每人一个;停车不给任何人预留车位,包括总裁在内。公司认为,职位象征对促进意见交流、增进团结有百害而无一利。强调平等的管理形态,才真正符合高科技公司的需求。多年来,公司还形成了一种自由的企业文化,人人都可以就存在的问题及公司的发展前途提出个人看法,而不必担心受到责备或秋后算账。公司领导认为,没有冒险就没有创新,员工能保持冒险意识正是保持企业活力的支柱。

（五）两位一体的管理方式

公司自上而下,推行一套两位一体的管理方式:最高领导层由总裁、执行长两个人组成。各部门负责人也都是两个人,这两个人的选择条件是:要共同完成的这项工作必须是相当巨大与复杂的;同时负责的两个人必须有互补的技能与专长;两人还必须十分尊重对方,随时保持良好的沟通。同时,公司不定期调动主管的工作,使他们尝试管理不同的领域,以增加阅历,做到能基本掌握全公司各部门的实际运作状况。这样,处理问题时他们就会有全局观念,减少决策的失误。

（六）善用新人

公司在管理与技术方面,储备了很多人才,同时不吝给新人提供机会,甚至在新人还未完全准备就绪之前,就赋予重大使命。公司认为,新人上台,没有包袱,同事也乐于提供真诚的帮助。因此,新人成功率远远高于老员工。有人问英特尔总裁,如何决定个人是否应该升迁,总裁说,很简单,在英特尔,一个人只要负了责任,职位必定会随之而来。总之,是以贡献决定升迁,而绝非论资排辈。

（七）"吃掉自己的孩子"

英特尔长盛不衰的一个重要原因就是始终保持危机感。英特尔一方面努力实现产品代表世界第一流品质的初衷,一方面实施"吃掉自己的孩子"的计划:用自己开发出的新产品淘汰自己的老产品。常常是新一代产品刚问世,下一代产品的研制就已开始。每一次产品的更新,都给公司带来巨额的利润。

（八）曝光自己

英特尔的另一绝招是:让未来产品曝光,即将公司未来产品生产问世时间表公布于世。从来没有一个公司有如此的胆量,而英特尔却认为,这样做虽然可能成为竞争对手的靶子,但更能拉住客户,建立起客户长期使用本公司产品的信心,同时可起到破釜沉舟的作用,增加了公司的压力。当然,这是以公司雄厚的科研实力和充分的自信心为基础的。

（九）"质量大使"

本着"让产品代表世界一流品质"的原则,公司采取了严格的质量管理措施;每一道工序都有着严格的质量标准,并将质量指数与员工收入挂钩。这是激励每位员工自发维护产品质量的有效方法。公司设立"质量大使",由资深主管担任。其工作是拜访公司每一位员工,听取他们对提高产品质量的建议,这就形成了自上而下、人人都重视产品质量的完善制度。

（十）面对客户

公司从总裁到主管都去第一线面对客户,聆听客户的反映。碰到问题,立即着手解决,这已形成了公司的一项规定。有一位客户反映所使用的芯片的封装有引起电路短路的隐患,公司上下动员,终于弄清了问题存在的原因。这块存在隐患的芯片,一直存放总裁办公室,以起警钟长鸣作用。

思考

1. 英特尔公司管理之道的启示是什么?
2. 在英特尔制胜的管理之道的十个方面你认为那些更重要?为什么?
3. 对全面经营运作一个企业你有何设想?

第二章 管理思想理论

【本章学习目标】
1. 了解人类早期管理思想的价值；
2. 掌握主流管理思想的核心内容；
3. 理解各种管理思想的贡献和局限性；
4. 掌握现代管理理论的基本观点及流派；
5. 理解管理理论发展新趋势。

第一节 管理思想的产生与演进

一、早期管理思想萌芽

有人类的活动就必然会产生管理的理论，关于人类管理的理论思考究竟是从何时开始的？由于缺少文字记载，对此很难做出准确的说明。但从世界四大文明古国已有文字记载来看，人类很早就开始了对管理活动进行思考、探索，在管理实践活动的基础上，通过对管理思想进行总结、归纳，形成零星管理原则，并且被用于指导管理实践活动。其中一些管理思想，今天依然闪烁着文明的光芒，仍然具有重要的现实意义。我国在历史发展的各个时期，都蕴含着丰富的管理思想。早期的管理思想，比较有代表性的主要有易经思想、儒家思想、道家思想、法家思想、兵家思想（这部分内容在第九章中国管理学概述做介绍）。

国外的管理思想也有着悠久的历史，同样是文明古国的古埃及、古巴比伦及古罗马在管理思想上都有重要的贡献及影响。在《圣经》中可以看到这样一段故事，希伯来（今以色列）人的领袖摩西在率领希伯来人摆脱埃及人的奴役过程中，他的岳父耶罗斯对他处理政务事必亲为、东奔西走的做法提出了批评，耶罗斯对摩西讲："你这种做事的方法不对头，你会累垮的。你承担的事情太繁重，光靠你自己是完不成的。现在你听我说，我要给你一个建议……你应该从百姓中挑出能干的人，封他们为千夫长、百夫长、五十夫长和十夫长，让他们审理百姓的各种案件。凡是大事呈报到你这里，所有的小事由他们自己去裁决，这样他们会替你分担许多容易处理的琐事。如果你能这样做事，这是上帝的旨意，那么你就能在位长久，所有的百姓将安居乐业。"这一典型的故事中，充分体现了常用的授权原理和例外原理，也体现了现代管理中的宽度原理。

18世纪中叶,西方国家相继发生了产业革命。产业革命大大推动了生产技术的进步,使人力资源与自然资源的大规模结合成为可能,以手工技术为基础的资本主义工场手工业开始过渡到以机器大生产为特征的资本主义工厂制度。这就带来一系列迫切需要解决的新问题:工人的组织、分工、协作、配合问题,工人与机器、机器与机器间的协调运转问题,劳资纠纷问题,劳动力的招募、训练与激励问题,劳动纪律的维持问题等。在这种形势下,一些管理先驱者从不同角度对管理进行了理论研究,其中对以后管理理论的形成有较大影响的代表人物有亚当·斯密、罗伯特·欧文、查尔斯·巴贝奇等。

(一) 亚当·斯密(1723—1790)的劳动分工与"经济人"思想

英国古典政治经济学家亚当·斯密在1776年发表的代表作《国民财富的性质和原因的研究》中,最早对劳动分工进行了研究。他以工人制造大头针为例,详细阐述了劳动分工可以极大地提高劳动生产率:如果一名工人没有受过专门的训练,恐怕一天也难以制造出一枚针来,如果把制针的程序分为若干个专门操作,平均每人"一日也能成针十二磅(1磅≈0.45千克)"。他还进一步阐述了劳动分工之所以能提高劳动生产率的原因。

(1) 劳动分工可以使劳动者专门从事一种单纯的操作,从而提高工人技术的熟练程度。

(2) 劳动分工可以减少由于变换工作而损失的时间。

(3) 分工使劳动简化,可以使人们把注意力集中到一种特定的对象上,有利于发现比较方便的工作方法和改进机器、工具。亚当·斯密还提出了"经济人"的观点,认为人们在经济活动中追求的是个人利益,社会利益是由个人利益之间的相互牵制而产生的。亚当·斯密的分工理论和"经济人"观点,对后来西方管理理论的形成有巨大而深远的影响。

(二) 罗伯特·欧文(1771—1858)的人事管理思想

罗伯特·欧文英国空想社会主义者,也是一位企业家、慈善家。现代人事管理之父,人本管理的先驱。

罗伯特·欧文是19世纪初有成就的实业家之一,是一位杰出的管理先驱者。欧文于1800—1828年间在苏格兰自己的几个纺织厂内进行了空前的人事管理试验。人们有充分理由把他称为"现代人事管理之父"。

罗伯特·欧文的管理思想基于"人是环境的产物"这一法国唯物主义学者的观点,他在新拉纳克所进行的一切实验都是为了证明:用优良的环境代替不良的环境,是否可以使人由此洗心革面,清除邪恶,变成明智的、有理性的、善良的人;从出生到死亡,始终苦难重重,是否能够使其一生仅被善良和优良的环境所包围,从而把苦难变成幸福的优越生活。正是基于这样一个充满希望和想象的伟大理念,才形成了他超越当时现实生活的管理思想。

罗伯特·欧文对管理学中的贡献是,摈弃了过去那种把工人当作工具的做法,着力改善工人劳动条件,诸如提高童工参加劳动的最低年龄;缩短雇员的劳动时间;为雇员提供厂内膳食;设立按成本向雇员出售生活必需品的模式,从而改善当地整个社会状况。

(三) 查尔斯·巴贝奇(1792—1871)的科学管理

查尔斯·巴贝奇是英国著名数学家、机械学家,是工业革命后期对管理思想贡献最大的人。对管理思想所做出的巨大贡献,使他被称为科学管理思想和定量管理思想的鼻祖。其主要贡献有以下三点。

(1) 进一步发展了亚当·斯密关于劳动分工的原理。他更全面细致地分析了劳动分工能提高劳动效率的原因：节省了学习所需要的时间；节省了学习过程中所耗费的材料；节约了从一道工序转到另一道工序所耗费的时间；节省了更换工具所耗费的时间；重复同种操作，技术熟练，工作速率加快；注意力集中于单一作业，便于改进工具和机器；经常做某一项工作，肌肉得到了锻炼，不易疲劳。

(2) 提倡劳资协作，提出固定工资加利润分享制度。

(3) 管理中的机械原理。他发明了计数机器，专门计算生产作业中各种数据，如计算工人的工作量、原材料消耗、工具的有效利用等。

这个阶段的管理理论尚处于萌芽时期，企业的管理者一般就是企业的所有者，企业主大权独揽，完全凭个人的能力和经验来制订企业的大政方针，并实施管理。各类人员主要采用师傅带徒弟和自己摸索的经验来操作，没有统一的操作规程，没有统一的管理方法。研究的管理问题也着重在企业内部，管理内容主要局限于生产管理、成本管理、工资管理等方面，还没有形成系统化的管理理论。

二、早期管理思想的特点

人类早期的管理思想虽然很丰富，但没有形成完整的管理系统，不是针对实践活动进行专门的独立思考形成的，而是依存于其他的学科，比如天文学、哲学、文学等。人类早期的管理思想，各种思想争辉夺目，各流派智慧大放异彩，百家争鸣，各种流派的管理思想交相辉映。此时的管理思想虽然没有形成完整的体系，但是这些管理思想就如同沙堆当中的金子一样仍然闪光，对如今的管理理论产生重要的影响，等待现代人进行发掘和研究。

第二节 古典管理理论

古典管理理论形成于19世纪末20世纪初。经过产业革命后，先进资本主义国家的生产力发展已达到一定的高度，科学技术也有了较大的发展，但是对企业的管理仍处于传统阶段，经验和主观臆断盛行，缺乏科学依据。随着资本主义自由竞争向垄断过渡，传统的经验管理越来越不适应管理实践的需要。为了适应生产力发展的需要，改善管理的粗放化和低水平，许多学者及企业人士努力探索新的管理模式和方法，并逐步形成了相应的理论，管理进入一个新的时代，即古典管理理论时期。古典管理理论主要包括泰罗的科学管理理论、亨利·法约尔的一般管理理论和韦伯的行政组织体系理论。尽管这些管理理论的表现形式各不相同，但其实质都是采用当时所掌握的科学方法和科学手段对管理过程、职能和方法进行探讨和试验，奠定了古典管理理论的基础，形成了一些以科学手段为依据的原理和方法。

一、泰勒的科学管理理论

泰勒(1856—1915)出生于美国费城一个富裕的律师家庭，1874年考上哈佛大学，但因眼睛不好而被迫辍学,于是就进了一家小机械厂当学徒工。1878年到米德维尔钢铁公司工作,在技术水平、管理能力上得到了锻炼,后来被提拔为工长、中层管理人员和总工程师。泰勒的经历使他对生产现场很熟悉,对生产基层很了解。他认为单凭经验进行管理的方法是不科学的,必须加以改变。但是,当时守旧的势力很大,工人自己决定制造方法,工厂主自己决定管理方法,各人所掌握的技艺和积累的经验对别人都严守秘密。虽然处在这样僵化和守旧的环境中,泰勒还是利用自己取得的地位,开始了管理方面的革新活动。通过长期的管理实践,他总结了一些管理原理和方法,并将它们系统化,后人将泰勒的管理理论称为"科学管理"或"泰勒制"。他一生的著作很多,其代表作是1911年出版的《科学管理原理》。科学管理的提出是管理的第一次革命,在管理的发展史上具有划时代的意义。因此,泰勒被称为"科学管理之父"。

(一) 科学管理的出发点

(1) 科学管理的中心问题是谋求最高工作效率。提高劳动生产率,是泰勒创建的"科学管理"理论的基本要求。

(2) 用科学管理代替传统管理,是达到最高工作效率的重要手段。泰勒认为:完善的组织管理,必须采用科学的方法,要把科学的方法应用于一切管理问题。

(3) 实施科学管理的核心问题,是要求管理人员和工人双方在精神上和思想上来一个彻底的变革。1912年,他在调查科学管理委员会的众议院特别委员会所做的证词中强调指出:科学管理是一场重大的精神变革。他要求工厂的工人树立对工作、对同伙、对雇主负责任的观念,同时,也要求管理人员(领工、监工、企业主、董事会)改变对同事、对工人以及对一切日常问题的态度,增强责任观念。通过这种重大的精神变革,可使管理人员和工人双方都把注意力从盈利的分配转到增加盈利数量上来。当他们用友好合作和互相帮助代替对抗和斗争时,他们就能够生产出比过去更多的盈利,从而使工人的工资大大增加,使企业主的利润也大大增加。这样,双方之间便没有必要再为盈利的分配而争吵了。

【拓展阅读 2-1】

搬铁块实验

1898年,在伯利恒钢铁公司货场,泰勒的实验小组挑选了一个叫施密特的人作为实验对象。施密特身材矮小,爱财如命,在车间里因小气而闻名。泰勒研究了劳动负荷和动作时间,调节方法把劳动时间和休息时间很好地搭配起来。实验小组实地测算了从车上或地上搬起铁块的时间,带着铁块在平地上行走的时间,堆放好铁块的时间,空手返回原地的时间等。随后开始训练施密特,告诉他何时搬运,何时休息,用什么样的动作最省力。按照泰勒的方法,施密特一天搬运铁块的工作量从12.5吨(1吨=1 000千克)增加到47.5吨,因为劳动休息调节得当,人也不很累,工资从一天的1.15美元提高到1.85美元。泰勒称管理的主要目的应该是使雇主实现最大限度的利益,同时也使每个雇员实现最大限度的利益。

铁锹试验

铁锹实验泰勒通过对工人劳动过程的观察铁锹试验,特别是使用秒表和量具来精确计算工人铲煤的效率与铁锹尺寸的关系,发现每把铁锹重量为21磅(1磅≈0.45千克)时效率最高,探索出实现铲煤最高效率的铁锹尺寸大小与铲煤动作的规范方式,并相应设计出大小 12 种规格的铁锹。每次劳动,除指派任务外,还要根据材料的比重指定所用铁锹的规格(确保每锹重量为21 磅),以提高劳动效率。

实验前,干不同的活拿同样的铁锹,铲相同的东西每把铁锹重量不一样;试验后,铲不同的东西拿不同的铁锹,用大铁锹铲轻物料,用小铁锹铲重物料,使堆料厂工人从 400～600 名降到 140 名,平均每人每天的工作量由原来的 6 吨提高到 59 吨,工人的日工资由原来的 1.15 美元提高到 1.85 美元,生产效率得到了大幅度提高。

(二)科学管理的内容

1. 工作效率和工作定额

泰勒毕生致力于研究如何提高工作效率,包括管理人员和工人的工作效率等。泰勒认为,科学管理的根本在于提高劳动生产率,因为科学管理如同节省劳动的机器一样,其目的正在于提高每一单位劳动力的产量。他认为,企业提高劳动生产率的潜力非常大,在当时条件下,每个工人的能力在工作中只发挥出 1/3。

2. 科学选人用人

为了提高劳动生产率,泰勒为工作挑选最合适的工人,使工人的能力、态度与工作得到了科学、合理的配合,并教会他们科学的工作方法,大大提高了工作效率。

3. 实行标准化

为了提高劳动生产率,还必须让工人掌握标准化的操作方法,使用标准化的工具、机器和材料,并使操作环境标准化。泰勒认为,必须用科学的方法对工人的生产操作、工具的使用、劳动与休息时间的搭配,以及机器的安排和作业环境的布置进行分析,消除各种不合理因素,形成最好的方法。他认为这才是企业管理人员的首要职责。

4. 有差别的计件工资制

泰勒认为,工人怠工的一个重要原因是报酬制度不合理,所以提出了一种新的报酬制度——差别计件工资制。其内容包括如下一些。

(1) 通过时间和动作研究来制订有科学依据的工作定额。

(2) 实行差别计件工资制来鼓励工人完成或超额完成工作定额。所谓"差别计件工资制",是指计件工资随完成定额的程度而上下浮动。如果工人完成或超额完成定额,则定额内的部分连同超额部分都按比正常单价高 25% 计酬;如果工人完不成定额,则按比正常单价低 20% 计酬。

(3) 工资支付的对象是工人而不是职位,即根据工人的实际工作表现而不是根据工作类别来支付工资。它意味着同一岗位甚至同一级别的工人,都将得到不同的工资。

泰勒认为,实行差别计件工资制会大大提高工人的积极性,从而大大提高劳动生产率。

5. 劳动职能分析

他主张配备专门的管理人员,其职能是进行时间和动作研究、制订劳动定额和标准、选用标准工具和操作方法等。计划管理工作与执行工作的分离在管理发展史上具有重要意义。

6. 例外原则

泰勒将管理工作分成两类:一般事务管理和例外事务管理。企业的高级管理人员把一般的日常事务授权给下级管理人员去处理,而自己只保留对例外事项(重要事项)的决策权和监督权。这在当时集权化管理的背景下,是非常有远见的。

(三)科学管理理论的贡献

泰勒的科学管理理论最大的贡献是提倡用科学的管理方法代替传统的管理方法。科学管理的精髓是用调查研究和科学知识来替代个人的判断、意见和经验,在理论上开创了对管理进行科学研究的先河,使管理从经验上升到科学,标志着管理学作为一门学科开始形成。科学管理理论提出了通过管理科学化来提高劳动效率,从而增加利润的方法,体现了科学的巨大进步。泰勒等人创造和发展了一系列有助于提高生产效率的技术和方法,如时间与动作研究和差别计件工资制度等,因其独到的实用性和实践性,曾得到广泛的传播和应用。这些技术和方法不仅是过去合理组织生产的基础,而且直至今天,它在管理实践中仍有十分广泛的影响。

【案例 2-1】

科学管理是一次心理革命

1912年1月25日,泰勒在调查科学管理委员会的众议院特别委员会上作证时,发表了如下演说:

科学管理不是什么取得效率解决的手段,也不是一种保证效率的手段,甚至不是一套或一组取得效率的手段;科学管理不是一种核算成本的新制度,也不是一种支付工资的新办法,它不是计件工资制,不是奖金制度,不是津贴制度,不是支付工资的规划,不是用马表监视工人并记录下他们的行动;它不是工时研究,也不是动作研究,更不是人的活动分析;不是印刷、画线和卸下一两吨空白表格给一批人,然后对他们说,"这就是你们的制度,拿去使用吧!"科学管理不是划分工长制或职能工长制;不是一般人每当说到科学管理时所想的任何手段。一般人听到"科学管理"一词时,总认为是指上述一种或几种东西,然而,科学管理并不是这些手段中的任何一种。我不是在嘲笑成本核算制度、工时研究、职能工长制,也不是轻视任何新的和改进了的工资办法,更不是在轻视任何提高效率的手段。如果它们确实是一些可以取得效率的手段的话,我信任这些手段,但是我要强调指出的是,这些手段(部分或整个)都不全是科学管理,它们是科学管理有用的附属物,同样的,也是其他管理制度有用的附属物。于是,就其实质而言,科学管理包含着一次全面的心理革命。一方面在任何特定企业中劳动的人,就他们对于他们的工作、伙伴和雇主的责任而言,这是一次全面的心理革命。而在管理这一方面,工长、厂长、企业主、董事会,就他们对于企业中的同事、劳动者以及一切日常事务的责任而言,同样是一次全面的心理革命。如果没有这两个方面的全面的心理革命,那么科学管理就不存在。这两个方面的人在科学管理条件下,心理态度发生的伟大革命表现在:双方的眼光都从把分摊盈余作为一件最重要的事情上转移到共同注重增加盈余的数额,直到盈余的数额大得没有必要再为如何分摊而争吵为止。他们开始看到,如果他们不再互相倾轧并转而往同一方向并肩前进,由他们共同努力创造出来的盈余的数额就会多得惊人。他们双方都认识到,当他们用友好合作和相互帮助代替彼此敌对和冲突的时候,他们就能够使这些盈余的数额比过去有巨额的增长,从而有充足的盈余来大大提高劳动者的工资,同样地大大增加了制造商的利润。这就是伟大心理革命的开端,它是走向科学管理的第一步。科学管理就是沿着完全改变双方的心理态度的路线，用和平代替战争；用真诚的兄弟般的合作代替斗争和冲突；用齐心协力走同一方向代替彼此背离；用相互信任代替猜疑戒备；由敌人渐渐变成朋友。我认为，科学管理必须沿着这条路线去发展。

这种新看法或新观点的替代是科学管理的实质所在。在新观点成为双方的主导思想之前，在用合作和和平的新思想代替倾轧和战争的旧思想之前，任何地方都不会出现科学管理。双方对待"盈余"的心理态度的这种变化，只是在科学管理条件下发生的伟大心理革命的一个部分。以后我将要指出这一革命的其他成分。不过，还有一个观点的改变，对于科学管理的存在也是绝对不可缺少的。这就是双方都必须从本质上认识到，老板也好，劳动者也好，都要用严谨的科学调查和知识代替老的个别人的判断或意见去处理有关企业的各项工作的所有事务。这既适用于开展工作所使用的方法，也适用于完成每项具体任务所需要的时间。因此，在管理者和劳动者双方的心理态度都发生这样的变化之前，也就是说，在双方都尽他们的责任合作生产尽可能多的盈余，并且都认为有必要用严密的科学知识办事之前，任何企业都不能说有了科学管理。

这就是科学管理两个绝对不可缺少的要素。

（四）科学管理理论的发展

泰勒的思想激起了人们研究和发展科学管理方法的热情，他的杰出的追随者有亨利·劳伦斯·甘特、吉尔布雷斯夫妇等，他们在动作和工时等效率问题上进行了研究。

亨利·劳伦斯·甘特曾是泰勒的亲密合作者，科学管理运动的先驱之一。1902年，他离开了泰勒独立开业当咨询师工程师，并在哥伦比亚大学、哈佛大学、耶鲁大学等著名高校任教。亨利·劳伦斯·甘特的贡献主要有以下几点。

1. 提出了一种"工资任务加奖金"的工资制度

泰勒是把工资直接与完成定额的情况结合起来，尤其是当没有完成工作定额时，工人的工资就会下降。而亨利·劳伦斯·甘特的工资制度没有那么"残酷"，他首先规定一个基本的日工资，即使工人由于技术的原因没有完成工作任务，也能得到基本工资。超过任务部分则以奖金的形式发放。

2. 发明了"甘特图"

1903年，甘特设计了一种"日平衡图"（也被称为"生产计划进度图"），该图在对某项具体工作进行任务分解的基础上，用线条表示的计划图表，简单明了地反映各项任务的计划以及完成任务的情况，以有效地监督和管理作业的整个过程。

3. 强调管理民主和重视人的领导方式

在工厂管理中，甘特提出了工厂管理中的机会均等的建议，强调在科学管理的基础上雇主与雇员利益一致，号召人们重视管理中的人的因素。在他看来，金钱刺激只能影响到人们许多动机中的一个动机，而在人们的行为中，能够激发行为动机的因素很多，其中的许多动机是金钱刺激所解决不了的。

弗兰克·吉尔布雷斯和莉莲·吉尔布雷斯夫妇对管理思想的发展是多方面的。弗兰克·吉尔布雷斯是科学管理运动的创始人之一，是著名的效率研究者，被称为"动作研究之父"。他最著名的实验是关于省略砌砖动作的研究。他在从事动作和工时研究时首次采用了动作摄影，创造了计时轨迹摄影技术。莉莲·吉尔布雷斯是弗兰克·吉尔布雷斯的夫人,是心理学家和管理学家。她潜心于管理心理学的研究,并写成著作《管理心理学》。她是管理心理学的先驱,扩大了当时管理学研究的范围,对由于工人心理变化导致管理效率受到影响进行了较为深入的研究,这对管理思想的发展起到了重要的作用。

(五)科学理论的评价

1. 贡献

以泰勒为代表人物的科学管理理论适应了当时社会生产力的发展,他们用自己工厂的实践和理论的探索冲破了工业革命开始以来的经验管理,使管理走向了理论化、科学化,其意义不下于蒸汽机发明导致的工业革命。科学管理的贡献主要有以下三个方面。

(1) 时间和动作的研究

科学管理对管理最大的贡献是提出了时间和动作的科学研究方法,它找到了在不增加员工劳动强度的条件下,能轻松有效地完成任务。

(2) 任务管理

科学管理理论提出的任务管理是由科学规定作业标准、标准化、激励工资制等原理构成的。

(3) 作业人员和管理人员的分工协作

科学管理理论认为管理人员通过承担其固有的计划职能,支持作业人员行使执行职能,使双方配合默契。

2. 缺陷

1) 将人看成是赚钱的机器(经济人)

泰勒认为工人的主要动机是经济,工人最关心的是提高自己的金钱收入,即坚持"经济人"假设。他还认为,工人只有单独劳动才能好好干,集体的鼓励通常是无效的。他在伯利恒钢铁公司工作时,规定不准4个以上的工人在一起工作,经过工长的特别允许除外,但不得超过1周。他认为工人是很笨拙的,对作业的科学化完全是无知的。工人的一举一动只能严格按照管理者的批示去做,只能服从命令和接受工资。他曾说:"现在我们需要最佳的搬运铁块的工人,最好他蠢得和冷漠得像公牛一样,这样他才会受到有智慧的人的训练。"

2) 管理侧重于技术因素

泰勒的科学管理仅重视技术的因素,不重视人群社会的因素。他所主张的专业分工,管理与执行分离、作业科学化和严格的监督等,加剧了劳资之间及管理人员和工人之间的矛盾。由于强调采用科学的、合理的、最快的方法,工人的分工越来越细,操作越来越简单,控制越来越严密,管理越来越专横,越来越强调服从。

3) 侧重于低层的管理

泰勒的科学管理仅仅只解决了个别具体工作的作业效率问题,对于企业如何进行整体性的经营和管理则没有涉及,属于企业中、下层次的管理,对非制造业适用性不好。

【案例 2-2】

最快捷的运送

美国联合包裹速递服务公司(UPS)为了实现"在邮运业中办理最快捷的运送"的服务宗旨,

管理当局系统地培训了员工,使员工尽可能高效率地完成工作。让我们以送货司机为例,介绍UPS的管理风格。

UPS的工业工程师对每一位司机的行驶路线都进行了时间研究,并对每种送货、暂停和取货活动都设立了标准。这些工程师记录了红灯、通行、按门铃、穿院子、上楼梯、中间休息、喝咖啡,甚至是上卫生间的时间。他们将这些数据输入计算机中,从而给出每一位司机每天工作的详细时间标准。

为了完成每天取送130件包裹的目标,司机们必须严格遵循工程师设定的程序。当他们接近发送站时,他们松开安全带,按喇叭,关发动机,拉起紧急制动,为送货车送货完毕的启动离开做好准备,这一系列动作严丝合缝。然后,司机从驾驶室来到地面上,右臂夹着文件夹,右手拿着车钥匙,左手拿着包裹。他们看一眼包裹上的地址,把它记在脑子里,然后以每秒3英尺(1英尺=0.0254米)的速度快步跑到顾客的门前,先敲一下门以免浪费时间找门铃按钮。送完货后,他们回到卡车上,在路途中完成登录工作。

这种刻板的时间表是不是看起来有点儿烦琐?也许是。它真能带来高效率吗?毫无疑问,UPS在提高效率方面的不懈努力,对UPS的净利润产生了积极的影响。人们普遍认为它是一家获利丰厚的公司。

思考分析:结合UPS的实际情况,讨论科学管理的优缺点。

二、亨利·法约尔的一般管理理论

法国的亨利·法约尔从高层管理者的角度剖析具有一般性的管理,创立了一般管理理论,某种程度上弥补了科学管理理论的缺陷。

亨利·法约尔(1841—1925)出生在法国的一个中产阶级家庭,1860年毕业于圣艾蒂安国立矿业学院,作为一名采矿工程师进入法国的一家冶矿公司工作,从1866年开始担任公司的高级管理职务,直到退休,有管理整个大企业的经验。当泰勒在美国研究倡导科学管理的时候,亨利·法约尔在欧洲也积极地从事着管理理论的研究。由于亨利·法约尔和泰勒的经历不同,他们对管理研究的着眼点也不同。泰勒的研究是从"车床前的工人"开始的,重点内容是企业内部具体工作的作业效率,即企业微观的生产组织问题。亨利·法约尔的研究则是从"办公桌前的总经理"出发的,他的视野能够覆盖整个企业,研究如何提高整体的工作效率问题。他的理论除了可用于工商企业外,还适用于政府、教会、军事组织和其他各种事业,这正是一般管理理论的基石。亨利·法约尔的著述很多,1916年出版的《工业管理与一般管理》是其最重要的代表作,标志着一般管理理论的形成。

(一)企业经营的六种职能

亨利·法约尔认为,任何企业都存在着六种职能,管理只是其中的一种。
(1)技术职能:设计制造。
(2)经营职能:采购、销售和交换。
(3)财务职能:确定资金来源及使用计划。
(4)安全职能:保证员工劳动安全及设备使用安全。

(5) 会计职能：编制财产目录，进行成本统计。

(6) 管理职能：管理职能包括五项职能，即计划、组织、领导、协调和控制、人事。计划是指预测未来并制订行动方案；组织是指建立企业的物质结构和社会结构；领导是指指挥激励下级以有效实现组织目标的行为；协调是指让企业人员团结一致，使企业中的所有活动和努力统一和谐；控制是指保证企业中进行的一切活动符合制订的计划和所下达的命令；人事是指在社会劳动的整个过程中，人与人、人与事、人与组织之间的相互关系。

企业经营的六种职能和管理的六项职能如图 2-1 所示。

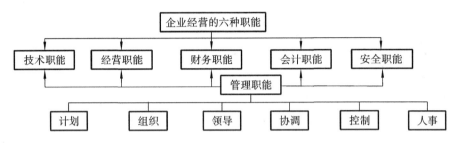

图 2-1　企业经营的六种职能和管理的六项职能

（二）管理的十四条原则

亨利·法约尔还提出了管理人员解决问题时应遵循的十四条原则。

1. 劳动分工

劳动专业化是各个机构和组织前进和发展的必要手段。由于减少了每个工人所需掌握的工作项目，故可以提高生产效率。劳动的专业化，使实行大规模生产和降低成本有了可能。同时，每个工人工作范围的缩小，也可使工人的培训费用大为减少。

2. 权力与责任

亨利·法约尔认为，权力即"下达命令的权利和强迫别人服从的力量"。在行使权力的同时，必须承担相应的责任，不能出现有权无责和有责无权的情况。亨利·法约尔区分了管理者的职位权力和个人权力，前者来自个人的职位高低，后者是由个人的品德、智慧和能力等个人特性形成的。一个优秀的领导人必须两者兼备。

3. 纪律

亨利·法约尔认为，纪律的实质是遵守公司各方达成的协议。要维护纪律就应做到：
(1) 对协议进行详细说明，使协议明确而公正；
(2) 各级领导称职；
(3) 在纪律遭到破坏时，要采取惩罚措施，但制裁要公正。

4. 统一命令

一个员工在任何活动中只应接受一位上级的命令。违背这个原则，就会使权力和纪律遭到严重的破坏。

5. 统一领导

对同一目标的集体活动，只能在一个领导和一项计划下进行。一个人或一个部门的利益不能置于整个企业利益之上。

6．个人利益服从整体利益

任何雇员个人或雇员群体的利益，不应当置于组织的整体利益之上。亨利·法约尔认为整体利益大于个人利益，一个组织谋求实现总目标比实现个人目标更为重要，协调这两个方面利益的关键是领导阶层要有坚定性和做出良好的榜样，协调要公正，并经常进行检查。

7．人员的报酬要公平

报酬必须公平合理，尽可能使员工和公司双方满意。对贡献大、活动方向正确的职工要给予奖赏。

8．集权

集权是指决策权力和行动决定完全保留最高管理者决定，是决策发生在组织高层的程度。集权的程度应视管理人员的个性、道德品质、下级人员的可靠性以及企业的规模、条件等情况而定。

9．等级链

等级链，即从最上级到最下级各层权力联成的等级结构。它是一条权力线，用以贯彻执行统一的命令和保证信息传递的秩序。

10．秩序

秩序即人和物必须各尽其能。管理人员首先要了解每一工作岗位的性质和内容，使每个工作岗位都有称职的职工，每个职工都有适合的岗位。同时要有条不紊地精心安排物资、设备的合适位置。

11．平等

"公平"不等同于"公道"，公道是实现已订立的协定。但这些协定不能什么都预测到，要经常地说明它，补充其不足之处。为了鼓励其所属人员能全心全意地和无限忠诚地履行他的职责，应该以善意来对待他。公平就是由善意与公道产生的。公平并不排斥刚毅，也不排斥严格。做事公平要求有理智、有经验，并有善良的性格，同时不应忽视任何原则，不忘掉总体利益。

12．人员保持稳定

生意兴隆的公司通常都有一批稳定的管理人员。因此，最高层管理人员应采取措施，鼓励职工，尤其是采取措施让管理人员长期为公司服务。

13．首创精神

公司给员工以发挥主动性的机会。必须大力提倡、鼓励员工认真思考问题和创新的精神，同时应使员工的主动性受到等级链和纪律的限制。

14．团体精神

鼓励团队精神将会在组织中建立起和谐和团结。亨利·法约尔指出："分裂敌人的力量是聪明的，但分裂自己的队伍是对企业的犯罪。"他认为，导致企业内部不团结的因素很多，可能是因为管理能力的不足，可能是因为对事务的了解不全面，也可能是因为自私自利，为了个人利益而牺牲了整体利益，但是，不论是由于什么原因所导致的不团结，都是不能容忍的，都是要受到谴责的，因为它直接对企业的正常运作和发展带来了危害。

【拓展阅读 2-2】

法约尔法则

一、管理实际操作者所必需的最重要的能力是技术能力。

二、管理阶层的工长、股长、科长、部长和所长等，随着在管理阶层中地位的提高，所必需的管理能力的相对重要性逐渐增加，而技术能力的比重逐渐减少。

三、高层经理人员所必需的最重要的能力是管理能力。

四、管理阶层中从下算起的第五层或第六层管理人员，所必需的营业、财务、维修保养、会计等能力的重要性占最大的比重。但随着他们在管理阶层中地位的上升，这些专业能力的相对重要性逐渐下降。

五、管理阶层中从下算起的第五层或第六层以上的管理人员，所必需的全部能力中有50%以上是管理能力。

（1）管理的要素。在管理思想发展史上，法约尔首先把管理活动分解为五大要素，并将这五大要素视为管理的职能，对其进行详细的分析和讨论。法约尔认为管理的五要素是：计划、组织、指挥、协调、控制。法约尔的这一思想已成为管理过程学派和组织理论的重要基础。

（2）管理的原则。法约尔根据自己长期的管理实践，提出了十四条适用性很强的管理原则，包括：劳动分工、权力和责任、纪律、统一命令、统一领导、个人利益服从整体利益、人员的报酬要公平、集权、等级链、秩序、平等、人员保持稳定、首创精神和团体精神。法约尔的十四条管理原则，可以适用于工业、商业、政治和宗教的一切管理。法约尔提出，在管理上没有什么死板的绝对条例，原则也是灵活的，它们全部是尺度的问题。法约尔说："没有原则，人们就处在黑暗和混乱之中；没有经验与尺度，纵然是最好的原则，人们仍然处于困惑与不安之中。原则是灯塔，能使人辨明方向，但它只能为那些知道通往自己目的地的人所利用。"

"法约尔跳板"原理

在管理机构中，有明确的等级链，从管理的最高一级到管理的最低一级，应该建立关系明确的职权等级系列，这既是执行权力的线路，也是信息传递的渠道。一般情况下不要轻易违反它。"法约尔跳板"原理，指在层级划分严格的组织中，在特殊情况下，为提高办事效率，两个分属不同系统的部门遇到只有协作才能解决的问题时，可先自行商量、自行解决，只有协商不成时才报请上级部门解决。

（三）对法约尔一般管理理论的评价

法约尔的主要贡献是研究了管理的一般性或普遍性，为管理理论的形成构筑了一个科学的理论框架，奠定了管理学的基础。法约尔的贡献主要表现为以下五点。

（1）归纳出企业经营的六种职能，并突出管理职能的核心地位。

（2）提出管理职能所必需的五项职能和十四项管理原则。

（3）为管理科学提供了一套科学的理论构架。

（4）一般管理理论后来成为管理过程学派的理论基础。

（5）为管理教育提供了理论依据。

法约尔的理论虽然是以企业为研究对象建立起来的,但由于抓住了管理的一般性,使得他的理论不仅适用于企业的管理,而且适用于机关、学校、医院等各种组织和部门的管理。法约尔提出的管理原则,经受住了实践的检验,一直在指导着人们的管理研究和实践活动。

三、马克斯·韦伯的行政组织理论

马克斯·韦伯(1864—1920)出生于德国埃尔福特的一个富裕的家庭。1882 年,他进入海德堡大学读法律,此后先后就读于柏林洪堡大学和格廷根大学,并于 1889 年撰写关于中世纪商业公司的博士论文。他曾三次参加军事训练,因而对军事生活和组织制度有了相当的了解,这对他提出组织理论有较大的影响。他一生担任过教授、政府顾问、编辑等,对社会学、宗教学、经济学和政治学有广泛的兴趣,并发表过著作。他在管理思想方面的贡献是在他的《经济和社会》一书中提出了行政组织理论,他因此被人们称为"组织理论之父"。

(一)马克斯·韦伯的理想的行政组织体系的特点

1. 明确的分工

把组织的全部活动划分为各项基本任务,系统地分配给组织中各个成员负担。每个职位的权利和义务都有明文规定。

2. 形成自上而下的等级体系

各个职位是按照职权的等级原则组织起来的,形成一个指挥体系。这是一种按照职位高低层层控制、井然有序、权责分明的组织体系。各级领导不仅要对自己的行为负责,而且要对自己下级的行为负责。

3. 人员的任用

根据经过正式考试或教育培训而获得的技术资格来选拔员工,并完全根据职务的要求来任用。

4. 职业管理人员

为了确保一贯性和全体雇员的活动,管理者必须倚重正式的组织规则。换言之,管理人员根据法律制度赋予的权力处于拥有权力的地位,原则上所有的人都服从于制度规定,而不是服从于某个人。

5. 正式的规则和纪律

管理者必须遵守组织中的规章和纪律以及办事程序。为了确保一贯性和全体雇员的活动,管理者必须倚重正式的组织规则。

6. 非人格化

管理工作是以规则、程序、条例和各种正式文件等来规范人的行为的,公务活动和私人生活是截然分开的,不得掺杂个人的感情、偏好等非理性的因素。即使是组织成员之间的公务关系也只存在对事的关系而非对人的关系,人们在处理公务时只应考虑合法性、合理性以及有效性,而不应考虑任何私情关系。

（二）对行政组织理论的评价

马克斯·韦伯的理想行政组织理论,总结了在大型组织中的实践经验,为社会发展提供了一种稳定、严密、高效、合理性的管理体系模式,为管理理论的创新做出了贡献。马克斯·韦伯认为,这种高度结构化的、正式的、非人格化的理想行政组织体系是强制控制的合理手段,是达到目标、提高效率的最有效形式。这种组织形式在精确性、稳定性、纪律性和可靠性等方面都优于其他形式,能适用于各种行政管理工作及当时日益增多的各种大型组织,如教会、国家机构、军队、政党、经济组织和社会团体等。马克斯·韦伯的这一理论,对泰勒、亨利·法约尔的理论是一种很有价值的补充,对后来的管理学家,特别是组织理论家产生了很大的影响。行政组织是人类社会不可避免的进程,马克斯·韦伯的理想行政组织体系自出现以来得到了广泛的应用,如教会、国家机构、军队和各种团体,它已经成为各类社会组织的主要形式。

第三节　行为科学理论

20世纪初,资本主义世界经济进入了一个新的时期,生产规模扩大,社会化大生产程度提高,新技术成就被广泛应用于生产部门,新兴工业不断出现。同时,社会经济中劳资矛盾进一步加剧,工人不满和对抗的情绪日益严重。在这种情况下,单纯用古典管理理论的方法和技术已经不能有效地控制工人来达到提高生产效率的目的。一些管理学者从进一步提高劳动生产率的角度,把人类学、社会学、心理学等运用到企业管理中去,研究如何提高人的工作积极性,从20世纪20年代开始逐渐形成了行为科学理论。

所谓行为科学,就是对工人在生产中的行为及行为产生的动机进行分析,以调节人际关系,提高劳动生产率。行为科学理论研究的内容早期被称为人际关系学说,以后发展成行为科学,即组织行为理论。行为科学理论研究的内容主要包括人的本性和需要、行为动机、生产中的人际关系等。

一、乔治·埃尔顿·梅奥的人际关系理论

乔治·埃尔顿·梅奥(1880—1949),美国管理学家,是人际关系学说及行为科学的代表人物。他原籍澳大利亚,早年学习逻辑学和哲学,取得硕士学位,并在昆士兰大学教授了几年逻辑学和哲学,此后又学习心理学。他在苏格兰学医时,参加了精神病理学的研究,这对他以后从事工业中人际关系的研究很有帮助。1992年,乔治·埃尔顿·梅奥在洛克菲勒基金会的资助下移居美国,并在宾夕法尼亚大学沃顿商学院任教。1926年被哈佛大学聘为教授,从事心理学和行为科学研究,期间主持了著名的霍桑试验,并由此真正揭开了作为组织中的人的行为研究的序幕。

（一）霍桑试验

1924年至1932年,美国哈佛大学的乔治·埃尔顿·梅奥教授及其助手,参加了位于芝加哥的西方电器公司霍桑工厂的一系列试验研究。该试验的目的是为了解释在西方电器公司管

理实践中出现的一系列矛盾和问题。试验分为四个阶段：车间照明试验、继电器装配工作室试验（福利实验）、大规模访谈计划（访谈试验）和接线板接线工作室试验（群体试验）。

第一阶段：车间照明试验。该试验从变换车间的照明强度开始，研究工作条件与生产效率间的关系。研究人员希望通过试验得出照明强度对生产率的影响，但试验结果却发现，照明强度的变化对生产率几乎没有什么影响。

结论：工场照明只是影响员工产量的因素之一，而且是不太重要的因素。

第二阶段：继电器装配工作室试验——福利试验。从这一阶段起，马克斯·梅奥参加了试验。研究人员选择了5名女装配工和1名女画线工在单独的一间工作室内工作（一名观察员被指派加入这个工人小组，以记录室内发生的一切），以便对影响工作效果的因素进行控制。在试验中分期改善工作条件，如改进材料供应方式、增加工间休息。供应午餐和茶点、缩短工作时间、实行集体计件工资制等。这些女工们在工作时间可以自由交谈，观察员对她们的态度也很和气。这些条件的变化使产量上升，但一年半后，取消了工间休息和供应的午餐和茶点，恢复每周工作六天，产量仍维持在高水平上。经过研究，发现其他因素对产量并无多大影响，而监督和指导方式的改善能促使工人改变工作态度、增加产量。这成为霍桑试验的一个转折点。于是决定进一步研究工人的工作态度和可能影响工人工作态度的其他因素。为了掌握更多的信息，管理部门决定通过一个访谈计划，来调查职工的态度。

结论：融洽的人际关系、良好的人际氛围也能提高生产效率。

第三阶段：大规模访谈计划——访谈试验。乔治·埃尔顿·梅奥等制订了一个征询职工意见的访谈计划，在1928年9月到1930年5月，不到两年的时间内，研究人员对工厂中的两万人次的职工进行了访谈。根据分析，研究人员认识到，工人由于关心自己个人问题而会影响到工作的效率，所以管理人员应该了解工人的这些问题，为此，需要对管理人员，特别是要对基层的管理人员进行训练，使他们能够倾听并理解工人，能够重视人的因素，在与工人相处时更为热情，更为关心他们，这样能够促进人际关系的改善和职工士气的提高。

结论：每个工人工作效率的高低，不仅取决于其自身的情况，而且受到他所在小组同事的影响。

第四阶段：接线板接线工作室试验——群体试验。在以上的试验中，研究人员似乎感觉到工人中存在着非正式组织，这一试验的目的是要证实这种非正式组织对工人的态度有着极其重要的影响。该实验小组共14名男工，以集体产量计发工资。就组员生产能力来讲，每个人都有可能超过定额，可经过9个月的观察，小组的产量不超过定额的水平。原因是小组内有一种无形的压力，限制个人的突破，如果某人想多干一点，旁边就会有人暗示他停止工作或放慢工作进度，不让他提高生产的数量；实验还发现小组内存在着一种默契，往往是不到下班时间大家已经歇手不干了，没人向上司告密等；研究人员还发现，小组内存在着自然领袖。

结论：实际生产中，存在着一种"非正式组织"，它也决定着每个人的工作效率。

（二）人际关系学说的主要观点

霍桑试验的研究结果否定了古典管理理论的对人性的假设，表明了工人不是被动的、孤立的个体，他们的行为不仅仅受工资的刺激，影响生产效率的最重要因素不是待遇和工作条件，而是工作中的人际关系。乔治·埃尔顿·梅奥对其领导的霍桑试验进行了总结，于1933年出版《工业文明中的人类问题》一书。在该书中，乔治·埃尔顿·梅奥阐述了与科学管理理论不同的观点——人际关系学说。人际关系学说的主要观点如下。

1. 工人是"社会人",而不是"经济人"

古典管理理论把人看作"经济人",认为他们只是为了追求高工资和良好的物质条件而工作。因此,对职工只能用绝对的、集中的权力来管理。乔治·埃尔顿·梅奥等人以霍桑试验的成果为根据,提出了与"经济人"观点不同的"社会人"观点。"社会人"观点的要点是:人重要的是同别人合作;个人为保护其集团的地位而行动;人的思想行为更多的是由感情来引导的。因此,试验表明,小组的合作和小组的情感超过了生产效率,工作条件和工资报酬并不是影响劳动生产率高低的唯一原因。乔治·埃尔顿·梅奥等人认为,人是独特的社会动物,只有使自己完全投入集体中,才能实现彻底的"自由"。工厂中的工人不是单纯地追求金钱收入的,还有社会、心理方面的需要,即有对人与人之间的友情、安全感、归属感和受人尊重等的需要。因此,不能单纯从技术和物质条件着眼,而必须首先从社会、心理方面来鼓励工人提高生产率。他们尖锐地批评了当时的"工业社会"及其所产生的工业社会环境的某些方面,指出工业化破坏了促使社会团结的文化传统,造成了"社会解体"和"不愉快的个人"。他们认为,人有感情,希望能够感到自己的重要,并让别人承认自己的工作重要。工人们虽然也对自己的工资袋的大小感兴趣,但这不是他们关心的唯一事情。有时更为重要的是上司对待他们的态度。因此,对职工的新的激励重点必须放在社会、心理方面,以使他们之间更好地合作并提高生产率。

2. 新型领导在于通过"满足度"的增加来提高职工的士气,从而达到提高生产率的效果

满足工人的社会欲望,提高工人的士气,是提高生产效率的关键。科学管理理论认为,生产效率与作业方法、工作条件之间存在着单纯的因果关系,只要正确地确定工作内容,采取恰当的刺激制度,改善工作条件,就可以提高生产效率。可是,霍桑试验表明,这两者之间并没有必然的直接联系;生产效率的提高,关键在于工作态度的改变,即士气的提高。

所谓士气,也就是工作积极性、主动性、协作精神等结合成一体的精神状态。乔治·埃尔顿·梅奥等人从人是社会人的观点出发,认为士气高低取决于安全感、归属感等社会、心理方面的欲望的满足程度。满足程度越高,士气就越高,生产效率也越高。另外,士气也取决于家庭、社会生活的影响以及企业中人与人之间的关系。

所谓职工的满足度,主要是指为获取安全感和归属感这些社会需求的满意度。工人满足度越高,士气越高,劳动生产率也就越高。工人的满足度取决于两个因素:一是工人的个人情况,即工人由于历史、家庭生活和社会生活所形成的个人态度;二是工作场所的情况,即工人相互之间或工人与上级之间的人际关系。

新型的领导方法,新的领导能力表现为能通过提高职工的满足度提高职工的士气,最后达到提高生产率的目的,那就要转变管理方式,应该重视"人的因素",采用以"人"为中心的管理方式,改变古典管理理论以"物"为中心的管理方式。主要是要组织好集体工作,采取措施提高士气,促进协作,使企业的每个成员能与领导真诚持久的合作。例如:建立邀请职工参加企业各种决策的制度,借以改善人与人的关系,提高职工士气;实行上下意见交流,上级交代任务必须详细说明,并允许下级向上级提意见,上级应尊重下级的意见和建议;建立面谈制度,给职工以表达不满的机会,以消除不良的情绪;美化工作环境,建设宿舍等福利设施,组织娱乐、体育活动等。

3. 企业中实际存在着非正式组织

非正式组织是相对于正式组织而言的。所谓正式组织是指为了有效实现组织目标,依据组织的人员职位、责任、权力及其相互关系进行明确划分而形成的组织体系。科学管理只注意到了正式组织的作用。霍桑试验表明,在组织内部共同活动的过程中,必然会发生一些工作以外的联系,这种联系会加深人们之间的了解,从而形成某种共识,建立起一定程度的情感,并逐渐发展成为非正式组织。这种非正式组织起到两个作用:第一,保护工人免受内部人员的疏忽而造成的损失,例如因生产过多而使管理当局提高他们的生产定额,或者因生产过少而引起管理当局的不满;第二,保护免受非正式组织外的管理人员的干预而形成的损失,例如降低工资或提高生产定额。乔治·埃尔顿·梅奥等人认为,不管承认与否,组织中都是存在非正式组织的,这种非正式组织存在着特殊的情感和倾向,左右内部成员的行为,对生产率的提高有着举足轻重的影响。因此,管理人员应该重视这种非正式组织的存在,利用非正式组织为正式组织的活动和目标服务。

二、行为科学管理理论的发展

自乔治·埃尔顿·梅奥奠定了行为科学的基础之后,西方管理学界涌现了一大批关注行为科学发展的学者,并在乔治·埃尔顿·梅奥的研究基础之上进行了更为深入和广泛的研究。其研究范围和内容主要涉及以下三个大的方面:个体行为的研究、团体行为的研究和领导行为的研究。

1. 个体行为的研究

个体行为的研究主要是关于人的需求、动机、激励,以及管理中"人性"问题的研究。在这方面突出的、有代表性的研究成果是:马斯洛的"需求层次理论",赫茨伯格的"双因素理论",麦克利兰的"成就需要理论",斯金纳的"强化理论",弗鲁姆的"期望理论",麦格雷戈的"X-Y理论",沙因的"复杂人假设"。

2. 团体行为的研究

团体行为的研究主要是关于组织中非正式组织和人与人的关系问题的研究。在这方面有代表性的理论主要是库尔特·勒温的"团体动力学理论"。在这个理论中,库尔特·勒温以研究团体生活动力为目的,主要研究团体的气氛、团体内成员间的关系、团体的领导作风等。

3. 领导行为的研究

职工是在一定主管人员控制下进行工作的,主管的领导方式必然会对职工的士气和工作表现产生一定的影响。有关领导行为的理论有坦南鲍姆和施密特的领导行为连续体理论、俄亥俄州立大学提出的二维领导的模式、威廉·大内的Z理论、布莱克和莫顿的管理方格理论、俄亥俄州立大学提出的领导行为四分图的理论,以及亨利的领导者品质理论等。

【拓展阅读 2-3】

四种人性假设

著名管理心理学家雪恩于1965年在《组织心理学》一书中,提出了四种人性假设理论。

一、"经济人"假设

"经济人"假设认为人性是懒惰的，干工作都只是为了获取经济报酬，满足自己的私利。因此，管理上主张用金钱等经济因素去刺激人们的积极性，用强制性的严厉惩罚去处理消极怠工者，即把奖惩措施建立在"胡萝卜加大棒政策"的基础上。

二、"社会人"假设

"社会人"假设认为人们的社会性需要是最重要的，人际关系、职工的士气、群体心理等对积极性有重要影响。因而在管理上要实行"参与管理"，要重视满足职工的社会性需要，关心职工，协调好人际关系，实行集体奖励制度等。

三、"自我实现人"假设

"自我实现人"假设认为人是自主的、勤奋的，自我实现的需要是人的最高层次的需要，只要能满足这一需要，个体积极性就会充分调动起来。所谓自我实现，是指人的潜能得到充分发挥，只有人的潜能得以表现和发展，人才会有最大的满足。因此，管理上应创设良好的环境与工作条件，以促进职工的自我实现，即潜能的发挥，强调通过工作本身的因素，即运用内在激励因素调动职工的积极性。

四、"复杂人"假设

"复杂人"假设认为一个现实的人，其心理与行为是很复杂的，人是有个体差异的。人不但有各种不同的需要和潜能，而且就个人而言，其需要与潜能也随年龄的增长、知识能力的提高、角色与人际关系的变化而发生改变。不能把人视为某种单纯的人，实际上存在的是一种具体的"复杂人"。依据这一理论，便提出了管理上的"超Y理论"，即权变理论。它认为，不存在一种一成不变、普遍适用的管理模式，应该依据组织的现实情况，采取相应的管理措施。

三、对行为科学理论的评价

行为科学对管理学的贡献主要表现在以下两个方面。

1. 行为科学引起了管理对象重心的转变

传统的古典管理理论把重点放在对事及物的管理上，忽视了人的主动性和创造性。行为科学与此相反，它强调重视人这一因素的作用，把管理的重点放在人及其行为的管理上。这样，管理者就可以通过对人的行为的预测、激励和引导，来实现对人的有效控制，并通过对人的行为的有效控制，达到对事和物的有效控制，从而实现管理的预期目标。

2. 行为科学引起了管理方法的转变

随着对人性的认识和管理对象重点的变化，管理的方法也发生了重大的变化，由原来的监督管理，由监督管理转变到人性化的管理。在管理的方法上强调满足人的需要和尊重人的个性，以及采用激励和诱导的方式来调动人的主动性和创造性，从而把人的潜力充分发挥出来。与此相对应，企业界提出了以职工为中心的、弹性的管理方法，出现了"参与管理""目标管理""工作内容丰富化"等各种新的管理方式。行为科学理论应用于管理实践，取得了令人瞩目的成效。另外，由于人的行为非常复杂，而行为科学家对某一具体问题有着不同的见解，因而有时令管理者感到无所适从。

第四节 现代管理理论新发展

第二次世界大战后,管理思想得到了迅猛的发展,出现了许多新的管理理论和管理学说。不同的学者从各自不同的背景、不同的角度,用不同的方法对管理进行研究,带来了管理理论的空前繁荣,出现了学派林立的局面,主要有管理过程学派、社会系统学派、决策理论学派、系统管理理论学派、经验主义学派、权变理论学派、经理角色学派等。

一、现代管理理论的丛林

(一) 管理过程学派

管理过程学派又称管理职能学派、经营管理学派,主要代表人物为亨利·法约尔和哈罗德·孔茨。这一学派是继古典管理学派和行为科学学派之后最有影响的一个管理学派,其开山祖师就是古典管理理论的创始人之一亨利·法约尔。该学派的研究对象是管理过程和职能,对企业的经营经验加以理性的概括和总结,形成管理理论,指导和改进管理实践。

该学派的基本观点如下。

(1) 管理是一个过程,即让别人同自己去实现既定目标的过程。

(2) 管理过程的职能有五个:计划、组织、人员配备、指挥和控制。

(3) 管理职能具有普遍性,即各级管理人员都执行管理职能,但侧重点则因管理级别的不同而相异。

(4) 管理应具有灵活性,要因地制宜,灵活应用。

该学派主张按管理职能建立一个作为研究管理问题的概念框架。

(二) 社会系统学派

社会系统学派又称为社会合作系统学派。该学派认为,人的相互关系就是一个社会系统,它是人们在意见、力量、愿望以及思想等方面的一种合作关系。管理人员的作用就是要围绕着物质的、生物的和社会的因素去适应总的合作系统。这个学派是从社会学的角度来分析各类组织。它的特点是将组织看作一种社会系统,是一种人的相互关系的协作体系,它是社会大系统中的一部分,受到社会环境各方面因素的影响。

社会系统学派的基本观点是:组织是一个复杂的社会系统,应用社会学的观点来分析和研究管理的问题。在巴纳德看来,乔治·埃尔顿·梅奥等人的人际关系学说研究的重点是组织中人与人之间的关系,并没有研究行为个体与组织之间关系的协调问题。而如果将组织看作一个复杂的社会系统,要使系统运行有效,则必然涉及组织中个人与组织之间的协调问题。正是基于这样的历史背景,社会系统学派得以产生,并将协调组织中个人与集体之间的关系作为其研究的主导方向。

（三）决策理论学派

决策学派认为管理的本质就是决策。管理理论应主要研究决策问题，要研究制定决策的科学方法，以及合理的决策程序等问题。该学派的理论要点如下。

（1）决策是管理的核心，贯穿于管理的全过程。决策是管理人员的主要任务，制订计划就是决策，组织、领导和控制也都离不开决策。

（2）系统阐述了决策原理，对决策的程序、准则、技术等进行了分析。

（3）在决策标准上，用满意准则代替最优化准则。用"管理人"假设代替"理性人"假设，"管理人"不考虑一切可能的复杂情况，只考虑与问题有关的情况，就可以做出令人满意的决策。

（4）一个组织的决策根据其活动是否反复出现可分为程序化决策和非程序化决策。经常性的活动的决策应程序化以降低过程的成本，只有非经常性的活动，才需要进行非程序化的决策。

决策理论学派是在社会系统学派的基础上发展起来的，它吸收了行为科学、系统科学的思想，并广泛结合现代数学及计算机等科学知识，形成了定量与定性分析相结合的、独特的、较完整的理论体系，在西方管理理论中具有很大影响。由于决策理论不仅适用于企业组织，而且适用于其他各种组织的管理，具有普遍的适用意义。

（四）系统管理理论学派

系统管理理论学派盛行于 20 世纪 60 年代，该理论侧重于用系统的观念来考察组织结构及管理的基本职能，它来源于一般系统理论和控制论。其主要代表人物是美国的卡斯特，其代表著作是《系统理论和管理》。系统管理理论观点如下。

（1）组织是一个由相互联系的若干要素所组成的人造系统。

（2）组织是一个被环境所影响，并反过来影响环境的开放系统。组织不仅本身是一个系统，它又是一个社会系统的分系统，它在与环境的相互影响中取得动态平衡。组织同时要从外界接收能源、信息、物质等各种投入，经过转换，再向外界输出产品。企业系统图如图 2-2 所示。

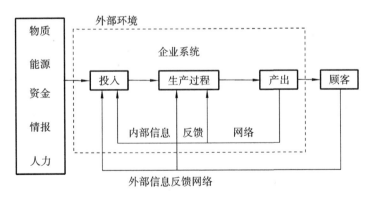

图 2-2 企业系统图

系统管理和系统分析在管理中被应用，提高了管理人员对影响管理理论和实践的各种相关因素的洞察力。虽然该理论在解决管理的具体问题时略显不足,但仍然不失为一种重要的管理理论。

(五) 经验主义学派

经验主义学派又称案例学派,主要代表人物有彼得·德鲁克、欧内斯特·戴尔等。

该派认为:管理科学应该从企业管理的实际出发,以大企业的管理经验为主要研究对象,将其概括和理论化,以便于向企业管理的实际工作者和研究人员传授。他们强调管理学就是研究管理经验。通过对管理中的成功和失败,来了解管理中存在的问题,从而学会进行有效管理。

该学派的基本观点如下。

第一,关于管理的性质。他们认为管理是管理人员的技巧,是一个特殊的、独立的活动和知识领域。

第二,关于管理的任务。他们认为管理人员主要有三项管理任务:一是取得经济成果;二是使企业具有生产性,并使工作人员有成就感;三是妥善处理企业对社会的影响和企业承担社会责任的问题。

第三,关于管理的职责。该学派认为,作为主要管理人员的经理,必须能够造成一个"生产的统一体",经理好比一个乐队的指挥,他要使企业的各种资源,特别是人力资源得到充分发挥。另外,经理在做出每一个决策和采取每一步行动时,要把当前利益和长远利益协调起来。

第四,强调战略决定组织结构。

第五,提倡实行目标管理。

(六) 权变理论学派

权变理论是一种较新的管理思想。权变的意思,通俗地讲,就是权宜应变。权变理论学派代表人物有卢桑斯、菲德勒等人。美国学者卢桑斯在1976年出版的《管理导论:一种权变学说》一书中系统地概括了权变管理理论。该学说认为,在企业管理中,由于企业内外部环境复杂多变,因此管理者必须根据企业环境的变化而随机应变,没有什么一成不变、普遍适用的"最佳"管理理论和方法。为了使问题得到很好的解决,要进行大量调查和研究,然后把企业的情况进行分类,建立模式,据此选择适当的管理方法。建立模式时应考虑下列因素。

(1) 企业规模的大小。组织中人数越多,所需要协调的工作量就越大。当一个组织的规模发展了以后,就应发展更加正规的、高级的协调技术。

(2) 工艺技术的模糊性和复杂性。为了达到组织的目标,就要采用一些技术,把资源投入转换成用户满意的产品或劳务。

(3) 管理者职位的高低。管理者职位的高低直接影响他所应该采用的管理方式。比如,所有的管理者都要制订计划,但高层和基层管理者所制订的计划种类不同。

(4) 管理者的职权大小。所有管理者都需要有职权,但不同的职位所需要的权力有所差别。

(5) 下属个人之间的差别。所受教育、家庭环境、个人态度和性格等方面的不同,就造成了人们之间的差别。这些差别直接关系到管理者对他们的影响。

(6) 环境的不确定程度。管理者要受到组织外部因素的影响,由政治、技术、社会、经济等方面变化所引起的不确定性将对管理者的管理方式有所冲击,有的管理方法可能适用于具有稳定的外部环境的组织,而不适用于外部环境变化剧烈的组织。

总之,权变理论学派要求管理者根据组织的实际情况来选择最好的管理方式。

二、现代管理理论发展新趋势

20世纪80年代以后,电子计算机、互联网、航天航空、生物工程等新兴产业的迅速成长,知识经济的迅速发展,使得现代管理呈现出新的趋势。

(一)企业再造理论

企业再造概念来源于美国著名管理专家迈克尔·哈默和詹姆斯·钱皮合著并于1993年出版的《再造公司———企业革命宣言》一书。所谓企业再造,是指为了获取可以用诸如成本、质量、服务和速度等方面的绩效进行衡量的显著的成就,对企业的经营过程进行根本性的再思考和关键性的再设计。这一定义揭示了企业流程再造的核心。

1. 企业再造的起源与发展。

"再造"一词出现于1987年前后,当时迈克尔·哈默是信息技术方面的顾问,那时候"再造"之说仅在一个很小的知识分子圈内流传。1993年迈克尔·哈默和钱皮合著的《再造公司———企业革命宣言》正式把"再造"学说介绍给全世界。有人认为"再造"的种子是约瑟夫·朱兰和爱德华·戴明在20世纪50年代倡导全面质量管理时播下的。约瑟夫·朱兰和爱德华·戴明在全面质量管理学说中明确地以流程为导向,主张从整体看待工作场所的所有活动。他们的学说主张并未受到西方企业的重视,结果美国人的主张在日本开花结果,一直到20世纪70年代末和80年代初,才由日本传入美国并在美国企业界广泛应用。有学者认为,世界上最先注重"流程"的是日本人,现在讲"再造",着眼点还是在流程,源头自然在日本。早在20世纪60年代,一些日本公司就开始追求流程方面的卓越,意在提高产品质量和降低成本。当时在这方面处于领先地位的是日本丰田汽车公司。我们现在所说的"准时生产制"就是起源于丰田汽车公司的一种生产管理方式。丰田汽车公司认为,只要把生产系统理顺,提高质量并大幅度降低成本,就会赢得市场。1973年以后,日本其他公司学习了丰田汽车公司注重流程的观念,也开始转向以流程为推动力来组织生产。由于日本企业获得了质量和成本优势,其产品从20世纪70年代初开始大举占领欧美市场。

美国公司这时候虽然面临内部机构膨胀复杂、管理难度加大的威胁以及日益严峻的外部环境的挑战,但仍然把工作重点放在"市场营销"上,而其市场情况却每况愈下,竞争力下降。这一形势迫使美国企业反思,进而认识到进行企业再造是企业走出困境、奋发自救的根本途径。不少企业通过再造,重新激发了企业的活力,并取得明显的绩效。这些公司包括福特汽车、IBM(国际商业机器公司)、克莱斯勒汽车、强生、AT&T(美国电话报公司)、百事可乐、惠普、哈尔马克卡片公司等。到20世纪90年代中期,约有80%的美国大型企业已经或正在进行再造。甚至有人认为,美国的国际竞争力自20世纪90年代以来超过日本,其主要原因之一就是美国企业再造的成功。

从美国现有的经验来看,进行再造的企业大体可分为三类:第一类为身陷困境,走投无路,试图通过再造使企业获得新生的企业;第二类是当前情况尚可,但未雨绸缪,在走下坡路之前进行再造的企业;第三类是正处于巅峰时期,领导者不安于现状,勇于进取的企业。由此可见,企业再造并不一定要等到企业走投无路的时候才做,处于不同境况下的企业都可以做,关键是企业要认清形势,把握机会,下决心去做。

2. 企业再造的原则与方法。企业再造的原则和方法很多,但重点有以下几条。

一是,要紧密配合市场需求确定企业的业务流程。

二是,要根据企业的业务流程确定企业的组织结构。

三是,以新的、柔性的、扁平化的和以团队为基础的企业组织结构取代传统的企业组织结构。

四是,强调信息技术与信息的及时获取,加强企业与顾客、企业内部经营部门与职能部门的沟通与联系。

企业再造是围绕业务流程展开的。通俗地说,所有的企业首先要问一句:"我们做事情要达到什么目的"和"我们怎样做好我们所做的事情",业务流程再造的关键是重新设计业务流程。再造的目的不是略有改善,稍有好转,而是要使业绩有显著的长进和大的飞跃。再造不是修修补补,不是对现有的东西稍作改良。再造就是要治本,要割舍旧的东西,重新做,从头做,要脱胎换骨。要做到脱胎换骨,就要求从根本上改变思路。

【案例 2-3】

海尔的企业再造

1998年,海尔开始考虑实施国际化战略。但是,海尔同国际大公司之间还存在很大的差距。这种差距集中表现在海尔的客户满意度、速度和差错率上,以及企业员工对市场压力的感知程度不高。针对这一现实,海尔开始考虑变革。

海尔再造前,组织结构是传统的事业本部制结构,集团下设六个产品本部,每个本部下设若干个产品事业部,各事业部独立负责相关的采购、研发、人力资源、财务、销售等工作。

1999年,海尔在全集团范围内对原来的业务流程进行了重新设计和再造,并以"市场链"为纽带,对再造后的业务流程进行整合。海尔的再造方案主要包括如下一些。

(1) 同步业务流程结构:"三个大圈、六个小圈、两块基石"。海尔的再造方案,将原来各事业部的财务、采购、销售业务分离出来,实行全集团统一采购、营销和结算。将集团原来的职能管理部门整合为创新订单支持流程3R(研发、人力资源开发、客户管理)和保证订单实施完成的基础支持流程3T(全面预算、全面设备管理、全面质量管理)。

(2) 流程运转的主动力:"市场链"。推动整体业务流程运转的主动力不再是过去的行政指令,而是把市场经济中的利益调节机制引入企业内部,将业务关系转变为平等的买卖关系、服务关系和契约关系,将外部市场订单转变为一系列的内部市场订单。

(3) 流程运作的平台:海尔文化和OEC(日事日毕,日清日高)管理模式。海尔再造的成效。交货时间减少了32%,到货及时率从95%提高到98%,出口创汇增长103%,利税增长25.9%,应付账款周转天数减少了54.79%,直接效益为3.45亿元。

海尔再造给我们的启示如下。

(1) 再造的时机:企业经营管理水平上台阶。

(2) 再造的核心：将纵向一体化结构转变为平行的网络流程结构。
(3) 再造的目标：以顾客满意度最大化为目标。
(4) 再造的动力：发挥每一个员工的积极性和主动性。
(5) 再造的保证：领导全力推进、企业文化渗透。

（二）学习型组织

彼得·圣吉以全新的视野来考察人类群体危机最根本的症结所在，认为片面和局部的思考方式及由此所产生的行动，造成了目前支离破碎的世界，为此需要突破线性思考的方式，排除个人及群体的学习障碍，重新就管理的价值观念、管理方式方法进行革新。

彼得·圣吉认为，企业竞争失败，组织决策失误根本原因是组织智障妨碍了组织的学习与成长，使组织被一种看不见的力量侵蚀，甚至被吞没了。为改变这一现象，应提倡建立学习型组织，迎接新时代的挑战。他认为"当世界更息息相关、复杂多变时，学习能力也更要增强，才能适应变化。企业不能再只靠那些一夫当关、运筹帷幄和指挥全局的伟大的领导者。未来真正出色的企业，将是能够设法使各阶层人员全心投入，并有能力不断学习的组织。"彼得·圣吉提出了学习型组织的五项修炼，认为这五项修炼是学习型组织的技能。

第一项修炼：自我超越。自我超越的修炼是学习不断深入并加深个人的真正愿望，集中精力，培养耐心，并客观地观察现实。它是学习型组织的精神基础。自我超越需要不断认识自己，认识外界的变化，不断地赋予自己新的奋斗目标，并由此超越过去，超越自己，迎接未来。

第二项修炼：改善心智模式。心智模式是指根深蒂固于每个人或组织之中的思想方式和行为模式，它影响人或组织如何了解这个世界，以及如何采取行动的许多假设、成见，甚或是图像、印象。个人与组织往往不了解自己的心智模式，故而对自己的一些行为无法认识和把握。第二项修炼就是要把镜子转向自己，先修炼自己的心智模式。

第三项修炼：建立共同愿景。如果有一项理念能够一直在组织中鼓舞人心，凝聚一群人，那么这个组织就有了一个共同的愿景，就能够长久不衰。如 IBM 的"服务"；宝丽来公司的"立即摄影"，福特汽车公司的"提供大众公共运输"、苹果公司的"提供大众强大的计算能力"等，都是为组织确立共同努力的愿景。第三项修炼，就是要求组织能够在今天与未来环境中寻找和建立这样一种愿景。

第四项修炼：团队学习。团队学习的有效性不仅在于团队整体会产生出色的成果，而且其个别成员学习的速度也比其他人的学习速度快。团队学习的修炼从"深度会谈"开始。"深度会谈"是一个团队的所有成员，谈出心中的假设，从而实现真正一起思考的能力。"深度会谈"的修炼也包括学习找出有碍学习的互动模式。

第五项修炼：系统思考。组织与人类其他活动一样是一个系统，受到各种细微且息息相关的行动的牵连而彼此影响着，这种影响往往要经年累月才完全展现出来。我们作为群体的一部分，置身其中而想要看清整体的变化，非常困难。因此第五项修炼，是要让人与组织形成系统观察、系统思考的能力，并以此来观察世界，从而决定我们正确的行动。要进行这五项修炼，必须建立学习型组织。

学习型组织是指更适合人性的组织模式。这种组织由一些学习团队形成社群，有崇高的而正确的核心价值、信心和使命，具有强韧的生命力与实现共同目标的动力，不断创新，持续蜕变。

在这种学习型组织中,人们胸怀大志,心手相连,相互反省求真,脚踏实地,勇于挑战极限及过去的成功模式,不为眼前近利所诱惑;同时,以令成员振奋的远大共同愿望以及与整体动态搭配的政策与行动,充分发挥生命的潜能,创造超乎寻常的成果,从而从真正的学习中体悟工作的真义,追求心灵的满足与自我实现,并与周围的世界产生一体感。彼得·圣吉认为,判断一个组织是否是学习型的组织,有以下四条基本标准:①人们能不能不断检验自己的经验;②人们有没有生产知识;③大家能否分享组织中的知识;④组织中的学习是否和组织的目标息息相关。

(三) 企业文化

20 世纪 80 年代初,美国哈佛大学教育研究院的教授特雷斯·迪尔和麦肯锡咨询公司顾问阿伦·肯尼迪在长期的企业管理研究中积累了丰富的资料。1981 年 7 月出版了《企业文化——企业生存的习俗和礼仪》一书。该书被评为 20 世纪 80 年代最有影响的十本管理学专著之一,成为论述企业文化的经典之作。它用丰富的例证指出,杰出而成功的企业都有强有力的企业文化,即为全体员工共同遵守,但往往是自然约定俗成的而非书面的行为规范;并有各种各样用来宣传、强化这些价值观念的仪式和习俗。正是这一非技术、非经济的因素,影响了大到决策的结果、企业中的人事任免,小至员工的行为举止、衣着爱好、生活习惯等。在两个其他条件都相差无几的企业中,由于其企业文化的不同,对企业发展所产生的后果也不同。

(四) 自我管理

自我管理有广义和狭义之分,狭义的自我管理是指个人通过不断的自我认识、自我设计、自我教育、自我激励、自我控制、自我完善的动态过程,以实现个人理想和目标。而广义的自我管理的对象则扩大到组织,是指为实现目标,取得最大效益而进行的组织内部的自我调解、自我控制的过程。在组织管理中,自主性和平等民主参与性是自我管理活动的两大显著特征。因此,自我管理的原则包括自识、系统、统一、自愿、效率等。

1. 自我管理的特点

自我管理具有以下几个方面的特点。

一是,管理范围的普遍性。自我管理虽然只是管自己,但是它却几乎适用于所有人。生活在社会上的每个人,除了精神障碍者以外,无人不在进行着自我管理,无论你是否意识到,是否承认它。

二是,管理时间的全程性。自我管理不是权宜之计,它贯穿于人生的全过程,从儿童、少年、青年、壮年到老年,都要进行不同内容、不同方式的自我管理。

三是,管理内容的复杂性。自我管理是多重指标的综合效应,具有十分广泛的内容,主要包括目标的确定、行为的控制、情感的调解、才智的发挥、时间的利用、信息的处理等许多内容。

四是,管理方法的差异性。人的个性、素质、能力及经历、处境是千差万别的,因此,人的自身的管理方式也是各不相同、因人而异的。只有一般的规律可依,没有万能的"灵药"可用。

五是管理理论的广延性。人的生命运动是人的思维运动的物质基础,而人的思维运动对人的生命运动产生着强大的能动作用。此外,人生活在世上,每天都要和自然界、社会接触,收到大量的自然信息和社会信息,这些信息要靠人的心身自动调解功能来处理。这些,都给研究人的自我管理的理论带来了广延性。

2. 自我管理的形式

自我管理在现代组织中有两种表现形式，这就是个人的自我管理与团队的自我管理。

所谓个人的自我管理，就是指个人可以在组织的共同愿景或共同的价值观指引下，在所授权的范围内自我决定工作内容、工作方式，实施自我激励，并不断地用共同愿景来修正自己的行为，以使个人能够更出色地完成既定目标。也就是在这样一个过程中，个人使自己得到了充分的发展，使自己在工作中得到了最大的享受。

所谓团体的自我管理，是指组织中的小工作团队的成员在没有特定的团队领导人的条件下自己管理团队的工作，进行自我协调，共同决定团队的工作方向，大家均尽自己所能为完成团队任务而努力。团队自我管理在某种条件下比个人自我管理更为困难一些，因为团队中有许多人，如果有一两个希望"搭便车"的人的话，就会在团队中造成很大的冲突与麻烦。所以，成功的团队自我管理不仅需要每个团队成员均有良好的素质和责任，还需要有一个团队精神，以此凝聚众人。

自我管理已成为现代组织广泛采用的一种组织机制，它以重视人为基础，通过民主参与管理，在成就人的同时推进组织的有效运行。自我管理相对于之前的组织管理，在知识社会的今天它把组织管理带入了一种全新的高境界，它更加符合人性特征。

（五）知识管理

知识管理是以知识为核心的管理，是指对各种知识的连续管理过程，以满足现有和未来的需要，以确认和利用已有的和获取的知识资产，开拓新的机会。

1. 知识管理的目标

（1）知识的发布，以使一个组织内的所有成员都能应用知识。

（2）确保知识在需要时是可得的。

（3）推进新知识的有效开发。

（4）支持从外部获取知识。

（5）新知识在组织内扩散。

（6）确保组织内部的人知道所需的知识在何处。

2. 知识管理的基本特点

（1）知识管理是基于对"知识具有价值，知识创造价值"的认识而产生的。

（2）知识管理是全新的经营管理模式，其出发点是将知识视为企业最重要的战略资源，把最大限度地掌握和利用知识作为提高企业竞争力的关键。

（3）知识管理代表了理解和探索知识在管理工作中的作用的新发展，这种理解和探索的方式更加有效、全面。

（4）知识管理产生的根本原因是科技进步和社会经济中的作用日益增大。

★ 复习思考题

1. 早期管理思想的特点有哪些？
2. 简述泰勒科学管理理论的内容。
3. 简述亨利·法约尔的一般管理理论的十四条原则。

4. 简述霍桑试验得出了怎样的结论?
5. 权变理论学派的主要观点是什么?
6. 应该对行为科学理论给予怎样的评价?
7. 现代管理理论有哪些新的学派?
8. 现代管理理论的发展有哪些新趋势?

【案例分析 2-1】

助理赵立实的难题

某公司是一家经营绩效良好的企业,在前些年有过骄人的业绩。但近几年来,公司的盈利水平不断下降。一个中等规模的企业,盈利水平甚至不如本地一家小型企业。公司上下对此颇感迷惑,人心浮动,企业面临严峻的考验。

一天,公司总经理把总经理助理赵立实叫到办公室。总经理首先跟他简单地讨论了公司目前的经营状况,明确地表示了对这一现状的担忧。接着,总经理交给赵立实一个特殊的任务:集中一段时间,深入调查一下造成本企业目前盈利水平下降的主要原因是什么,并提出对策建议。

赵立实来这个企业工作时间不长。他过去曾系统学习过管理理论,对古典管理理论与现代管理理论都有较深的研究。他对总经理交办的这个任务高度重视,决定运用所学的管理理论分析与解决本企业存在的实际问题。

赵立实首先将目光投向市场,在激烈竞争的今天,市场是决定企业盈利水平最首要的因素。在调查的过程中,赵立实了解到,本公司为开拓市场,建立了本地同行业最庞大的营销队伍,而且每年的营销预算都高于同行其他企业,占有了与本地几家最大企业旗鼓相当的市场份额。他觉得营销环节问题不大。接着他调查了本企业产品开发与价格的情况。他了解到,本企业有很强的技术力量,有一支高水平的科技开发队伍。本企业的产品不比同行的产品差,而且价格合理,不高也不低。他也感到困惑,是什么造成盈利水平的不断下降呢?他又深入车间了解一线生产的情况。生产线运行正常,员工们工作也较为认真。当然,也发现有些员工积极性不是很高,工作节奏较慢。车间主任抱怨道:"去年每个人都涨了一级工资,咱厂在本地工厂中是工资最高的。可是这些工人的积极性一点也没提高。"关于严格管理,他说道:"其实咱厂管理是很严格的,有那么多的管理规章制度。我本人管理也是非常严格的,对那些迟到早退、生产不合格产品、材料损失浪费的工人从不客气,都狠狠地批评。可是这些现象就是屡禁不止,生产率就是上不去。有的工人好像是在同厂里作对。其实厂子黄了,你的饭碗也砸了,这是何苦?我是没办法了。"赵立实还了解到公司的管理机构庞大,管理费用高,产品生产成本也普遍高于同行业,据说原材料进价也偏高……

调查的情况千头万绪,赵立实决定运用管理理论进行分析,并提出有效的对策方案,以出色地完成总经理交办的任务。但他也似乎觉得在运用泰勒的经济刺激手段与现代行为科学原理之间还有些冲突或需要进一步理顺的地方。

思考

（1）造成该公司盈利下降的原因是什么？

（2）你认为要解决该公司的问题，是应用泰勒的科学管理理论还是运用行为科学理论，哪个更为重要？

（3）请你帮助赵立实制订解决该公司问题的方案。

第三章 组 织

【本章学习目标】
1. 了解组织的概念和类型;
2. 掌握组织结构设计原则和设计程序;
3. 区别组织结构的几种主要类型;
4. 了解组织变革的动力和方式;
5. 掌握化解组织变革阻力的方法;
6. 掌握组织文化的含义和特征;
7. 了解组织文化的功能和结构;
8. 掌握组织文化建设的步骤和方法。

第一节 组织概述

一、组织的含义

"组织"一词我们并不陌生。组织的原意是将丝、麻等纵横交织成布帛,因此,组织也就是组合编织的意思。随着人们实践活动的不断开展,人们对"组织"的含义有了拓展和延伸,许多学者也从不同的角度对组织进行了研究。由于各种理论的研究角度的不同,因此对组织概念的解释差异也是比较大的。关于组织的含义,可以从词性的角度来理解组织。

(一)作为名词

组织的产生根源于人类的生产与社会实践活动。就以原始人打猎为例,在没有先进的器具,又没有猛兽那样的尖牙利爪的情况下,单凭个人的力量想狩猎成功是很难的。长期的实践经验告诉他们,集体打猎效果非常好,并且听从一个人的指挥比乱哄哄地打猎更好,于是他们就公推一位能干的人当首领,其他的人听他指挥,这就是最原始的组织。由此可见,组织不仅仅是人的简单组合,而应是所有参加者之间相互配合、共同努力,形成的一个有机的整体。如果组织中的成员没有很好地配合和合作,那么该组织就是"一盘散沙",而不能成为具有整体力量的"组织"。之所以要组成"组织",其目的就是要借助组织这种配合力,以完成个人力量简单相加的总和所不能完成的各种任务。

由此可见,名词意义上的组织主要包含以下几个方面的内容。

1. 组织是由人组成的

人是组织最为重要的一种资源,是构成组织的主体。

2. 组织必须要有特定的目标

不管目标是明确的还是隐含的,目标的实现都必须依赖于一定的载体,这个载体就是组织。

3. 组织必须要有分工与协作

为实现组织目标,组织必须成立许多部门,各个部门都有专门的分工或特定的工作,只有各部门相互配合,共同协作,才能提高组织效率。

4. 组织要有不同的权力层次和责任机制

组织要赋予各部门及各成员相应的权力,同时还要明确他们各自的责任,做到责权明确。

5. 组织是一个有机体

组织就像人的生命一样,它也会经历产生、成长、发展、衰落甚至死亡的生命周期。

综上所述,可以把组织定义为"两个或两个以上的人为了共同的目标,按照特定的原则,通过系统性的结构设计而构成的有机整体"。

【案例 3-1】

分粥

有7个人组成了一个小团体共同生活,这七人都是平等的,都没有险恶之心,但不免自私自利。他们想用非暴力的方式,通过制订制度来解决每天吃饭的问题:要分食一锅粥,但并没有称量用具和有刻度的容器。

大家实验了不同的方法,发挥了聪明才智,经过多次实验,最终形成了日益完善的制度。实验的方法大体说来主要有以下几种。

方法一:拟订一个人负责分粥事宜。很快大家就发现,这个人为自己分的粥最多,于是又换了一个人,但总是那个主持分粥的人碗里的粥最多最好。由此我们可以看到:权力导致腐败,绝对的权力导致绝对腐败。

方法二:大家轮流主持分粥,每人一天。这样等于承认了个人有为自己多分粥的权力,同时给予了每个人为自己多分粥的机会。虽然看起来平等了,但是每个人在一周中只有一天能够吃饱,有六天都饥饿难挨。于是我们又可得到结论:绝对权力导致了资源浪费。

方法三:大家选举一个信得过的人主持分粥。开始这个品德尚属上乘的人还基本公平,但不久他就开始为自己和溜须拍马的人多分。不能放任其堕落和风气败坏,还得寻找新思路。

方法四:选举一个分粥委员会和一个监督委员会,形成监督和制约。公平基本上做到了,可是由于监督委员会常提出各种议案,分粥委员会又据理力争,等粥分完毕时,粥早就凉了。

方法五:每个人轮流值日分粥,但是分粥的那个人要最后一个领粥。令人惊奇的是,在这个制度下,七只碗里的粥每次都是一样多,就像用科学仪器量过一样。每个主持分粥的人都认识到,如果七只碗里的粥不相同,他确定无疑将分到那份最少的。

（二）作为动词

从动词的角度来理解，组织指建立、维持与变革组织结构，进行有效的分工、协作进而实现组织目标的过程，即管理活动中的组织职能。组织为了完成其使命和目标，需要开展各项作业活动，如企业的生产活动、医院的诊治活动、学校中的教学活动等。为了确保作业活动能够有效地进行，组织必须进行相应的管理活动。管理活动是实现组织目标的重要手段和保证。可以说，任何组织，小至企业，大至国家，都需要管理活动。组织职能主要包括以下几个方面的内容。

1. 组织结构的设计

当组织目标确定以后，管理者必须根据组织目标设计和建立一整套的组织结构和职能系统，并确定职权关系，从而把组织上下左右联系起来，保证所设计和建立的组织结构能够有效运行。

2. 适度分权和正确授权

在确定了组织机构的形式后，要进行适度分权和正确授权。分权适度，授权成功，会有利于组织内各层次、各部门为实现组织目标协同，同时使得各级管理人员能够产生满足感，提高工作的满意度。

【案例 3-2】

我国古代的许多管理者就懂得放权用人。唐玄宗李隆基就是其中一位。他在即位初期，任用姚崇、宋璟等名将名相，就很讲究用人之道。有一次，姚崇就一些低级官员的任免问题向唐玄宗请示，连问了三次，唐玄宗都不予理睬。姚崇以为自己办错了事情，慌忙退了出去。正巧高力士在旁边，劝李隆基道："陛下即位不久，天下事情都由陛下决定。大臣奏事，妥与不妥都应表明态度，怎么连理都不理呢？"唐玄宗说："我任崇以政，大事吾当与决，至用郎吏，崇顾不能而重烦我邪？"表面上看，唐玄宗是在批评姚崇拿小事麻烦他，实际上是放权姚崇，让他敢于做事。后来姚崇听了高力士的传达，就放手办理事情了。史载，姚崇"由是进贤退不肖而天下治"。正是因为唐玄宗敢于放权用人，使各级官吏都能充分发挥自己的才能，历史上才出现了著名的"开元盛世"。

3. 人力资源管理

人是组织的主体，必须将人力资源合理配置到相应的组织结构中，因此组织活动包括人员的选择与配备，培训与考核、奖励与惩罚，以及对人的行为的激励措施等。

【案例 3-3】

小白兔，真的无害吗？

曾任阿里巴巴资深人力资源顾问关明生认为，如果以业绩为纵坐标、以价值观为横坐标，可以将企业分为四大部分五类人。

(1) 牛。一般企业中大部分员工属于这一类。他们拼命做事,干劲十足,也甚是威风。无论是业绩或价值观。"牛"都是中坚分子。

(2) 明星。业绩高,替企业干出成绩之余,价值观亦完全配合企业精神。

(3) 小白兔。这批人价值观极度符合企业精神,可惜业绩差。

(4) 狗。业绩差而价值观也差。

(5) 野狗。业绩特别显著,但是其价值观彻底与企业相悖,即完全不遵循企业的游戏规则。

对小白兔类的员工,可给他们两至三次机会,尝试培训及提升他们。小白兔之中,很可能有的能发展成"牛",甚至是将来的"明星"。但若他们的业绩依然停滞不前,就应当狠下心肠,不能仁慈,要立即解雇,否则从长远来看,他们将成为企业的负担,这对"明星"及"牛"不公平。

4. 组织变革与组织文化建设

组织是一个有机整体,要想获得生存与发展,一定要与时俱进,不断地调整组织的发展方向,顺应趋势进行组织变革。此外,在组织林立,竞争激励的环境中,组织也应创建独具特色的组织文化,突出组织的特色,树立组织良好的形象。

二、组织的类别

不同类型的组织,其功能和特性是不同的。要深入了解组织之间的关系,有效地对组织进行科学分类是十分必要的。标准不同,分类也就不一样,应该掌握各种不同分类标准的主要类型。

(一) 按组织的社会职能分类

美国著名社会学家帕森斯认为,组织应按社会作用和社会效益进行分类,即以组织的社会功能为标准,可将组织分为:经济性组织、政治性组织、整合组织、模型维持组织。

1. 经济性组织

这类组织以经济生产为核心,运用一切资源扩大组织的经济生产能力,追求物质财富的社会组织,如工商企业、工厂、银行、饭店、保险公司、财团等。

2. 政治性组织

这类组织的社会功能是实现某种政治目的,为政治利益服务的组织。因此其重点是权力的产生和分配,如政府部门的一些组织就属此列。

3. 整合组织

这类组织的社会功能在于协调各种矛盾冲突,引导人们向某种特定的目标发展,以保持一定的社会秩序,如法院、政党、监狱等。

4. 模型维持组织

这类组织的功能在于维持固定的社会形式,以确保社会的平衡发展,如学校、社团、教会等。

（二）按组织形成是否程序化来划分

1. 正式组织

正式组织有正式的任务分工，明确规定了组织成员各自职责及相互关系，其组织制度和规范对成员具有约束力。政府机关、军队、学校、工商企业等都属于正式组织，是人们研究和关注的重点。正式组织的设立、运行、解散都必须遵照严格的程序；组织有明确的目标；组织成员之间有一定的上下级关系，各自承担相应的职责和角色任务；组织领导具有正式的权力，下级须服从上级的命令和指示；并通过各种规章制度来约束个人行动，实现组织行动的统一。

2. 非正式组织

非正式组织是组织成员在共同的工作和活动中，由于观点、爱好、兴趣、习惯、志向等一致而自发形成的结伙关系，是在情感相投，志同道合的基础上形成的组织。非正式组织也有自己的目的，也可能存在分工，但是其目的和分工并不是经过正式计划的，也没有严格的规章制度来保证其目的和分工的实施。非正式组织中的目的和分工带有自发性、富有弹性、内聚性和不稳定性的特征。

三、组织的构成要素

组织的构成要素包括有形要素和无形要素两种，这些要素是存在与发展的前提。

（一）有形要素

1. 组织环境

组织在生存和发展过程中，往往会受到周围环境的影响，周围环境对组织活动会产生直接或间接的影响。组织是一个开放的系统，任何组织都处于一定的环境中，并与环境发生物质、能量和信息的转换，因此，任何管理者都必须高度重视环境的因素，这些因素既包括经济、政治法律、科技、社会文化和自然生态等宏观环境因素，也包括和组织直接相关的顾客、供应商、竞争者、社区公众等具体环境因素。

2. 管理主体和管理客体

管理主体是指具有一定的管理能力，拥有相应的权威和责任，从事实际管理活动中的人或机构，也就是通常所说的管理者。管理客体是管理过程中在组织中所要预测、协调和控制的对象。其中人员是组织构成的核心要素，也是企业最重要的一种资源，是组织正常运转的保证。组织中的人员必须从事一定的工作，因此，组织需要设置相应的工作或业务岗位，根据具体情况担任一定的职务。组织成员之间存在着责任、权力和利益方面的关系。

（二）无形要素

1. 组织目标

组织目标是所有组织成员的共同愿景，是组织运营和组织协调所必需的，且是组织成员所能接受并理解的。作为一个组织，首先必须有目的，然后建立组织的目标，组织目标是组织一切动力的源泉,如果没有目标,组织的存在就失去了意义。就像企业的组织目标是为社会提供令用户满意的商品和服务,并为企业创造更多的利润。

2. 合作意愿

合作意愿指个人为组织做出贡献的愿望。这种意愿能把组织成员的力量凝聚在一起,产生整体合力,是组织不可或缺的一项要素。如果组织成员没有合作意愿的话,就不会愿意为组织做贡献的个人努力,组织成员就会各自为政,组织也如一盘散沙。

3. 信息沟通

如果想要组织成员达成合作意愿,必须通过信息沟通,使组织目标和个人目标能够协调统一,这样才会有意义和实际效果。由此可见,信息沟通是组织内一切活动的基础。

【案例 3-4】

土著人的最高礼节

有一天,哈佛大学的哈佛商学院的一位教授接到非洲土著用电烙刻出的请柬,邀请他到非洲讲授部落的竞争力战略。

教授为了表示对土著人的尊敬,准备了好几套西服上路。土著人为了表示对文明国度知名教授的尊敬,准备按照部落至高礼仪欢迎。

讲课的第一天,教授西装革履地出现在土著人面前,讲了一整天,却一直在冒汗。为什么呢?原来土著人以最高礼仪——男女全部都一丝不挂,只戴着项圈,私处也只是遮盖着树叶,在下面黑压压地站成一片听课。

第二天,教授的讲课也是一个冒汗的过程。因为教授为了入乡随俗,也脱得一丝不挂,只戴了个项圈,私处也只遮盖着树叶;但是土著人为了照顾教授的心情,吸取了头一天的教训,全部西装革履。

直到第三天,双方做了很好的沟通,台上台下全穿西装,竞争力战略才顺利地讲授下去。

四、组织的功能

组织活动绝不仅仅只是把单个个体力量简单相加,个体力量的简单集合很可能会形成一群各自为政的"乌合之众"。事实上,有效地利用群体的力量才可能完成单独个体所不能完成的任务,这才是组织的功能所在。因此,合理而有效的组织对做好管理、实现组织目标、满足员工的需要是十分必要的。组织的基本功能具体表现在以下几个方面。

(一)组织的聚集功能和放大功能

组织的聚集功能是指,组织把分散的人力资源、财务资源、物力资源、知识信息等加以聚集,把单个组织成员有效地组织起来进行协同合作,这样所产生的力量大于单个力量之和。良好的组织会产生放大的力量,借助组织力量的放大作用,才能使组织的"产出"大于"投入",判断一个组织的效力,就是要看它是否具备"整体大于个体的总和"作用。

（二）组织能满足组织成员的特定需求

个人与组织之间存在交换关系，从个人的角度来看，个人之所以加入某一组织并对其投入时间、精力和技能，目的是为了从组织那里得到自己想得到的利益和回报，以满足自己的需要，而组织给员工各种利益或报酬也是为了让成员对组织有所贡献，以实现组织的预定目标。个人与组织之间的关系，可以说是建立在一种相辅相成、平等交换的基础之上，形成双方都感到满意的关系。

（三）高效的组织可以提高组织绩效

高效的组织内部分工合理、责权明确，这样可以很好地避免组织内各部门之间的相互推诿。高效的组织人员优化，各环节、各层次安排合理，因此实现提高组织绩效的作用。

五、组织工作的内容

为了顺利实现组织目标，组织必须搭建一定的组织结构，根据业务活动的需要做出相应的分类与调整，合理安排管理人员的职位以及管理职权的分配，并对组织成员的行为加以规范和协调等工作。组织工作的具体内容有以下几点。

（一）组织结构设计

组织结构设计主要包括根据组织内外环境的要求，确定组织的战略目标；根据战略目标落实组织的工作任务；再对要完成的工作任务进行适当的分工和组合，从而形成不同的职位、部门和层次结构；赋予这些职位、部门相应的权力与责任；为使这些职位和部门能够有效地运转，还要设置必要的规范和协调关系。

（二）组织运行

组织运行就是使设计好的组织结构运作起来。为了确保组织能够正常运行，不仅需要设计合理的组织结构，而且要选拔合适的人员，并进行合理的组织授权，提高组织运行的效率。除此之外，还需要建立一整套的规范与制度，并采取有效的领导方式和激励手段，通过建立良好的信息沟通渠道，及时对组织运行中出现的各种问题进行有效的控制等。由此可见，组织的运行是与管理工作其他职能联系最为紧密的一环。

（三）组织变革

组织在运行过程中，由于内外环境的变化和影响，组织会出现一些需要完善和调整的地方。组织变革就是对组织的调整、改革和再设计，它属于组织工作过程中的反馈与修正阶段。通过组织变革，使组织发展与组织目标协调一致，增强组织对环境的适应性，让组织充满生机与活力，提高组织的效能。

（四）组织文化建设

组织文化是一个组织的灵魂，是彰显组织形象的有效载体。当前，越来越多的组织在制定规章制度的同时,都在积极地打造自身的文化内涵和品牌建设,以发挥文化的"软约束"作用,弥补各项规章制度等"硬性管理"的不足。

六、组织理论的发展

组织理论主要是以组织现象和组织发展规律为研究对象,以组织设计和管理为实践内容的管理理论。组织理论的发展与演变大致经历了以下几个阶段。

(一)古典组织理论阶段

古典组织理论主要包括20世纪初期以泰勒为代表的科学管理理论、亨利·法约尔的行政管理理论和由马克思·韦伯发展起来的科层组织理论。古典组织理论是第一次运用科学的方法将组织问题系统化、理论化与科学化。其中心思想和特征主要包括:从制度规范的角度对组织展开研究,提出了一系列的组织设计与管理原则;以工作任务为中心,把组织看成是一个封闭的系统;把组织管理的重心放在组织内部,着重研究如何有效利用已有资源提高生产效率、获得更大利润;强调管理中的规章制度与上层管理者的决策及个人作用。比如:科学管理组织理论倡导设置计划部门,实行职能制与例外原则;科层组织理论倡导的专业分工、权责一致原则;行政管理理论提出了管理的五项基本职能和管理的十四条基本原则,提出建立层级组织的管理幅度概念,构建了直线职能制的组织结构形式。

古典组织理论的四大支柱分别是劳动分工、等级与智能方法、结构及控制幅度理论。虽然,古典组织理论忽视了环境对组织的影响,忽视了组织的动态性特征,也忽视了组织成员的社会需求,因此,遭到了许多人反对。但是,迄今为止大多数组织仍把这一理论作为组织设计的指导思想,因为它使工作秩序井井有条,在某种程度上也能使组织摆脱任人唯亲、专横武断、暗中贿赂等弊病。

(二)行为科学组织理论阶段

行为科学组织理论也称新古典组织理论,一方面广泛地接受了古典组织理论的观点,另一方面也对古典组织理论的一些不足之处进行了重大的调整。新古典组织理论主要包括:以乔治·埃尔顿·梅奥为代表的人际关系组织理论,以巴纳德为代表的组织平衡理论,以西蒙为代表的决策过程组织理论。他们的中心思想和共同特点是以组织中人为研究中心,强调人际关系与信息沟通,主张用动态的观点考察分析人类行为、人际关系对组织的影响。如人际关系组织理论注重人员行为、动机的研究,强调以民主方式进行管理,激发人员的积极性,典型的研究活动就是以乔治·埃尔顿·梅奥为首的霍桑试验。该试验得出的结论是:员工是"社会人"而非"经济人";企业中存在着"非正式组织";新型的领导能力在于提高员工的满足度。组织平衡理论视组织为人际交往构成的系统,追求个体与群体、正式组织与非正式组织的协作平衡。决策过程组织理论强调组织是由作为决策者的个人组成的系统。行为科学组织理论过于注重人际关系对组织的影响,从而忽视了组织原则、组织结构、组织制度的作用。

(三)系统科学组织理论阶段

20世纪60年代以后,系统论、控制论、信息论等理论与方法在组织理论研究中被广泛使用,组织理论也走向了系统分析的道路,形成了以卡斯特为代表的系统管理理论学派,以卢桑斯·菲德勒为代表的权变理论学派等系统科学组织理论。其中,系统管理理论认为组织是一个有机的开放系统,组织外部环境对组织内部结构和管理起着决定性的作用,组织在与环境的相互作用中不断地与环境相适应、相协调,使组织在与环境的互动中保持平衡;组织结构和管理方式要服从整体战略目标;强调人是组织的中心,强调组织是个社会性组织,注重组织的生存价值、社会作用与性格特征等。权变理论学派拒绝接受古典组织理论关于"全能"原则与结构的观点,不认为组织是约定俗成,且只有一定的适应性。强调组织变化无常的性质,并且要了解和掌握组织在不同条件下如何有效运转。因此,组织必须随机应变,不存在统一的、一成不变的组织模式,不能生搬硬套某一特定环境中形成的所谓有效的组织模式,而应该依据环境变迁和组织自身的变化而确定。

(四)创新发展阶段

20世纪80年代以来,组织理论进入了创新发展阶段,彼得·德鲁克、迈克尔·哈默、彼得·圣吉等做出了贡献。彼得·德鲁克强调组织应以绩效管理为中心,重视发展战略、顾客满意、分权管理、员工自我价值实现等;提出组织应通过压缩层级、合理分权、绩效评估以适应环境。迈克尔·哈默认为,依据专业分工而设计、建立的金字塔集权组织模式,确实曾发挥过积极的作用,但20世纪80年代以后,这种组织模式必须进行"再造",因为组织环境发生了根本变化。这种变化可概括为"三C",即顾客(consumer)主导化、竞争(competition)激烈化、变革(change)持久化。企业再造就是从根本上重新思考,革新企业流程,以期在成本、质量、服务、速度等标准方面收到显著成效。彼得·圣吉于1990年出版的《第五项修炼——学习型组织的艺术与实践》,创立了学习型组织理论。该理论认为:20世纪90年代"最成功的企业将会是学习型组织,因为未来唯一持久的优势,是有能力比你的竞争对手学习得更快"。彼得·圣吉提出了通过实现"自我超越"、改善"心智模式"、建立"共同愿景"、加强"团队学习"和进行"系统思考"等建立学习型组织的五项技术。此外,还有资源相依理论、交易成本理论、组织生态学理论等众多的组织理论等。

第二节 组织设计

为了顺利实现组织的目标,管理者必须按照组织目标所提出的要求,根据组织所处环境条件及自身特点,设计出合理、有序、高效的组织结构。通过管理过程中的分工协作,职务、职责、职权及相互关系的结构体系的打造,使组织中的每个人都清楚自己在组织中的位置和作用,使资源得以共享、机制得以完善,从而产生协同效应,提高组织绩效。这些都取决于良好的组织设计,因此,组织设计是组织高效运行的重要保证。

一、组织设计的内涵

(一)组织设计的含义

组织设计即对组织结构和管理职务的设计,指根据组织目标及工作需要,把组织内的任务、权力和责任进行有效组织协调,从而确定组织系统,划分管理层次,选择合理的组织结构形式的过程。组织设计的本质是管理劳动的横向和纵向分工,是要在管理劳动分工的基础上设计组织所需要的管理职务和各管理职务之间的关系。

(二)组织设计的任务

组织设计的最终结果是形成组织结构图和职务说明书。组织结构图明确表明了组织中各部门的职能、职权和职责,从中可以看出各部门的设置情况、层次结构、内部分工和上下级隶属关系。职务说明书是把每个职位的工作内容、权限、职责及对组织成员能力素质要求的书面描述,通过这个说明书能够清晰了解各部门的分工和各岗位的职责。

二、组织设计的原则

(一)目标统一原则

任何组织都有其特定的发展目标,组织结构的设计或调整必须以实现该目标为前提。目标统一对组织设计尤为重要,因为组织目标是进行个人职责划分的基本依据。在进行组织设计时要考虑到每一个组织成员的职责,看其职责的划分是否有利于组织整体目标的实现,要明确组织中的每一部分都应该为其既定的组织目标服务。

(二)集权与分权结合原则

集权就是组织的决定权大部分集中在高层,分权就是组织根据职务上的需要把决定权分散到组织内各层次。实行集权与分权相结合的领导体制,把该集中的权力集中起来,该下放的权力就应该分给下级,这样有利于增强组织的灵活性和适应性。一方面,可以把高层主管从烦琐的日常事务中解放出来,减轻高层主管的负担,使得他们可以集中精力抓大事。另一方面,高层主管把下属所承担的职责相应的职权授予他们,使下属有职、有责、有权,充分发挥他们的聪明和才干,调动他们的积极性,提高管理效率。

(三)权责一致原则

权责一致是强调职权与职责必须协调一致,也就是授权的同时应该授予相对应的职责。如果有责无权,会导致组织成员在处理事情的过程中寸步难行,束缚了职责承担者的积极性和主动性;如果有权无责,会导致组织成员不负责任地滥用权力和"瞎指挥",产生官僚主义习气等。这两种情况都不利于组织系统的健康运行。因此在进行组织设计时,要做到权责相称、权责适宜、权责对等。

(四)控制管理幅度原则

管理者能够直接有效指挥、监督、控制下属的人数被称为管理幅度。通常,主管人员有效地监督、指挥其直接下属的人数是有限的。管理幅度的限度取决于多方面的因素,取决于组织的内外环境、工作的内容和性质以及个人的工作能力等。因此,管理幅度是因组织、因人而异的,因此每一个主管都应根据自身情况来慎重地确定自己的理想宽度。

（五）稳定性与适应性结合原则

组织结构的调整和各部门职能范围的重新划分，都会给组织的正常运行带来不利的影响，这就要求组织必须维持一种相对平衡的状态，保持组织相对稳定。但是，组织本身又具有动态特征，且组织赖以生存的环境也在不断地发生变化，组织必须做出调整以适应内外环境的变化。一成不变的组织是僵化的组织，而经常变动的组织也是无法创出优良业绩的。既要保证各方面工作正常运行，又要对内外部环境的变化做出正确反应，这要求组织结构设计时要兼顾稳定性与适应性。

（六）执行与监督相分离原则

为了更有效地发挥监督职能，避免被监督者和监督者在利益上趋于一体，在组织设计中，应分设执行机构和监督机构，避免既当运动员又当裁判员，保证监督职能的充分发挥，以利于暴露矛盾、解决问题。例如，在生产执行部门之外应设立质量监督、财务监督和安全监督机构。

（七）精简高效原则

精简而又高效，可以说是组织结构设计的基本要求。根据这一原则，必须减少管理层次、精简管理机构和人员，做到人人有事做，事事有人管，充分发挥每个人的潜力和积极性，力求改变许多组织存在的"一线紧、二线松、三线肿"的弊端，以提高工作绩效。

（八）分工协作原则

在社会化大生产的客观前提下，分工是管理过程中的专业化要求，把组织的各项工作分成各级、各部门甚至到个人的具体工作。通过分工可以提高员工的劳动熟练程度，缩短生产周期，改进设备或工具，以提高工作效率。协作则是管理的系统化要求。分工仅仅强调了各部门的工作和要求，但组织是一个系统化的有机整体，需要在分工的基础上，加强组织内部各部门的协作。由此可见，分工和协作二者相辅相成，缺一不可。

【案例 3-5】

屈臣氏的细节管理

一、屈臣氏的收银台

屈臣氏通过调查得知，顾客购物中最怕的是排长队等待付款。由于都市白领更是讲究效率，所以规定收银员与付款顾客数量比例是 1∶4，在收银台前，出现超过 5 个顾客排队买单，就必须马上呼叫其他员工帮忙，其他员工无论在忙什么，都会第一时间赶到收银台，解决收银排队问题。为了满足这种要求，屈臣氏店铺的所有员工都能熟悉操作收银机。另外，在屈臣氏经常举行商品的销售比赛活动，这是一种非常成功的促销方式，这些商品也会在收银台处进行销售；在付款处范围内，我们还可以发现一些轻便货品，如糖果、香口胶、电池等一些可以刺激顾客即时购买意欲的商品；在收银台的背后靠墙位置，主要陈列一些贵重、高价值的商品，或者是销售排名前 10 名的商品。

二、商品价格标签

仔细研究屈臣氏的商品物价标签,我们会发现这与其他商场的并不完全一样,除了一些商品价格、商品名称、规格、产地外,还有一些小数字符号。在屈臣氏个人护理用品商店中,我们在店中可以发现有两种颜色的物价标签:一种是黄色,一种是绿色。黄色标签所指示的商品是正在促销的商品,其标示的是促销价格,绿色标签是指正常售价的商品。标示字母"R"或者"W","R"表示此货品长期促销,而"W"代表此商品为当期促销,短期促销活动;两处标示的一组日期是指本商品促销价执行的日期,这方便商品陈列时引导员工工作。

三、办公室管理

在屈臣氏的办公室里,你会发现,几乎所有店铺的办公室都非常一致,非常整洁。这来源于屈臣氏对办公室布置、物品摆放的要求,细到每一个文件的摆放位置都有规定。屈臣氏规定,办公室内除了可以摆放烟、洋酒于上锁的柜子中,不可存放其他任何商品。对办公室文件的管理更是有一套完善的标准。每个办公室的墙上还设有7个挂钉,这些挂钉都必须按要求挂7种日常管理中最常用的7种文件资料,方便所有的员工查找、使用。在货仓里都有一张桌子,上面12个文件夹,文件夹里面是供员工日常需要使用的文件。

总之,细节管理似乎不再是"细节"的问题了,而是一种高瞻远瞩的战略精神在细节方面的表现而已。当然,有些细节需要细心,例如绣花、校对。但是,真正想把"细节"提升到"决定成败"的层面上,只凭细心就远远不够了。细节体现在对人的尊重上,有人文关怀,才能真正有细节。

(九)因事设职与因人设职相结合原则

组织设计应将因事设职与因人设职两者相结合:一方面,因事设职可以使目标活动的每项内容都落实到具体的岗位和部门,做到"事事有人做",从而保证组织目标的实现;另一方面,因人设职保证了组织设计过程中的人尽其才,使有能力的人有机会去做他们真正胜任的工作,因此,必须考虑到人与事的有机结合。一般来说,在进行组织设计时应首先遵循因事设职,但在遇到一些特殊情况时,可以采用因人设职。

三、组织设计的权变因素

组织设计是一项复杂的系统工程,除了需要遵循上述组织设计的原则,还需要考虑的权变因素也很多,其中最重要的几项分别是组织所面临的环境、组织战略、组织规模、组织技术、组织生命周期及各种相关因素等。只有综合考虑内外各因素的协调配合,才能设计出既体现组织特征,又符合科学原理的组织结构。

(一)组织环境

组织是存在于一定社会环境之中的开放系统,需要经常不断地与环境交换信息和资源才能生存和发展,所以必然会受到政治、经济、文化、技术和法律等环境因素的影响。外部环境具有不确定性特征,这种不确定性影响着组织对环境的信息需求和从环境中获取资源的需求,从而直接影响着组织结构的设计。相对于组织的能力来说,外部环境是组织难以控制的,组织只能调整自身结构来适应不同的环境,因此,组织设计必须关注组织环境的变化及影响。

(二)组织战略

组织战略是实现组织目标的各种行动方案、方针和方向选择的总称。战略类型不同,企业活动的重点不同,组织结构的选择也不同。组织的战略选择在两个层次上影响组织结构:不同的战略要求不同的业务活动,从而影响管理职务的设计;战略重点的改变会引起组织工作重心的转移,从而引起组织内各部门与职务在组织中重要程度的改变,必然要求各管理职务及部门关系做相应的调整。因此,组织一旦选择了某些战略,就必须选择正确的组织形式确保战略实施,不同的战略实施需要运用不同的组织设计作为战略实施成功的保障。

(三)组织规模

组织规模对组织设计具有明显的影响,随着组织规模日益扩大,组织管理的正规化要求越来越高,对不同岗位及部门协调的要求也越来越高,组织越来越复杂。组织结构设计与组织规模的关系表现为:组织规模越大,工作就越专业化、标准化操作程序和制度就越健全、分权的程度也就越高。一般而言,组织结构与组织规模正相关,但其边际相关度会递减,也就是说,当组织规模达到一定水平后,组织规模对组织结构的影响程度将逐渐减弱。

(四)组织技术

组织活动需要利用一定的技术和反映一定技术水平的物质手段来实施。技术水平以及技术设备的水平除了影响组织活动的效率和效果之外,还会影响组织活动的内容划分。职务的设置以及人员的素质要求、工作形式和性质。技术可以分为生产技术和管理技术两大类型。生产技术主要作用于资源转换的物质过程。如激光照排技术及其设备彻底改变了图书出版企业的生产流程。管理技术主要对物质生产过程进行协调和控制。如用计算机对信息进行处理,必将改变组织中的会计、文书、档案等部门的工作形式和性质。

(五)组织生命周期

组织的演化成长呈现出明显的生命周期特征。在组织发展的不同阶段,其组织战略可能不同,组织规模也发生了变化,组织活动的内容和重点也随之发生改变。在组织建立初期,组织层级比较简单,管理层和执行层可能合二为一。当组织不断发展,规模不断扩大时,组织的所有权与经营权可能发生分离,经营权和管理权可能更多地通过委托的方式交由职业经理人管理,这样组织层级就会相应地增加。而当组织逐渐走向衰落时,出于成本的考虑则可能会减少组织层级,进行裁员等。因此,组织结构、内部控制系统以及管理目标在各个阶段都可能是不相同的。

(六)其他因素

组织中人员的素质、管理者自身对组织设计的偏好、组织发展中特定的文化与传统,以及各种突发事件等因素都会对组织设计产生重要的影响。只有各因素和谐配合,才能建立既充分体现各组织的独特性又保持组织内部目标一致性的组织模式。

四、组织设计的基本内容

根据组织设计要达到的目的来进行组织设计。组织设计的基本内容包括职务设计、部门设计、层次设计、职权设计和整体协调等五个方面。

(一) 职务设计

职务设计是指,根据组织需要并兼顾个人需要,规定组织内各个成员的工作范围,明确其工作内容和工作责权,以及明确在组织中与其他职务的关系的过程。职务设计对于增加员工的满意度、激发员工工作的积极性、提高员工的工作绩效有着非常重要的影响,职务设计是组织设计的基础,是实现层次化、部门化结构的前提。

职务设计的结果表现为职务说明书。职务说明书是用文字或者表格的形式具体说明每一个工作职务的工作任务、职责与权限,与组织中其他部门或职务之间的关系,以及担任此项职务的人员所需具备的素质与条件。其基本内容包括工作描述和任职说明。工作描述一般用来表达工作内容、任务、职责、环境等;任职者说明则用来表达任职者所需的资格要求,如技能、学历、训练、经验、体能等。职位说明书一般用表单形式编写,通常分为下列七大部分设计表单。

(1) **基本资料**:职位名称、所属部门、直接上级、所辖人员、工资等级、工作性质等。同时应列出职务分析人员姓名、人数和职务分析结果的批准人栏目、职责分析日期、编写日期等。

(2) **工作概要**:用简练的语言对职位进行概述。

(3) **职责与权限**:逐条列出任职者的工作职责,分主要职责权限、相关职责权限和临时性工作。

(4) **工作关系**:与哪些职位发生关系,分内部关系和外部关系。说明此工作受谁监督;说明此工作监督谁;说明此工作可晋升的职位,可转换的职位,以及可升迁至此的职位。

(5) **任职资格**:说明担任此职务的人员应具备的基本资格与条件。任职资格包括教育水平、工作经验、技能和水平、个性和品质等。

(6) **考核指标**:权重、薪资等级、职位发展方向。

(7) **工作环境**:包括工作场所、工作环境的危险性、职业病、工作时间特征、工作的均衡性及工作环境的舒适程度等。

职务设计在考虑工作专业化时必须适度,既能发挥专业分工的优势,又尽可能避免其不足。

(二) 部门设计

部门是指,组织中主管人员为完成规定的任务有权管辖的一个特定的领域。部门设计是在解决组织中劳动横向分工的基础上,所开展的各项活动,目的在于确定组织中各项任务的分配及责任的归属,以求分工合理、职责分明,实现组织的目标。

1. 部门设计的具体原则

(1) 精简原则。在保证组织目标实现的前提下,组织结构应该精简,部门必须力求最少。

(2) 弹性原则。组织中的部门应随业务的需要而增减。必要时期可设立临时部门或工作组来解决临时出现的问题。

(3) 目标原则。部门设计首要目的是保证组织目标的实现。

(4) 指标均衡原则。组织的主要职能都必须由相应的部门来实施。部门设计时要注意保证部门之间的均衡性,在同一层次上,职权应当相当。当某一职能与两个以上的部门有关系时,应明确规定每一部门的责任。各职能部门的指派应达到平衡,避免忙闲不均。这样均衡、明确的分工,有利于部门之间的协调与平衡。

(5) 执行与监督分设原则。执行与监督职能应分离开来,不应设在同一部门。如考核、检查业务部门的人员不应隶属受其检查评价的部门,这样才能真正发挥检查部门的作用,不影响监督的效果。

2. 部门设计的基本方式

(1) 职能部门化。在组织业务较少、发展规模比较小的情况下,往往采用职能部门化这一传统而基本的组织形式。它是根据生产专业化的原则,以同类性质业务为基础来进行部门设计,如商业和服务业领域通常分为营业部、服务部、客房部、餐厅部等。职能部门化的优点在于:简单直观、责权统一;有助于沟通与协调;符合专业化原则,有利于共享专业资源。但往往会因权责过分集中,容易让各职能部门眼光局限于本部门利益,从而出现决定迟缓和本位主义现象。

(2) 产品部门化。产品部门化是按照产品和服务的要求对企业的活动进行分组。其优点在于:分工明确,能够发挥个人技能与专长;易于协调和采用机械化;目标单一,力量集中,易于产品质量的改进和生产效益的提高;单位独立,管理便利,易于比较各个产品对组织价值贡献的考核。但对人才的素质要求比较高,且各产品部门的独立性比较强而整体性比较差,故增加了主管部门在协调与控制方面的难度。

(3) 顾客部门化。顾客部门化就是根据目标顾客的需求来划分组织的业务部门。这种划分最大的优点就是使产品或服务更满足顾客的实际要求,社会效益比较好,但可能牺牲技术专业化的效果,使专业人员和设备得不到充分的利用。

(4) 区域部门化。区域部门化就是按照地理位置的分散程度划分企业的业务活动,继而设置管理部门管理其业务活动。这种划分最大的优点是有利于调动各个地区的积极性,从而取得地方化经营的优势效益。对所负责地区有充分的了解,有利于改善地区内的协调,切实满足当地的实际需要。但是地区之间往往不易协调,容易产生各自为政的弊病,从而忽视公司的整体目标。

(5) 流程部门化。流程部门化就是按照工作或业务流程来组织业务活动。对人员、材料、设备要求比较集中或者业务流程比较连续紧密。流程部门化的优点是:组织能够充分发挥集合优势,易于协调管理;对市场需求的变动反应快速敏捷;简化了培训过程;容易形成良好的相互学习的氛围,但部门之间可能难以紧密协作,易于产生部门间的利益冲突;另外,权责相对集中,不利于培养出全面的管理人才。

(6) 混合划分。混合划分方法是综合以上各种划分方法而成的一种划分方法。由于每一种部门划分方法均有其长处和短处,因此在大规模的企业组织中,至少运用以上两种划分方法,有的则运用以上全部的划分方法。

3. 部门设计的发展趋势

随着社会化程度的不断提高和组织规模的不断扩大,现代组织中,部门呈现出以下两种主要趋势。

(1) 客户型。为了在市场竞争者占据有利位置,组织在进行部门划分时,越来越重视目标顾客的需要变化,直接为目标顾客提供定制化的产品或服务的组织越来越普遍。

(2) 职能型工作团队。当前,组织面临的任务越来越繁重,所对应的环境越来越复杂,各专业领域的专家越来越多地以工作团队的形式组合在一起协调工作,以取代传统的部门化工作机构。工作机构团队化成为一些组织部门设计的一种新趋向。

(三) 层次设计

随着现代组织规模的不断扩大,组织中聚集了众多从事各种业务的人员,由于组织的最高管理者时间和精力的有限,必然要将一部分工作委托给他人,这就需要在最高管理者到基层工作人员之间设置一个或多个管理层次,实行逐级指挥和管理。这就涉及组织中的管理幅度、管理层次和由二者所决定的组织形态问题。因此,在进行组织设计时,必须根据组织人力资源状况及每项工作的性质和内容,对各个职务和部门进行综合平衡,确定合理的管理层次和管理幅度,使组织形成一个严密而有序的系统。

1. 管理幅度和管理层次的概念

管理幅度是指,管理者能够直接有效指挥和监督下级人数,是部门设置中必须考虑的部门规模的问题。合理管理幅度的确定,除了要考虑与企业的规模、产品过程本身的复杂性及特点外,还需要考虑通信与监控手段的有效性及下属的能力与素质等。

管理层次是指,组织中从最高管理者到具体工作人员之间所具有的等级数目,每一个组织层级就是一个管理层次。管理层次的划分规定了一条权力路线,明确了谁向谁汇报工作。

2. 管理幅度与管理层次的关系

组织中的管理层次的数目和管理者的数量要受到组织规模和管理幅度的影响。管理幅度、管理层次与组织规模存在着相互制约的关系:

$$管理幅度 \times 管理层次 = 组织规模$$

也就是说,在组织规模既定的条件下,管理幅度与管理层次成反比,即每个主管所能直接控制的下属人数越多,所需要的管理层次就越少。管理层次与管理幅度的反比关系形成了两种不同的组织结构形态:管理幅度大、管理层次少的组织称之为扁平化组织结构;管理幅度小、管理层次多的组织称之为高耸式组织结构。

扁平化组织结构的优点是:由于管理层次少,信息沟通和传递速度快,因而信息失真的可能性也比较小,从而可以使高层可以及时发现问题并采取相应的纠偏措施;较宽的管理幅度,使上级主管对下属的控制不至于太呆板,从而有利于下属人员的积极性和首创精神的发挥。其缺点是:过滥的信息,容易使最重要、最有价值的信息被淹没;过大的管理幅度增加了主管对下属的监督和协调控制难度;僧多粥少,使下属缺少了更多的晋升机会。

高耸式组织结构由于管理层次较多,管理幅度较小,因此,呈现出高、尖、细的金字塔形态。其优点与局限性与扁平化结构正好相反。

组织设计要尽可能地综合考虑以上这两种基本组织结构形态的优势,克服它们的不足。近年来,随着组织内员工素质的不断提高,以及内部管理体系的不断完善,特别是信息技术的普遍运用,组织的管理层次越来越少,组织越来越精简,越来越呈现扁平化组织结构的趋向。

【案例 3-6】

乔布斯的管理半径

管理实践经验告诉我们,对一个快速发展的科技公司,管理层级不宜太多,越扁平越好;问题是,过于扁平,管理的头绪就多,还会牵扯到多头指挥、交叉管理、效率低下的问题。此外,还有一个管理半径的问题。每个人精力、时间、能力均有限。管理效率与管理范围直接相关。马云曾说:一个人管理七个人最科学。如是理解,一个老总下面管 7 个高层,高层下面又各自管 7 个中层,中层下面又各自管 7 个骨干,骨干各自又带 7 个员工……

按照这种看似科学的管理方式,无形中产生很多层级。更为关键的是,这在管理实践中只是一种理想状态,试问,哪个成功 CEO 只管理 7 个人就够了?

在管理实践中,有所谓的科学方法,但是在具体实践中,会因领导者的不同,效果也不同。当然,也会因由领导者高超的管理艺术产生凌驾于科学之上的实效。

我们都知道管理 7 个人比管理 100 人更容易,也更科学。

苹果公司有 6 万多名员工,按每个领导者管理 7 个人递推下去,到第 6 个层级可以管理 117 649 人,远大于苹果现有人数 6 万多人。

6 个层级对一个 6 万多人的公司,看似不算多,但这种死板的管理层级设计显然不是乔布斯所能够接受的。这种机械式推导出的组织结构不适用一个创新型的组织,当然也许哪个组织也不适用。

乔布斯曾说:"我的工作就是和'TOP100 人'一起工作。这不是说,这些人都是副总裁。他们当中有的只是有重要贡献的人。我们,当有了好创意,我的工作之一是传播这个创意,让'TOP100 人'了解它。"

被选为"TOP100 人",就等于得到了乔布斯的赏识,这个荣誉并不一定是到了某个级别才能获得的,只要乔布斯认为你很重要,哪怕你只有一个研发人员或者创意人员。

乔布斯差不多每年都要选择少数人到一个绝对安全、保密的地点,举行为期三天的紧张的战略会议。公司要求被选定与会的员工不得将会议记录在他们的台历上,谈论会议更是遭到禁止,即便在公司内部谈论也不行。与会者不得自己开车去会址,而是乘坐公司指派的大巴车,会议地点都是经过严格挑选,苹果公司甚至还会对开会的房间进行检查,以免被竞争对手偷听。

有了这个"TOP100 人"会议,乔布斯就相当于在组织内部安插了 100 个节点,他们能够以第一速度执行乔布斯的想法,向乔布斯反馈重要的信息。

了解了这个流动性组织,再来看这种组织结构图,是不是仿佛看到了这个多细胞动物已经有了循环流淌的血液。这个血液就是"TOP100 人"这个流动组织所带来的。有了他们,苹果才是一个有机的生命体,而乔布斯正是通过管理这 100 人来管理整个苹果公司。

问题:请问乔布斯的管理方式有哪些优点与不足?

(四)职权设计

在规范组织中,职权设计就是通过合理的授权程序,正确处理集权与分权的关系,将职责与职权分配到各个层次、各个部门和各个职务,既保证部门有充分的权力,又尽可能避免权力被滥用或越权行事,使整个组织形成一个责任与权力有机统一的整体。

1. 职权与职责

职权是由组织制度正式赋予的，与一定管理职位相联系的决策、指挥、分配资源和进行奖惩的一种合理合法的权力，是履行管理职能的前提。职权是基于组织中的职位，它与任职者没有任何关系。离职者只要被辞退掉有权的职位，就不再享有该职位的任何权力。

职责是与职权相对应的，即任职者担任某一项职位的同时就必须履行相对应的责任。职权是履行职责的必要条件和手段。在管理活动中，一定要做到权责分明、权责一致。有权无责会导致权力滥用，这也是"瞎指挥"的根源。而有责无权必将导致任职者无所适从，无法完成组织任务。

2. 职权的种类

1）直线职权

直线职权是管理者所拥有的直接指挥其下属工作的权力。这种上级下级关系贯穿着组织的最高层到最低层，从而形成一条指挥链。直线职权是沿着指挥链而发生的职权关系，在指挥链中每个链接处，拥有直线职权的管理者均有权指导下属人员的工作，指挥链中每个管理者也都要听从其上级主管的指挥。按照指挥链原则所有的指挥命令和汇报请示都必须逐级传递，上级不越级发布命令，下属也不越级汇报请示，如此才能保证政令统一。

2）参谋职权

参谋职权是为直线职权服务的辅助性质的职权，参谋人员或参谋部门只对直线主管负责，没有指挥权，只提供咨询和建议等。参谋的种类有个人与专业之分。个人参谋往往指协助直线人员执行职责的咨询人员。而专业参谋则是一个单独的组织或部门，即通常所说的"智囊团"或"顾问班子"。它聚合了一些专家，运用集体智慧，协助直线主管进行工作。

3）职能职权

职能职权介于直线职权与参谋职权之间，是参谋人员或某部门的主管人员行使原属于直线主管的那部分权力，这些部门一般都是由一些职能管理专家所构成。职能职权运用得当不仅可以给企业做好服务、当好参谋，而且可以起到组织实施、专业协调和检查监督的作用。例如，一个公司的总经理可能授权财务部门直接向生产经营部门的负责人传达关于财务方面的信息和建议，也可能授予人事、采购、公共关系等顾问以一定的职权，让其直接向直线组织发布指示等。

3. 授权

授权是指，组织的管理者将原本该由自己执行的部分权力委授给下属代为执行的行为。有效授权不仅可以使下属拥有相当的自主权和行动权，而且使下属在一定的监督之下，并不会削弱管理者自身的权利。随着信息时代的到来，组织管理者更加认识到把权力下放的重要性，授权成为组织管理者对权力分配的重要方式。

在进行授权时要充分考虑职务高低、下属素质、组织内外条件等因素的影响，遵照视能授权、充分放权、适度授权、有效控权及职、责、权、利相一致的原则，合理分配职权。同时，要以适当的方式与手段，对授权进行必要的监控，以保证权力的正确运用和组织目标的实现。在工作任务完成后，必须对授权效果、工作绩效进行考核和评价。

4. 集权与分权

集权与分权是组织设计中的两种相反方向的权力分配方式，反映了组织中的纵向职权关系。集权是指决策权集中在组织系统中高层领导手中；分权是指上级将决策权分配给下级部门和机构,发挥低层组织的主动性和创造性。集权和分权只是一个相对的概念,在现代组织管理中,绝对的集权和绝对的分权实际上是不存在的。这里所讲的集权与分权仅仅是指在组织权力分配方面的两种倾向。

组织集权与分权的程度,是随条件的变化而变化的。对一个组织来说,其集权或分权的程度应综合考虑各种因素。

(1) 决策的代价。决策失误的代价越高、责任越重,越不适宜授权。

(2) 政策的一致性要求。如果高层管理者希望保持政策的一致性,则集权的程度越高。反之,则会放松对职权的控制程度。

(3) 组织的规模。组织规模较小时,一般倾向于集权,当组织规模扩大后,决策数目变多,协调、沟通及控制也变得不易,这时适宜分权。

(4) 组织的成长历程。如组织是由小到大扩展而来,则集权程度较高;如组织是由联合或合并而来,则分权程度较高。

(5) 管理哲学。由于高层管理者的个性和管理哲学不同,有些组织倾向于采用集权制,有些组织则倾向于推行分权制。

(6) 管理人员的数量与素质。如果管理人员数量充足、经验丰富、训练有素、管理能力强,则可较多地分权;反之,则倾向于集权。

(7) 组织的可控性。一般来说,控制技术与手段比较完善,管理者对下属的工作和绩效控制能力强的,可较多地分权。反之,宜采用集权。

(8) 组织的动态特性。如果一个组织正处于迅速的成长过程中,并面临着复杂的扩充问题时,高层管理者倾向于向下分权。原有的、较完善的组织或比较稳定的组织,一般趋向集权。

在组织中集中权力可以加强统一指挥,提高工作效率,但不利于调动下属工作的积极性。有可能带来不能决策、反应迟缓等不良影响。对于规模比较大的组织而言,分权有利于组织的成长和发展。因此,大型组织除在保证目标制订、财务管理、人事管理、物品采购等方面实行高度集权外,通常将计划权、生产权、销售权等权力完全下放给下属部门,以利于他们充分发挥其积极性和主动性。

(五) 整体协调

为了实现组织目标,达到整个组织的协调运转。除了通过层次设计和责权分配确定组织内部各个部分之间的从上到下的纵向关系外,组织作为一个整体,还必须要求各部门在工作过程中形成共同协作的横向关系。因此,在组织设计时必须考虑如何通过一定的方式,形成一种有效的组织内部协调机制,使各部门的工作达到整体化与同步化的要求。整体协调的主要方式有以下几种。

(1) 思想协调。统一认识,加强联系与沟通。

(2) 工作协调。以实现组织总目标为出发点,把具体的工作目标和计划落实到各部门,以保持工作的协调性。

(3) 制度协调。建立规章制度,规范工作程序,明确工作责任,严格奖惩措施,从制度上保证部门之间的协调统一。

(4) 组织协调。制定规范的协商机制和必要的协调机构,及时解决部门与部门之间的矛盾和冲突,以加强组织协调。

第三节 组织结构形式

组织结构是在组织理论的指导下,经过组织设计,由组织要素相互联结而成的相对稳定的结构模式。组织结构又称为权责结构,是组织各要素通过排列组合方式,由组织各部门、各层次所建立的一种人与人及人与事的相互关系,表明了组织在职、权、责方面的结构体系。当前,组织结构的类型多种多样,且随着组织发展的需要而发展。

一、传统的组织结构形式

(一) 直线制组织结构

直线制组织结构是一种低部门化、宽幅度、集权式的古老而简单的组织结构形式。其特点是上下级的权责关系呈直线型,上级在其职能范围内具有直接指挥权和决策权,下属必须服从。这种结构形式的优点在于:结构简单、权责分明、命令统一、反应敏捷、决策迅速,便于统一指挥和集中管理。其缺点是:缺乏专业化分工,不利于管理水平的提高;管理职能都集中于最高领导者,而忽视横向联系;对管理层的技术要求高,组织发展要受到管理者个人能力的限制。

因此,此结构需要企业领导精明能干,通晓多种知识和技能。这种组织结构只有在组织面临的环境简单,员工人数不多,规模较小且分布集中,产品单一且生产与管理都比较简单的情况下才适用。直线制组织结构示意图如图3-1所示。

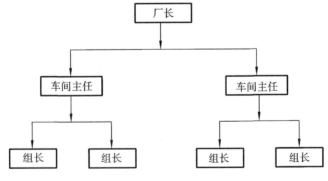

图3-1 直线制组织结构示意图

(二) 职能制组织结构

职能制组织结构是以工作方法和技能为依据,按照相同职能将组织内从上到下的各种活动组合起来的一种组织结构形式。该结构采用专业分工的管理人员,来代替直线制的全能管理者。在实际操作中,是在最高主管下面设置职能部门,各职能部门在自己业务范围内有权向下级下达命令和指挥职能机构,各级主管除了服从上级直线主管的指挥以外,还要服从上级各职能部门在其职能领域的指挥。这种组织结构的优点是:能吸收各方面专家参与管理,发挥各专业人员的功能,以减轻直线主管的负担,使其可以腾出精力致力于组织重大问题的研究。其缺点是:多头领导,政出多门,不利于组织的集中领导和统一指挥;直线主管与职能部门责权不清;各职能部门难以协调。

基于上述优、缺点可以看出,这种组织结构形式适用于规模不大,但任务较复杂需要专业化职能管理的组织。采用职能型组织结构易于提高作业的专业性和操作技术水平,因此比较适用于企业的作业性工作岗位,但对企业高管则不适用。职能制组织结构示意图如图 3-2 所示。

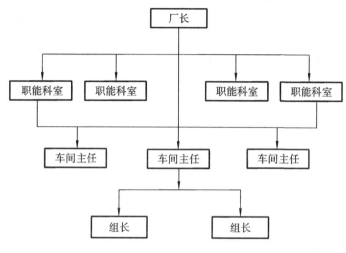

图 3-2 职能制组织结构示意图

(三) 直线—职能制组织结构

直线-职能制组织结构是结合直线制组织结构和职能制组织结构的优点,并克服两者的缺点而形成的一种组织结构形式。该结构设置了两套系统:一套是按命令统一原则建立的指挥系统;另一套是按专业分工原则建立的职能管理系统。这种组织形式的特点是在直线制的基础上,在各级行政领导之下设置相应的职能部门分别从事专业管理,是各级管理者的参谋和助手。组织活动由各级行政主管统一领导和指挥,并负全面的责任。职能部门主要负责提供建议与信息、咨询及业务指导等活动,无权对下级主管和下级职能部门发号施令,只有在行政主管授予其向下级发布指示的权力时才拥有一定的指挥职能。

这种组织结构既保持了直线制集中统一指挥的优点,又吸取了职能制发挥专业人员管理的长处,从而使管理水平大幅度提高。其缺点是各职能部门自成体系,易产生矛盾和不协调;不重视信息的横向沟通,工作易重复,导致效率不高;若对职能部门授权过大,易干扰直线指挥,造成直线领导与职能部门之间的职权冲突;职能部门缺乏弹性,对环境变化反应迟钝,并增加管理费用。

当组织的外部环境相对稳定,且组织内部不需要进行跨越太多职能部门协调时的情形下适合采用此结构形式。当前,直线-职能制组织结构在中小型企业中应用最为广泛。直线-职能制组织结构示意图如图 3-3 所示。

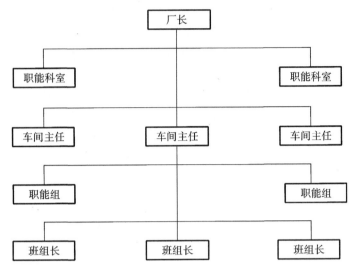

图 3-3　直线-职能制组织结构示意图

二、现代的组织结构形式

一方面,随着组织规模的扩大,权力不宜过分集中;另一方面,要保证组织生产与经营活动的整体性,又不宜过于分权。因此,现代组织结构在直线和职能的组织思想基础上,联合管理中的横向与纵向关系、使集权与分权更有效地结合起来,产生了多层次、多维的系统组织思想。

(一)事业部制组织结构

事业部制组织结构又被称为"斯隆模型"或"联邦分权制"。它最初是由当时担任美国通用汽车公司常务副总经理斯隆创立,目前已被国内外大企业、大公司普遍采用的一种组织结构形式。事业部制组织结构示意图如图 3-4 所示。

事业部制组织结构是在企业总部之下,按产品或地区等设置若干分部,实行"集中政策,分散经营"的集中领导下的分权管理的组织结构形式。一般做法是总部作为决策中心,负责企业长远发展有关的战略问题、事业部的经理人选以及事业部经营的监督和控制。总部下面的各事业部则是独立核算、自负盈亏的利润中心,拥有自己广泛的经营自主权,就像一个小企业一样可以自主进行产品的设计、采购、生产和销售。其优点是,把统一管理、多种经营与专业分工更好地结合起来,既保证了公司稳定的绩效和利润,又有利于调动各事业部经营的积极性,从而有助于培养管理人才;主要缺点是,管理机构重叠、管理人员膨胀,管理开支大。各事业部容易从本位主义出发,协调较为困难,资源重复配置,造成内耗。分权有可能架空总公司,削弱对事业部的控制。

事业部制组织结构主要适用于产品多样化、实行多样化经营的企业,以及市场环境复杂多变、地理位置分布广的大型企业。

(二)模拟分权制组织结构

模拟分权制组织结构是介于直线制组织结构和事业部制组织结构的一种组织结构,比较适

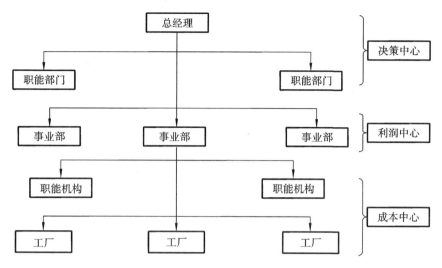

图 3-4 事业部制组织结构示意图

用于那些生产过程连续性的大型组织。一方面,由于组织规模过大,不宜采用集权的直线制组织结构;另一方面,生产过程的连续性,又不宜采用分权的事业部制组织结构。

模拟分权制组织结构的特点是:组成单元不是真正的事业部,而是前后衔接的生产单位,这些生产单位虽然没有自己独立的外部市场,但配有各自的管理层和按内部价格制订的利润指标,因此,并不是真正意义上的分权管理,只是在某种程度上模拟事业部制组织结构而已。

模拟分权制组织结构的优点是:解决了大型企业的管理问题,使高层管理人员超脱于日常行政事务,专注于战略问题。各生产单位独立经营,有利于调动积极性;缺点是集权、分权难以明晰,各生产单位职责权限不清,沟通效率低。

当前,模拟分权制组织结构主要适应于钢铁、化工、造纸、化纤等大型工业企业和银行、医药等服务行业。模拟分权制组织结构示意图如图 3-5 所示。

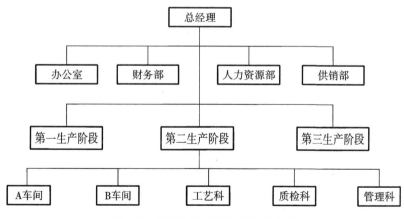

图 3-5 模拟分权制组织结构示意图

(三)矩阵制组织结构

矩阵制组织结构是在直线制组织结构垂直形态组织系统的基础上,加上一套为完成某项任务而暂时设立的横向项目系统结合而成。即项目组为了完成特定任务,而把来自不同部门,具有不同背景与技能的人组织在一起而形成的一种"非长期固定"组织形态。其特点是:每个成员既要接受项目主管的领导,又要接受原属职能部门主管的领导。矩阵制组织结构的职能部门是固定的,而项目小组的成员却是变动的,需要哪个部门,哪个部门就派人过来,项目任务完成后,各成员仍回原属职能部门。矩阵制组织结构示意图如图3-6所示。

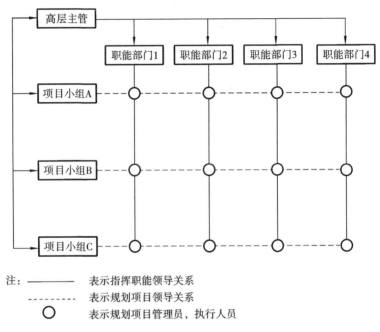

图 3-6　矩阵制组织结构示意图

矩阵制组织结构有利于加强各部门的横向联系,提高组织管理的机动性和灵活性,因此,在进行产品开发、科研项目攻关时能够发挥各方面专业人才的作用,所以非常适合公关项目。但由于项目成员来自不同的部门,具有临时观念倾向,责任心不强,缺乏归属感。双重职权关系导致多头领导,责任不清,容易引起冲突。

矩阵制组织结构较适用于创新工作较多或经营环境复杂多变的组织,如科研单位、设计单位或项目规划单位等。

(四) 多维制组织结构

多维制组织结构又称立体组织结构,是系统论在组织结构中的具体应用,是由矩阵制组织结构与事业部制组织结构结合而成的,主要适用于跨国公司或规模巨大的跨地区公司。"多维"是一个数学概念,是由三个管理体系构成的三类主要的管理组织机构或三个中心。通常为三维:一是按产品(或服务、项目等)划分的事业部——产品利润中心;二是按职能(如生产、技术、管理、市场调研等)划分的专业参谋机构——专业成本中心;三是按地区划分的管理机构——地区利润中心。这种组织结构特点在于:所有决策都必须由产品事业部、专业机构参谋、地区管理机构这三方代表所组成的"产品事业委员会"共同协商进行,并对各类产品的产销活动进行指导。

多维制组织结构的优点在于:除了将直线制组织结构与事业部制组织结构统一以外,还使规模庞大的组织在地区或时间上取得协调,减少摩擦。同时,有利于互通信息、集思广益、共同决策等,但是这种结果形式比较复杂,对各机构和管理人员的要求比较严格,没有较高的管理水平和组织水平,是难以取得实际效果的。多维制组织结构示意图如图3-7所示。

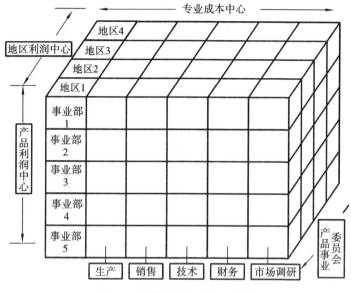

图 3-7　多维制组织结构示意图

三、新型的组织结构形式

随着时代的不断发展,管理理论也不断丰富。一些组织的管理者为了增强组织的竞争力,设计了一些新型的组织结构来满足组织的需要。

(一)团队组织结构

当前,许多组织都采用可以自我调节、相互约束的工作团队来替代传统的直线等级结构。团队组织结构既可以保持传统标准化的优点,又能提高组织的运作效率,增强组织运行过程中的灵活性。

团队组织结构的运作方式以团队协作为主。团队组织结构是由具有技术、决策和人际技能的成员组成,团队高度授权。团队成员高度信任,自觉为组织高绩效而协同工作,使团队绩效远大于个人绩效的总和。这种结构打破了部门的界限,把决策权下放到团队,并要求团队成员既是专家又是全才。团队组织结构既可以作为小型组织的整个组织的结构形式,也可以在开发新产品时用作传统组织结构的补充。根据团队的目标、功能和特点的不同,可以把团队分为问题解决型、自我管理型和多功能型三类。

【案例 3-7】

假如"唐僧团队"裁员,你会先裁掉谁?

一个企业健康运转,一定的人员流动率是必需的。除了员工自己跳槽外,企业也会"主动"

让某些员工走人。那么,假设"唐僧团队"要裁员,你会先裁掉哪一位?

假如把《西游记》中西天取经的唐僧师徒四人看作一个团队,唐僧就是领队,性格坚韧,目的明确,讲原则,但懦弱没主意,唐僧的领导能力有限,业务能力(降妖擒魔)更是等于零,但他是师傅,处于"领导位置",可以拿"权力"制裁不听话的徒弟,使得三个"下属"不得不听,不敢不听。他一心向佛,目标明确,任你千般说万般阻,去西天取经的决心始终不动摇。

孙悟空则是团队中那个创意员工,业绩突出却个性极强,容易得罪人。孙悟空的"业务能力"最强,疾恶如仇,敢说敢做,但脾气不好,西天取经不是他的目的,而是他的承诺,是为了工作能快速开展,尽快完成目标任务,而委曲求全,甚至不惜与"领导"和"同事"决裂,他的贡献最大,但在这个团队里却差一点无立足之地,只因工作(擒妖降魔)离不开他,才被留在这个团队。

猪八戒就好比为人圆滑、干活时拈轻怕重、投机取巧的员工。猪八戒的工作能力一般,能胜任一般工作;好吃懒做,还有点好色,但他会说话,颇能讨师傅喜欢。大师兄本领高强,心有妒忌,在合适的时候和恰当的地点(当师傅和师兄意见不合时),便会撺掇师傅(领导)惩罚悟空,当师傅赶走悟空,便闹着分些家当想回高老庄,是个会见风使舵的人,在团队里也是个能吃得开的人(因为领导喜欢这样的人)。

沙僧自然是那老实肯干、踏实做人、任劳任怨的模范黄牛,只是这黄牛有时也略显木讷。沙僧的业务能力与猪八戒不相上下,忠厚老实,有自知之明,在团队里能够知道自己的位置,老老实实做事,不上蹿下跳,不搞小动作。

这么个团队,麻雀虽小,五脏俱全,可偏偏经费紧缩,为节约开支,要在西游记团队中淘汰一个成员,以降低成本。HR(人事经理)会选择淘汰谁?且听听他们的选择和说法。

三种选择

1. 把唐僧撤了——式玛卡中国人事经理张云萍

在我看来,西行这个团队,三个下属是一个非常好的 Mix(混合)。既有孙悟空这样的业务骨干,又有任劳任怨的老实人沙僧。孙悟空虽然脾气不够好,却有股冲劲和干劲,作为业务骨干绝对能带动整个团队向前发展。沙僧尽管没有什么创意,可执行力绝对好,属于"你办事,我放心"的类型,任何一个团队都少不了这样的人。猪八戒本性并不坏,抱怨归抱怨,还是承担了保护唐僧的责任,关键是要规范他的行为,而他的圆滑也为团队的发展带来稳定和帮助。如果唐僧能把这几个人的优势发挥出来,那么绝对能提高凝聚力和效益。可事实上,唐僧经常误信小人,不能把工作恰当地安排给三个下属。从管理学的角度来看,他没有平衡的手段,缺乏一定的领导力。

2. 在不同的发展阶段选择不同的淘汰对象——上海百宜食品有限公司人事主管吴继

西行团队该把谁淘汰没有定论,应该根据团队所处的不同阶段做不同选择。企业或者团队的发展阶段不同,采取的策略就不同,随之而来的就是在人才策略上的不同。假如公司刚成立,西行团队就相当于一个销售团队,那么孙悟空是万万不能裁的。企业处于起步阶段,市场还没拓展,等于一切从零开始。而企业正需要孙悟空那样的骨干闯天下,立马出业绩。性格上的小缺陷,根本不需要考虑。这个阶段的企业,就应该把不出绩效的猪八戒剔除。

可如果企业已经进入稳定状态,业绩稳步发展,重点转向内部建设,例如,致力于企业文化的建设和企业凝聚力的打造。这个时候,别因为孙悟空的业绩而不敢动他。这时要淘汰的人就不是猪八戒而是孙悟空了。刺头一样的性格,怀疑一切,如果无法和企业文化很好地相容,那么放在一个稳定的团队里,就会影响其他成员,造成不和谐的气氛,会增加内耗。

3. 工作内容不同决定淘汰谁——环球实业科技控股有限公司人力资源部经理周凌君

首先应该确定的是:在任何团队中,沙僧都是受欢迎的。每个团队都需要踏踏实实干活的人,即使他缺少创意。因为这样的员工勤勤恳恳,你把任何事交给他很放心。对于到底淘汰谁这样的问题,就不同工作内容的团队来说,会有不同的答案。只有明确这个团队到底做什么,目的是什么,才能下结论说到底谁该被淘汰。

假如团队的工作本身就很难,又属于创意性的工作,那么这个团队就非常需要有闯劲的,类似孙悟空那样的人。毫无疑问,好吃懒做的猪八戒就该被淘汰。可假如工作是那种不需要什么创意,只要按部就班即可,那么整天"惹是生非"的孙悟空就留不得了。他的优点在这里未必能带来多大的价值,相反,个性较强的缺点对团队的危害会比较大。

(本案例来自网络)

思考

1. 唐僧师徒四人身上各自的优、缺点如此鲜明,却为什么能取得真经,终成正果呢?
2. "唐僧团队"有什么优势?局限在哪里?"唐僧团队"给你什么样的启示?
3. 如果你是一家企业的 HR,要你裁员,你会裁掉唐僧师徒中的哪一个?理由是什么?

(二)网络型组织结构

网络型组织结构是建立在现代信息技术基础上,通过业务外包的方式而发展起来的一种新型组织结构。其实质是只设立可发挥其主要职能的核心组织,而将其他职能通过合同契约的方式委托给其他组织,以形成合作关系网络。组织自身的核心团队主要致力于经营策划、制定政策并协调与各合作公司间的关系。

网络型组织结构彻底打破了"大而全""小而全"的组织结构模式,通过整合外部资源优势,使组织在经营中具有更大的灵活性,并节省人员,还能集中精力。但是由于一切管理活动都是通过契约关系进行,管理者对公司的主要职能活动缺乏强有力的控制,存在供应品的质量难以保证,创新的保密程度差的经营风险。

网络型组织结构既适用于刚起步的小企业,特别是那些受流行时尚影响大、市场变化快、竞争激烈的行业。如服装、鞋帽、玩具等行业。联结集团松散的大型企业也可以采用网络型组织结构(见图3-8)。

(三)虚拟组织结构

虚拟组织结构是随着电子计算机技术的发展而产生的,是现代技术竞争激烈演化的产物,是具有不同功能的组织为完成特定项目而进行的临时性的整合,以实现组织间的合作共赢。其实质是多个组织的核心技术通过 IT 技术平台实现协同合作所形成的有机体系,具有很强的灵活性和快速的反应能力。

虚拟组织结构的团队成员空间分散,主要通过电子信息沟通技术(宽带网络、视频会议或电子邮件等)进行协调,从而完成工作任务。虚拟组织结构团队虽然是在虚拟的工作环境下工作,但是能最大限度地发挥分散性组织的专长,能把分布于各地的专家通过互联网聚集起来,却并

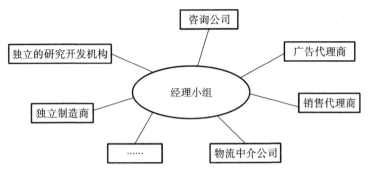

图 3-8　网络型组织结构示意图

不需要实质性的人员流动,从而提高效率,降低成本。在虚拟组织中,各组织间的合作恰好能够实现核心能力的整合,从而具有高效高技术的优势。虚拟组织结构示意图如图 3-9 所示。

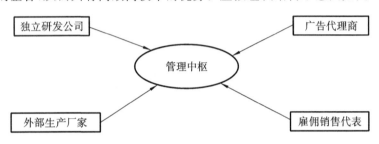

图 3-9　虚拟组织结构示意图

(四) 无界限组织结构

边界通常有横向、纵向和外界三种:横向边界是由于工作专门化和部门化形成的;纵向边界是因组织结构内部的层级产生的;外界边界则是组织与其供应商、客户等之间形成的隔阂。而无界限组织结构是指边界不由某种预先设定的结构所限定或定义的组织结构。这种组织以高度自主的多功能团队取代各种职能部门,取消组织垂直界限使组织趋于扁平化,使组织看上去更像圆柱体而不是像金字塔;通过经营全球化、实行组织间战略联盟等策略,致力于打破组织与客户之间的外在界限及地理障碍。

随着信息技术的迅猛发展,世界经济一体化的障碍已逐渐消除,竞争自然会进入一个空前的时代。计算机网络技术使人们能够超越组织界线进行交流,而远程办公方式也模糊了组织界线。为此,越来越多的管理者通过削减垂直层次、分权,以及建立跨等级团队等多种手段来不断促进组织的有机化,以期更加灵活地适应日益动态的外部环境。

第四节　组织变革

现代组织正处在一个不断发展和变化的社会环境中。任何组织如果想要获得生存和发展,就必须致力于组织变革与发展的研究。当今世界日新月异,组织所面临的外部环境和内部条件急剧变化,这也使组织承受着极大的压力,从而为推动组织变革提供了强大的动力。

一、组织变革的概念和作用

组织变革是组织为了实现自身的目标,顺应组织内外环境的变化,自觉而主动地对组织进行修正、改变和创新的过程。从本质上来说,就是对组织所拥有的人力、物力、财力、权力等资源及收益所进行的重新组织与分配。

变革是手段,发展是目的。通过组织变革,可以让组织的目标更明确,决策更准确,从而提高管理效率;通过组织变革,可以让信息传递准确顺畅,有利于沟通协调;通过组织变革,还可以提高组织成员的满意度,增强组织的凝聚力,从而达到提高组织效能,使组织健康运转。

二、组织变革的原因

组织变革的原因可以归纳为两个方面:组织外部环境的变化和组织内部条件的变化。

(一)组织外部环境的变化

市场竞争的法则:适者生存,不适者淘汰。复杂多变的环境对组织结构和组织运行影响很大,外部环境变了,整个组织就要进行相应的变化,才能获得新的发展机会。在外部环境的变化中,以下几个方面的变化会导致组织变革。

1. 国家宏观调控手段的改变

政治、经济政策的调整,经济体制的改革,国家有关法律、法规的颁布与修订,都直接影响企业的行为动向。如《中华人民共和国大气污染防治法》中对汽车所排放的污气的规定,就促使汽车企业不断地改进产品设计、制造和工艺流程,以达到节能减排的要求。

2. 科学技术的进步

知识经济时代,全世界范围内,正掀起一场新技术革命。各种新产品、新工艺、新技术、新方法层出不穷。科技发展的日新月异,对各个国家各类企业的社会生产和生活带来了强劲的冲击力,使之不得不采取相应的变革对策。

3. 市场的变化

市场变化步伐加快是当今市场的一大主要特征。主要表现在市场需求的变化和竞争观念的转变。消费者的需求水平、需求结构、价值观与审美观都发生了一系列新的变化。为了更好地满足消费者需求,组织必须及时地进行调整,才能在激烈的市场竞争中占据主动地位。而市场竞争的日趋加剧、竞争呈现出多样化的特征,核心竞争力的培植和发挥日益成为新时期企业竞争战略研究的新内容。

4. 就业人口的改变

近年来,由于高等院校的扩招,高等教育越来越普及,高学历的员工比例不断提高,员工的更替速度也在加快,劳动者的权利意识不断提升;一方面,随着女性地位的提高,女性接受教育的机会增多,大量的妇女走向了工作岗位,成为职业女性,改变了旧有的社会就业结构;另一方面,新一代员工与老一辈员工相比,其工作态度、工作伦理观、工作价值观也随之发生了很大的变化。因此，组织也应随着组织内的人力资源结构的变化做出相应的调整，以适应新形势下对人力资源的管理需求。

（二）组织内部条件的变化

1. 组织目标的改变与战略的调整

组织在发展的过程中，组织目标必然要做出相应的调整和改变。当组织既定目标已经实现或即将实现时，组织需要寻求新的目标与发展方向；当组织既定目标无法实现时，组织需要及时转型；当组织目标在实施过程中与环境不相适应，出现偏差时，组织需要及时修正与调整。这些原因引起的组织目标的改变会促使组织重新组织人员和财力进行调整结构，而结构适应战略，战略的变化必然会引起组织有针对地做出变革。

2. 管理人员的调整与管理水平的提高

管理人员的更替或许预示着组织正在发生一场重大的变革，新的领导人出现，可能展现出一种新的角色模式，并产生一套新的行为模式。组织的整体管理水平高低是组织对外竞争力的重要表现。组织在成长过程中的每个阶段都会出现新的问题与矛盾，为了实现组织的战略目标，组织必须在人员的素质、技术水平、人际关系、价值观念等各个方面做出相应的调整。

3. 管理技术条件的变化

当一个组织的业务技术变得复杂时，对专业化与协作水平要求就高，整个管理工作也必须调整。推行各种现代化管理方法，运用计算机辅助管理，转化企业经营机制，深化企业改革，改革用工制度，优化劳动组合等，都会促使企业组织做出相应的改革，以适应组织管理条件的变化。

4. 组织规模与发展阶段

与任何有机体一样，组织也有其生命周期。组织在不同的发展阶段，它的运行模式自然也就不同。随着组织的发展，组织活动的内容会更加复杂，组织规模也会越来越大，组织结构也要做相应的调整，以适应组织的变化。

5. 组织内部运行机制的优化整合

组织内部的矛盾与冲突是组织变革的重要动力之一。当人员增多、部门扩大、业务量增加、目标不一致时，必然会使得人际关系复杂，从而引起组织内部矛盾冲突不断，为了组织能够更好地运行，必定需要优化整合组织的内部结构，由此引发组织变革的产生。

6. 组织成员对工作期望和个人价值观念的转变

组织成员的动机、态度、行为、需求等方面的改变，对组织的变革具有重要的影响。同时，员工的价值观、对组织的期望和劳动态度的变化也要求组织随之做出变革。一个组织能否适时地、准确地了解员工对工作期望和把握个人价值观念的变化而进行改革，是极为重要的。

【案例 3-8】

娃哈哈内外交困：业绩下滑是新常态还是偶然

2014 年，宗庆后旗下的娃哈哈王国年度业绩下滑了 7%（娃哈哈内部销售会议数据），他不得不公开承认,这是娃哈哈销售业绩最差的一年。

最差的一年?将来会不会更差?业绩下滑是新常态还是偶然一次?不可否认,昔日辉煌的娃哈哈帝国已经内外交困,颓势尽显。

一、内因的困扰

基于对饮料主业增长天花板的判断,也基于宗庆后的千亿营业额梦,有钱就任性的娃哈哈跨界经营,屡战屡败。童装已上市12年,年销售额还不到2亿元,且多年徘徊不前;迈入婴童奶粉业,立志要2年时间内达到10万吨(1吨=1 000千克)的销量、100亿元的销售额,如今市场份额还不到1‰;2012年高调进军城市商业综合体,豪言壮语尚未褪尽,杭州的首个试点娃欧商城已经悄然关门;2013年,斥巨资进入白酒业,仅半年时间,就传出了强行摊派的丑闻。不相关多元化经营,放眼全世界,鲜有成功案例。超级自信、任性的宗庆后最终自吞苦果,无核心竞争优势的跨界必然失利,且分散精力、耗散资源,拖累了饮料主业。

曾经的娃哈哈,每1~2年都有重磅新品横空出世,儿童营养液、果奶、AD钙奶、八宝粥、纯净水、非常可乐、茶饮料、果汁饮料、激活、爽歪歪、营养快线等,公司业绩也一浪接一浪高潮迭起。而最近几年,啤儿茶爽、启力、格瓦斯、富氧水、小陈陈等新品,或市场过于细分,或定位模糊不清,或玩概念忽悠,或渠道开拓不力,还没掀起几朵浪花,就已淹没于饮品大海中。主力老品营养快线、爽歪歪、纯净水已经步入产品的衰退期,回天乏力。

大树底下不长草,常年的集权管理模式下,人才尽走。2014年秋,在娃哈哈19年,与宗庆后情同父子,娃哈哈事实上的营销二把手,销售公司总经理刘智民受业绩下滑拖累,犹豫了半年之久而无奈辞职,这将可能引发多米诺骨牌效应,更多的骨干员工将出走。如今娃哈哈的核心营销系统:销售公司和市场部,都是年轻人当政。

"励精图治、艰苦奋斗、勇于开拓、自强不息"的企业精神,"凝聚小家、发展大家、报效国家"的"家"文化,对朴实耐劳的"60后、70后"的员工影响很成功,但对追求民主、自由、参与感、注重品质生活,在网络时代长大的"80后、90后"年轻员工而言,"艰苦奋斗"是一种束缚,"家"文化不被认可。

当然,娃哈哈内部最大的问题还是大家长宗庆后本人。娃哈哈还是那个娃哈哈,宗庆后还是那个宗庆后,这么多年娃哈哈还是没有副总经理,宗庆后还是靠直觉决策,还是简单粗暴地管理和营销,内、外部还没有智囊团。网络大潮浩浩荡荡,宗庆后却依然我行我素,甚至连其女儿宗馥莉也没什么发言权。

二、外因的冲击

外部的市场、媒体、渠道、竞争环境,正如宗庆后所言发生了天翻地覆的变化,对娃哈哈现在和未来的影响更加深远。

饮料的核心消费人群规模增长停滞,农村与县城(娃哈哈的优势市场)的年轻人,正源源不断流往北上广深等大城市(娃哈哈的劣势市场),市场蛋糕不再扩大。消费正在分层,年轻人对饮料的敏感性降低,娃哈哈征战沙场的价格利器越来越无用武之地。

曾经,电视权威媒体高速发展,以电视广告为核心营销手段的娃哈哈也一路高歌猛进,如今电视衰落、互联网及移动互联网兴起、微博微信蓬勃发展,娃哈哈当年那套电视广告狂轰滥炸的推广策略已经落伍,而整合营销传播、话题性事件性公关推广却不是娃哈哈人的擅长。

娃哈哈引以为豪的联销体经销体系,是建立在传统食品批发市场的强大辐射能力基础之上的,但现在各地批发市场日渐萎缩,连锁超市、便利店、大卖场遍布城乡,娃哈哈不直营却依然依赖可同甘却不共苦的经销商队伍,可悲可叹。

竞争对手,哪个都不是孬种。大浪淘沙,弱肉强食,几十年饮料市场的残酷竞争,剩下的个个都是强手。可口可乐、康师傅、统一、加多宝,哪个不是响当当的大公司?大家比的是综合实力,是持久的耐力?靠69岁的老人宗庆后一人苦苦支撑的娃哈哈,能会继续成为长跑冠军?

★ 问题

1. 请总结一下娃哈哈经营困难的原因?
2. 你认为娃哈哈可以从哪些方面改善,走出现在的困境?

三、组织变革的变量

组织变革的变量决定着组织变革活动的性质和规模,是选择组织变革策略所需要考虑的关键问题。美国管理学家哈罗德·李维特认为,组织作为一个多变系统,变革应从结构、技术、人员和任务这几个方面入手。

(一)组织结构方面的变革

一个组织的结构是由复杂性、正规化和集权化程度决定的。组织结构变革的参数包括权力关系、协调机制、集权程度、职务与工作再设计等。管理者可以对一个或多个结构要素加以变革。组织通过把几个部门的职责组合,精简纵向层次,拓宽管理宽度,可使组织扁平化;通过制定规则和制度,提高组织的正规化程度;也可对实际的结构设计做出重大调整,包括组织结构类型的变化,重新设计职务或工作程序,修订职务说明书,实行弹性工作制等。

【案例3-9】

某传媒企业的组织结构调整

H股份公司是一家具有20年历史的国有传媒企业。1994年,该公司改制成股份制公司。公司领导凭借超前的战略眼光和正确的决策,成功地把握产业发展机会,并借助资本市场,使H公司获得了高速发展。目前,H股份公司已经发展成为以广告、网络和节目三大主业为核心,并涉足旅游、房地产、酒店等产业的综合性传媒集团。但是,H股份公司在高速发展和规模扩大的同时,却出现资产收益率和资产周转率逐年下降的现象。经过反复的对比和深入的研究,H股份公司高层发现:和当时很多国企一样,公司的股份制改造并没有从根本上改变企业的管理方式和组织结构。公司高层和大多数员工已明显感觉到,现有的管理方式和组织结构已明显不适合公司的长远发展战略和当前的市场环境。如何变革才能适应公司发展的要求?这已经成为摆在公司上下面前迫切需要解决的问题。通过同行业企业的介绍,H股份股份公司了解到北森公司在该领域已经成功地操作了几个类似的案例,于是,H股份公司联系到了北森公司。

经过员工访谈和问卷调研,北森项目组认为H股份公司的主要问题在于:第一,公司战略定位基本正确,但是在战略目标分解成为部门或分公司的子目标,以及子目标在实际上存在严重的缺陷,战略不能落地。第二,公司总部治理结构相对规范,但是子公司治理结构问题突出,多元化后公司总部与各子公司、分公司的关系各管理模式上不合理,岗位责权不清,存在责任交叉和空缺的现象,出现问题后互相推诿和找不到责任人的情况时有发生。第三,公司组织结构中存在着部门职责与权力不匹配,因人设职的情况,组织层级过多,指挥链条混乱,存在严重的多头指挥现象。第四,由于组织结构的紊乱造成公司资源的流失,如因为销售政策的决策和执行流程混乱造成的客户和市场的丢失;又如有的人员利用公司的资源为己牟取私利的现象层出不穷。

解决方案:

根据企业发展战略、管理模式和业务格局对组织结构进行调整和优化。

首先,明确集体总部定位,是战略决策中心、投资中心、管理和协调中心的组合。集体总部的角色应集中于管理整个集团的业务组合、促进业务单元的业绩改进和最大程度利用集团资源投资发展;集团总部的职能部门应该高效、精简,并着力于发展由产业推动的战略、财务计划及人力资源管理的技能;总部应该通过对业务单元战略及经营计划的严格审查和考核,并通过提供有效的激励机制来指导业务单元的经营,而不是通过对日常运作的干预;集团总部应集中资金管理,实施集中融资;各业务单元的财务系统应归集团财务部直接领导。

其次,根据集团定位,对战略管理型、操作管理型和财务管理型三种管理模式与公司战略进行匹配,对不同股权构成和产业类型的子公司采取不同的组织管理模式,清晰界定下属公司与职能部门之间的关系。不同的管理模式下的子公司在发展目标、管理手段和应用方式上相应有所不同,各有侧重。

再次,将三大主业分公司升格为事业部,并将同类产业纳入事业部统一管理,其他产业保留子公司管理模式,以增强事业部的市场分析和快速决策能力,从而增强其核心竞争力。

最后,基于管理模式与关键管理流程对现有管理职能进行分拆、合并、增设,新设立投资决策委员会、证券投资监管委员会和考核委员会。各委员会承担相应的横向流程整合和协调功能。

结果反馈：

H股份公司按照北森公司的方案调整,并优化了组织结构,明确了集团总部与子公司之间的管理关系和权力分配,理顺了各职能部门的责权划分和协调关系,管理层次精练,指挥有效,控制力度强,并且对公司资源及资源的增值进行了有效的管理,防止了资源的流失,公司管理和运营效率大为提高;与组织结构配套的薪酬和绩效管理体系的运用和实施,形成了良好的激励机制,直接改变了该公司以前人浮于事、部门之间互相推诿、多头指挥、技术和能力较强的人员流失情况严重等现象,为公司实现远景战略目标提供了有力的保障,该方案得到了客户的普遍认同和高度评价。

(二) 技术方面的变革

技术方面的变革一般有以下几个方向:设备更新,工艺程序更新,操作程序更新,信息系统更新,原材料的更新或替代,工艺流程的自动化等。技术因素的变革,可以促进组织技术条件与制造方法的改进,从而影响组织人员与组织结构。

(三) 人员方面的变革

人的因素的变化是促进组织变革的最复杂、最难控制的因素之一。人员方面的变革就是改变组织成员的评价准则、作风、行为和人际关系。改革的主要任务是组织成员在权力和利益等资源方面的再分配。这种改革可以通过鼓励下线成员独立决策和开辟意见沟通渠道来实现。

(四) 任务方面的变革

组织的任务就是组织的运行目标和方向。组织变革不仅要积极地适应外部环境的发展变化，而且要主动地影响外部环境。当组织的运行目标和方向进行调整时，组织必然要开展新的任务。如开辟新市场，建立广泛的社会关系，增加内外信息的交流等。

四、组织变革的阻力

(一) 影响组织变革的阻力因素

组织变革意味着改变原有的状态，意味着除旧立新。变革会让一部分人失去一些既得利益，因此，变革过程不可能一帆风顺，势必会遇到来自各方面的阻力。阻力的表现形式多样，有的是通过公开的罢工、降低生产率、消极工作，甚至搞破坏来表达；也有的是工作中的拖拉或缺勤、辞职、较低的士气、较高的事故率或错误率来表达自己的不满。变革的阻力来自很多方面，大体可以归纳为以下几个方面。

1. 心理因素

1) 习惯

人们常说的"习惯成自然"，这种习惯性是组织变革的一大阻力。因为人们较长时间从事某种活动，遵循某种办法，而改革可能就会改变人们原来熟悉的那种活动和办法，从而使人心理上、行为上不适应，而产生抵触情绪。

【案例 3-10】

猴子和香蕉

四只猴子被关到了一个笼子里，由于每只猴子都来自不同的地方，互相间不认识，所以总是会发生冲突。前两天，四只猴子总是接连不断地打架。

两天后，笼子的顶上挂了一串香蕉，但一只猴子是无法单独拿到这串香蕉的，于是，四只猴子开始相互协作，取下香蕉大家一起分享。

过了一个星期以后，情况发生了变化。不管哪一只猴子，每当它快要取到香蕉的时候，都会有一只高压水枪向它喷水，稍不留神，猴子就会摔落到地上。由于这种情况从无例外，四只猴子就都不敢去取香蕉了。

过了些日子，笼子里又来了一只猴子。它看到香蕉的时候，非常想去取，但其他的猴子一起告诉它，香蕉不能取，并且告诉它以前的那种痛苦经历。于是，这只新来的猴子从此就打消了去取香蕉的念头。

又过了几天,又来了一只新猴子,而一只第一批入笼的猴子被带走了。当然,这只新来的猴子也很想去取香蕉,但其他的猴子,包括那只从来没有上去取过香蕉的猴子都告诉这只新猴子,不能去取香蕉。

经过几次轮换,笼子里的猴子越来越多,而第一批被高压水枪喷过的猴子全部都被带离了笼子,但笼子里所有的猴子都知道不能去取香蕉。

然而,事实上当第二批进入笼子的猴子不再去取香蕉的时候,管理员已经把喷枪取走了,只是香蕉还是每天挂在那里,但没有一只猴子敢去尝试。

可见,习惯一旦形成,就很容易造成思维定式,如果不能扭转观念的话,必定会裹足不前,安于现状。

2)对未知的恐惧

组织变革会打破原有的稳定格局,使已知的东西变得模糊不清和不确定,会使组织成员产生某种程度的不安全感。由于对变革结果未知,使人们对变革的前途产生怀疑和担心,与其未来不确定,宁愿维持现状。此外,基于"求稳、怕乱",以不变应万变的保守心理,使很多人迷恋老的章程、秩序与习惯,往往以各种借口去反对变革。

2. 经济因素

经济收入是人们最看重的要素之一。组织成员反对变革的一个重要原因就是担心既得利益的丧失。因为他们担心失去现有的地位、收入、权势、友谊、个人便利或其他看重的福利。员工害怕变革发生后,他们不能做得跟以前一样好,这样可能被认为对组织、上司及同事的价值降低,从而失去一些利益。如果变革直接或间接地降低了某些人的经济收入,那么组织的变革就会遭到这部分人的抵制和阻挠。

3. 社会因素

组织中的个人往往是组合成群的,一个凝聚力强的群体,往往会形成一套成文或不成文的特殊规范。而组织变革会改变群体的目标、准则和行为要求,有可能与群体原有的规范产生冲突。在这种情况下,组织成员会对所实施的变革采取抵制行为和不合作的态度,威胁群体原有的人际关系,从而群体对变革也就产生了阻力。此外,社会文化传统、社会风俗习惯或某些利益集团都可能给组织变革造成阻力。

4. 组织惰性

组织惰性是形成变革阻力的主要因素。组织惰性主要是指在组织面临变革形势时表现得刻板僵硬、缺乏灵活性,难以适应环境的要求和内部的变革需要。组织内部体制不顺、决策程序烦琐、权力过于集中、以及追求稳定、保守型风险规避的组织文化,这些都会使组织产生惰性,进而影响和制约组织的变革。

(二)克服组织变革阻力的策略

组织变革往往是大势所趋,变革的阻力也是不能避免,构筑对变革的信任和信心是克服变革阻力的出发点,所以,组织应积极创造条件,减少阻力,保证变革的顺利进行。

1. 教育与沟通

对组织目前所处的运行环境,所面临的困难与机遇等,开诚布公地向组织成员说明变革的必要性和合理性,使组织上下达成共识,增强对变革的紧迫感和支持力量。只要我们对各种变革力量合理地因势利导,及时沟通、相互尊重,势必会减少变革的阻力。

2. 参与和融合

积极鼓励组织成员参与变革计划的制订与实施,让参与者能以其专长为决策做出有益的贡献,使参与者对变革产生认同感,把改革看成是自己的事。这有利于克服变革的阻力,因为人们一般不会自己否定自己参与做出的变革决定。

3. 商谈和协议

变革应注意策略,把握好分寸,相机而动,循序渐进,配套进行,或者通过谈判的方式以某些有价值的东西来换取他们对变革的支持。如给员工提供再培训、休假、感情支持和理解来补偿因变革而受影响的员工。

4. 操作和收买

操作就是给对方施加影响力以达到自己的目的。类似的操作手段有故意歪曲事实以使变革显得更有吸引力,封锁具有破坏性的消息,制造不真实的谣言使员工接受变革等。另外,通过"收买"反对派的意见领袖参与变革决策来降低阻力。

5. 强制手段

通过解雇、调换工作和不给晋升等强制手段直接同抵制者针锋相对,向其施加压力。这是克服变革阻力的最后一种策略,如果运用不得当,有可能会带来很大的风险。

五、组织变革的过程

由于组织面临的环境不同,组织变革的过程也各有不同,以"风平浪静"观和"激流险滩"观最为典型。

(一)"风平浪静"观

这是一种平稳环境中的组织变革。这时的组织就像一艘在"风平浪静"的海洋中航行的船,船长与船员评价丰富的经验和知识来确保航行顺利到达目的地。对于这种情势下的组织来说,只要对一时出现的变化应对得当,组织将很快进入平衡状态。因此,追求稳定性和效率性是这类组织管理的主流方向。

"风平浪静"观认为组织变革要历经解冻、变革、再冻结三个步骤。成功的变革要求对现状予以解冻,然后变革到一种新状态,并对新的变革状态再冻结,使之保持一定的时间。否则,变革就很可能是短命的,组织成员又有可能恢复到原有状态中。

1. 解冻

首先是解冻现状,组织成员从改变原有的态度、生活方式、自我观念和行为环境着手,来消除害怕失败、不愿变革的心理障碍。在解冻期内,管理者应向组织成员分析目前现状,告知组织中存在的问题,并描述组织变革后的美好未来,激发成员渴望变革的强烈愿望,以期获得理解和支持,减少障碍,并通过一系列的奖惩制度,来加速解冻的过程。

2. 变革

变革是指通过认同和内化等方式,使成员形成新的态度和行为。认同就是使成员在言传身教中模仿并逐步学会新的行为模式的过程。内化是指人们用这种新的态度或价值观分析问题和解决问题的习惯性过程,最终表明组织成员真心接受的过程。

3. 再冻结

再冻结即利用必要的强化方法使所期望的新态度和新行为方式保持下来,使之融合成为组织成员个人品质中永久部分的过程。强化是指对接受新态度和实施新行为方式组织成员予以肯定和表扬。再冻结的目的就是使新的状态稳定下来。

(二)"激流险滩"观

该观点认为,管理者面临的环境是动态的、不确定的。这时的组织好比是在湍急河流中航行的小木筏,中途不断出现险滩,且筏工完全不熟悉河流的构造,不清楚最终的目的地。对于这种情势下的组织来说,变化就是一种自然的状态。

事实上,"风平浪静"观所假设的稳定性与可预见性是不存在的,组织中的许多方面都处于快速变化的过程中,组织的管理者在面对各种不断变化、无序状态时,必须做到时时以变应变。

六、组织变革的步骤

一般认为,组织变革必须经过以下八个步骤。

(一)确定变革的问题

管理者不应只看到与过去相比较的种种历史成绩而沾沾自喜,更应看到组织可能存在的诸多问题。一个组织是否需要进行变革以及变革的内容,除了需要获取外部环境变动中的政治、文化和经济等一般信息外,最重要的还得从组织日常活动的反馈信息中发现异常情况,如销售额、利润、市场占有率、质量、成本、员工士气和员工满意度等信息是否异常。当组织决策低或经常做出错误的决策;组织内部沟通渠道阻塞,信息传递不灵或失真;当组织缺乏创新;组织机能失效,生产任务不能按时完成,产品质量下降,成本过高,财务状况日益恶化,组织成员积极性不高的时候,切不可麻痹大意,将异常视为正常,否则将功亏一篑。因此,组织有必要对出现的问题进行认真的分析,找出引发问题的症结所在,以确定变革的方向。

(二)诊断问题,提出明确的目标

发现异常问题是比较容易的,但追寻问题的根源却是相对困难的。诊断的目的就是要正本清源,这也是为变革提出明确目标的前提。诊断的步骤可分两步进行:首先,通过行之有效的措施将组织现状调查清楚;其次,对所掌握的各项材料进行科学的分析,并找出期望与现状的差距,从而进一步确定需要解决的问题和所要达到的目标,将变革的目标明晰化和具体化。

(三)进行具体分析,确定变革内容

组织变革的内容主要涉及组织结构、技术水平、人员管理、组织任务以及影响环境等几个方

面。选择哪种内容或哪几种内容的组合应根据所诊断出问题的性质,有针对性地选择,并且需要合理确定相应的配套环节。

(四)分析变革的限制条件

要想取得变革的成功,不仅需要正确地诊断问题以及选择明确的目标和适当的变革内容,而且需要统筹规划、未雨绸缪。因此,变革过程中,必须详细地分析变革所要涉及的可能存在的限制因素。一般而言,变革要受到领导态度、配套措施和员工价值观念等三个方面的影响。

(五)正确地选择变革的策略、步调和方案

1. 变革的策略

根据下级参与变革的程度可将变革分为命令式、参与式和分权式等三种策略。

(1)命令式。命令式指由领导做出变革的决策,自上而下发布命令,说明所要进行变革的内容和下级在贯彻这些变革中的职责。

(2)参与式。参与式指让下级在不同程度上参与讨论、分析并选择改革的方案,以期集思广益。

(3)分权式。分权式指决策权力交于下级,由下级对自己存在的问题进行分析和诊断,自行提出解决问题的方案,并对其负责。

2. 变革的步调

组织变革的步调可分为突破式和渐进式两种。

(1)突破式。突破式指领导用最大的决心和魄力对重大的变革要求一步到位,定期内必须按时完成变革。其优点是可以短时间内解决重要问题;缺点是可能因时间仓促等因素的影响,考虑不周,执行过粗,致使部分员工士气低落,增加变革的阻力。

(2)渐进式。渐进式指利用足够的时间分步骤地逐渐推进变革并最终达成变革目标。此步调的优点是所遇到的自然阻力小,易于被接受,且容易将变革持久化。缺点是每一阶段的变革成效不大。

3. 变革的方案

在变革的过程中,组织必须从诸多的方案中选出一个较优的方案,对选出的方案,既要考虑到方案的可行性与针对性,还要考虑到方案实施后能带来的综合效益。

(六)制订具体的变革计划

制订变革计划:一方面需要在实践中考虑采取何种变革策略、何种变革步调;另一方面更为详尽的变革计划,还要受所诊断问题的性质、参与者的素质及其对待变革的态度、组织的历史和现在的运转水平等诸多因素的影响。因此,除非在紧急情况和确有把握的条件下,通常不宜采取命令式策略和突变式步调。在确定变革策略和步调之后,要将策略具体化,并且不能忽视变革计划中的各种配套因素。包括时间的安排、人员的培训、人员的调动、财力和物力的筹备等内容。配套因素的变革也是影响变革的重要一环,否则,变革仅是一厢情愿,脱离实际。

（七）实施变革计

1. 实施变革计划要恰当地选择发起变革的时间和范围

成功讲究"天时、地利、人和"。因此，要想取得变革的成功，必须把握好变革的时机，所以，为了缓解变革的阻力，大都采用渐进式的步调进行，并且限制变革范围，借此累积经验，逐步拓展变革范围。

2. 充分认识变革阻力并力求化解矛盾

任何一种变革，从根本上来说，均是一种对利益和权力格局的再分配。当既得利益者，对变革目的误解者和存有偏见者均可能抗拒变革，但变革总是要付出代价的。通过宣传和进一步的磋商与协调，使更多的人了解变革的初衷和目的，并懂憬变革所产生的绩效，以及给每个人带来的益处。这样才可以有效地化解矛盾，减少变革所受的阻力。

（八）注重反馈，监控变革计划的实施进程

在实施变革时要及时收集可以衡量变革效果的指示信息。如果没有达到预期的阶段性效果，应马上采取纠偏或调整标准等积极措施，直到出现满意结果为止。

第五节 组织文化

关于组织文化结构的描述有冰山模型和睡莲模型。组织文化能够引导成员的行为和价值取向，对组织成员具有激励、凝聚和约束作用，但是同时也可能会为组织带来负面影响。组织文化从创建到形成不是一朝一夕的，它需要一个长期的过程，组织可以通过一系列手段来对自己的文化进行维系和传承。当然，相对于剧烈变化的环境而言，文化具有稳定性和滞后性。变革是当今的主题，组织要想在激烈竞争的环境中获得生存和发展，就必须适时对自己的组织文化进行变革。

一、组织文化的概念

组织文化是指，组织在长期的实践活动中所形成的并为全体成员共同遵循的价值观念、团体意识、行为规范和思维模式的总和。实质是一个企业或一个组织在管理过程中形成的一种特殊的文化倾向，是增强组织凝聚力和持久力，保证组织行为合理性和规范性，推动组织成长和发展意识形态的总和。

二、组织文化的特征

组织文化产生的根源及其形成过程使其既具有民族文化的烙印，又具有组织管理的个性特色。一般来说，组织文化具有以下特点。

（一）人本性

组织文化是通过人与人之间不断的行为活动集聚而成。其本质是强调人的理想、道德、价值观、行为规范在组织管理中的核心作用。在组织管理过程中要理解人、尊重人、关心人。用愿景鼓舞人、用精神凝聚人、用机制激励人、用环境培育人，注重组织成员的全面发展。

（二）整体性

组织文化是组织成员的共同价值观体系，组织成员的发展与组织的发展密不可分。组织文化可引导员工把个人目标融于组织整体目标之中，使组织全体成员行为趋于一致，减少内耗，注重组织整体优势实现。

（三）独特性

组织文化具有鲜明的个性和特色，且相对独立。每个组织的文化都是由其自身的历史传统、目标、员工素质及内外环境不同所决定，有着独特的文化积淀过程。

（四）继承性

组织文化与组织的长期发展历史紧密相连，是逐渐形成和发展起来的。组织文化的继承性体现在三个方面：一是继承优秀的民族文化精华；二是继承组织的文化传统；三是继承外来的组织文化实践和研究成果。

（五）创新性

组织行为是否合理很大程度上取决于组织文化，而创新意识正是组织行为的理想所在。任何组织都需要不断创新以实现其目标，组织成员都希望实现自我。因此，通过设计和维持一种良好的创新环境，提高员工的素质，激发员工的创新动机，为组织成员实现自我提供条件，是组织文化的核心部分。

三、组织文化的功能

（一）组织文化的积极功能

1. 导向功能

组织文化作为组织成员共同的价值观念，一旦形成，就会产生一种思维定式，这种思维定式具有很强的感召力，会自然而然地把员工引导到组织目标上来，自觉地为组织目标而努力，使自己的行为尽可能符合组织价值观的要求。

2. 凝聚功能

组织文化是一种"软性"的黏合剂，可以弥补硬性规章制度的不足，使组织中不同层次、性格各异的人团结起来，且使每个人的思想感情和命运都与组织的安危紧密相连，从而形成强大的凝聚力。

3. 激励功能

组织文化的激励功能的发挥是通过创建良好的工作环境、和谐的人际关系及人性化管理，强调信任、尊重、理解每个人，最大限度地激发员工的积极性和首创精神，使他们以主人翁的姿态，关心组织的发展，为实现自我价值和组织目标不断进取，贡献自己的聪明才智，从而提高组织的整体绩效。

4. 约束功能

组织通过文化优势创建出一种为其成员共同接受并自觉遵守的价值观体系，即一些非正式的约定俗成的群体规范和价值观念。为了保证组织的正常秩序而制定出必要的规章制度，这当然是完全有必要的。但是，无论怎样完善的规章制度也无法保证每个成员在任何时候都能遵守。组织文化通过文化所构建的无形软约束力，与规章制度等硬约束力进行互补，以保证组织的正常秩序。组织文化不但可以降低组织成员对制度约束的逆反心理，而且还可以创造出一种和谐的、自发奋进的组织氛围。以开放式的软约束体制代替传统的封闭式体制，提高了组织的整体绩效。

5. 创新功能

创新是组织文化的精髓，是组织发展的灵魂及活力源泉。组织的内外部条件处于不断变化中，组织文化自然要不断创新。因此，组织应注重营造适当的环境，以赋予其成员超越和创新的动机，提高创新素质，引导创新行为。良好的组织文化创造一种和谐、民主、鼓励变革和超越自我的环境，为组织成员的创造性工作提供客观条件。

6. 辐射功能

组织文化关系到组织的公众形象、公众舆论和品牌美誉度等。组织文化不仅会影响到组织成员，而且会通过传播媒体、公共关系活动等渠道向社会辐射，对社会产生一定的影响。优秀的组织文化会通过良好的精神面貌起到示范作用，促进信息交流，引起其他组织的学习和借鉴，积极促进社会文化的发展。

（二）组织文化的消极作用

虽然组织文化对组织绩效的提高和凝聚力的增强都大有裨益，但是，当组织文化的核心价值观得到强烈而广泛的认同时，会在组织内部形成一种很强的行为控制氛围，从而对组织行为有效性产生一定的消极作用。

1. 削弱个体优势和组织的多样化

组织在招聘新员工时，一方面希望新成员快速与组织融合，接受组织的核心价值观，另一方面又希望新成员的加入，能为组织注入新鲜血液，促进组织的创新与发展。组织希望通过聘用各具特色、存在差异的不同员工来获得多元化的优势，但由于成熟的组织文化限定了组织可接受的价值观和行为方式，带有种族、性别和价值观等方面差异的新成员就会难以适应或难以被组织接受。在这种强文化的压力下，新成员往往会放弃个性而遵从原来的组织文化。组织文化通常会削弱不同背景的人带到组织中的独特优势，而这些优势又往往可能是组织在未来发展时所必需的。

【案例 3-11】

螃蟹文化

钓过螃蟹的人或许都知道,篓子中放一群螃蟹,不必盖上盖子,螃蟹是爬不上去的,因为只要有一只想往上爬,其他螃蟹便会纷纷攀附在它的身上,结果是把它拉下来,最后没有一只出得去。

组织中常有一些人,不喜欢看别人的成就与杰出表现,天天想尽办法破坏与打压,如果不予去除,久而久之,组织里只剩下一群相互牵制、毫无生产力的"螃蟹"。

2. 阻碍组织的变革

当组织面对相对稳定的环境时,组织文化是一种资本,行为的一致性对组织而言很有价值。但如果组织文化深入人心,则极易形成思维定式,束缚组织的手脚和成员的思想,使其不敢或不愿意创新或对组织进行变革,从而使组织有可能难以应对变幻莫测的环境。因此,对于拥有强文化的组织来说,过去带来成功、引以为豪的东西,在环境变化时很可能导致失败。

3. 组织合并的障碍

在组织合并时,管理者除了要考虑组织变更需求、融资优势、资产负债或产品协同等因素,更不能忽视了组织间个性分明的组织文化,否则,将文化特点迥异的组织强行联姻,容易使合并后的组织成员在适应新工作方式的过程中产生过诸多摩擦,甚至会导致合并的失败。

四、组织文化的结构及表现形式

组织文化的结构,是指组织文化各种内容和形式之间的层次关系。组织文化的结构大致可以分为三个层次:物质层、制度层和精神层。

(一)物质层

物质层是组织的表层文化,由组织成员创造的产品和各种物质设施等构成。具体表现为厂容厂貌、厂服厂标、产品式样和包装、纪念品、文化娱乐设施等。物质层文化是组织成员价值观、精神面貌的具体反映,体现了组织的外在形象。

(二)制度层

制度层是组织的中层文化,指组织内部的规章制度、经营风格、行为规范、员工素质,以及组织内部的一些特殊典礼、仪式和风俗等。

(三)精神层

精神层是组织的深层文化,是组织文化的核心和主体。精神层主要包括组织精神、组织哲学、价值观念、组织目标等。

组织文化是人们在日常生活中,通过物质活动和精神活动体现出来的思想意识,是以物化活动为载体的精神内涵。组织文化是一个非常复杂的组合,具有多种多样的表现形式,任何组织都不可能将组织文化用一种形式完整表现出来,更不可能限制在一种特定的形式内。

五、组织文化的类型

由于组织在社会背景、历史传统和工作作风等方面的差异,组织文化也呈现出不同文化特质。按照不同的标准可以将组织文化的类型划分如下。

(一) 迪尔-肯尼迪的文化分类

美国学者迪尔和肯尼迪根据企业经营活动的风险程度和企业及其雇员工作绩效的反馈程度,把企业文化分为以下四种类型。

1. 硬汉型文化

这类文化强调内部竞争和创新,鼓励冒险,具有竞争性强、产品更新快的特点,往往过于注重短期目标,难以形成强的凝聚力。

2. 努力工作尽情玩乐型文化

这种文化把工作与娱乐视为同等重要,要求工作时拼命干、玩的时候尽情玩,鼓励员工完成风险较小的工作,具有竞争性不强、产品比较稳定的特点。

3. 过程型文化

这种文化注重过程和细节,着眼于如何做,缺少反馈,具有程序性强、按部就班的特点。

4. 赌注型文化

这种文化强调凡事应仔细权衡且周密分析,一旦下定决心,就不轻易改变,坚持到底,具有孤注一掷的特点。

【拓展阅读 3-1】

中国企业文化的"动物性格"

持续成长的公司,尽管战略和运营总在不断适应变化的外部世界,但始终是相对稳定的核心理念在决定其命运。这犹如动物长期形成的秉性——决定了它将怎样直面自然界的挑战。在自然界,各物种所具有的活动习性是在长期的生存遭遇中形成的,"物竞天择"就意味着只承认"竞争力"。正略钧策管理咨询公司的《2007:中国企业长青文化研究报告》,是一份颇有"丛林法则""图腾文化"的中国企业众相图。报告第一次将挑选出来的 34 家中国优秀企业,依据它们的公司氛围、领导人、管理重心、价值取向等四个方面的文化特征,类比动物界生灵的运动特性而呈现出了具有自然崇拜的四种文化:象文化、狼文化、鹰文化、羚羊文化。

一、象文化:尊重、友好——人本型

象文化在中国企业里表现了这样的特征:企业的工作环境是友好的,领导者的形象犹如一位导师,企业的管理重心在于强调"以人为本",企业的成功则意味着人力资源获得了充分重视和开发。这类企业文化的代表有 10 家,它们是万科、青岛啤酒、长虹、海信、远东、雅戈尔、红塔、格兰仕、三九和波司登。

二、狼文化:强者、冒险——活力型

狼群中有着强烈的危机感,它们生性敏捷而具备攻击性,重视团队作战并能持之以恒。狼性精神,是一种强者精神。在狼文化特征的企业里,充满活力,有着富于创造性的工作环境;领导者往往以革新者和敢于冒险的形象出现;企业最为看重的是在行业的领先位置;而企业的成功就在于能获取独特的产品和服务。华为、国美、格力、娃哈哈、李宁、比亚迪、复星、吉利,都是中国企业狼文化的典型代表。

三、鹰文化:目标、绩效——市场型

具有鹰文化的企业氛围是结果导向型的组织,领导以推动者和出奇制胜的竞争者形象出现,企业靠强调"胜出"来凝聚员工,企业的成功也就意味着高市场份额和拥有市场领先地位。这类公司以联想、伊利、TCL、平安、光明、春兰、喜之郎、小天鹅、雨润、思念等公司为代表。

四、羚羊文化:温和、敏捷——稳健型

羚羊的品性是在温和中见敏捷,能快速反应但绝不失稳健。这类文化的代表性企业如海尔、中兴、苏宁、美的、汇源、燕京啤酒等企业。由于以追求稳健发展为最大特征,因为这类企业的工作环境规范;企业靠规则凝聚员工;企业强调运营的有效性加稳定性;企业的成功是凭借可靠的服务、良好的运行和低成本。

(二)杰弗里·桑南菲尔德的文化分类

美国学者杰弗里·桑南菲尔通过对经营性组织的研究,将组织文化按工作作风的不同划分为四种类型:学院型文化、俱乐部型文化、棒球队型文化和堡垒型文化。

1. 学院型文化

学院型文化的组织为其成员提供大量的专门培训,并安排他们在特定的职能领域从事各种专业化工作。这类组织并不排斥没有工作经验的大学毕业生,愿意为他们提供新工作的机会,使他们不断成长进步。

2. 俱乐部型文化

俱乐部型文化的组织非常重视资历、年龄和工作经验,注重培养员工的适应性和忠诚感,善于培养全能型的管理人才。

3. 棒球队型文化

与俱乐部型文化的组织不同的是,棒球队型文化的组织并不讲究资历、年龄和经验,工作绩效才是确定报酬的唯一标准。组织成员拥有较大的工作自由度,每个成员都非常勤奋地工作以获得丰厚的报酬和升值,积极性非常高。例如广告机构、软件公司、律师等。

4. 堡垒型文化

堡垒型文化的组织最关注组织的生存问题。这种组织的成员希望通过努力来尽量维持生计,财产不受损失,具有较大的流动性,而安全保障不足。

(三)丹尼森-达夫特的文化分类

丹尼森和达夫特根据环境的需要和战略焦点,将组织文化分为四种类型:创新型文化、使命型文化、部落型文化、官僚型文化。

1. 创业型文化

创业型文化强调组织对环境的适应性,注重创造、创新和冒险。

2. 使命型文化

使命型文化提倡员工努力实现与愿景相匹配的具体成就,强调组织愿景的开发。

3. 部落型文化

部落型文化强调组织成员对工作的投入、对决策的参与,以增强员工对组织的归属性。

4. 官僚型文化

官僚型文化强调用规章制度来约束员工的行为,要求员工各负其责,服从指挥。

六、组织文化的建设

(一)组织文化的形成

1. 组织的创始人

组织的创始人是组织文化的源头,对组织早期文化影响巨大。组织创始人的经营思想、工作风格、管理艺术以及他们的个人品格、价值观念都与组织文化的形成息息相关。

创始人为组织规划好了宏伟蓝图,并通过以下途径来对组织文化的形成产生影响。首先,在创业初期,组织创始人招募的一般都是与自己志同道合的人;其次,创始人对成员的思维方式和感受方式进行潜移默化的影响;最后,创始人把自己的行为作为角色榜样,通过示范,使组织成员把创始人的信念、价值观内化并认同为自身的想法和感受。

2. 制度化

组织文化的制度化实际上就是对组织文化的落实,是将组织倡导的价值观、理念转变为可操作性的管理制度的过程。通过制度化的过程可以将创始人的价值观和信念传承得更为长久,更容易被组织成员所接受并内化。

3. 习惯化

通过对组织成员进行培训,高层领导者对组织信守的价值观念的身体力行和榜样的典型引导,使组织文化得到组织成员的理解和认同,将组织的经营理念、价值观念转化为组织成员的日常工作行为,使之自觉遵守并形成习惯。

【案例 3-12】

松下公司的企业文化

松下公司的创始人松下幸之助先生是佛教徒,他把佛教思想贯穿于企业经营之中,使企业获得了极大的成功。在一个很偶然的机会,松下幸之助由朋友带路去寺院拜佛,他看到信徒们不计任何报酬,认认真真地在庙里打扫卫生,虔诚无比,向每一个来拜佛的人致谢,内心产生极大的震撼。他思索:何以为此?他分析,是大乘佛法,是使命感,是佛教拯救人类心灵,让人类有救世的大慈大悲之心,佛教弟子们修行的是"戒、定、慧"。由此他领悟到,消除贫困是人类的事业,而生产就是企业的使命,修企业的"戒、定、慧",为人类共存共荣。他决心,要以拜佛的诚心来领导、指引员工。每逢日本新年,新年的钟声一敲响,松下公司的领导们就在佛堂里祈祷企业这一年兴旺发达,祈祷佛祖保佑人类、企业、员工一切顺利。

这种修佛的思想被应用到企业日常管理的每个角落,企业精神则是:当你受到伤害时,你要感激他,因为那是磨炼你的心志;你要感激欺骗过你的人,那是增加了你的见识;你要感激遗弃你的人,那是教导你应自立;你要感激绊住你的人,那是在强化你的能力;你要感激斥责你的人,那是增长了你的智慧。

佛度有缘人,在松下公司,无责任感的人被视为无缘之人,不能够与企业的发展共存共荣。由此理念,松下公司培养了一大批具有责任感的企业经营者。

在谈到如何管理、经营企业时,松下幸之助先生说:"当有员工100人时,我必须站在员工的最前面,身先士卒,发号施令;当员工增至1 000人时,我必须站在员工的中间,恳求员工鼎力相助;当员工达到1万人时,我只有站在员工的后面,心存感激即可;如果员工增至5万至10万人,除了心存感激还不够,必须双手合十,以拜佛的虔诚之心来领导他们。"随着企业经营的扩大,必须依靠一种精神力量来统治、管理一个企业,这就是企业文化。

(二) 组织文化的维系和传承

组织文化是组织对长期的经营和管理实践精髓的沉淀。组织文化的维系一方面需要摒弃原有文化中不合时宜的部分,另一方面需要丰富新的适应环境的文化成分。

1. 组织文化的维系

组织文化建立之后,需要通过一些管理措施让员工接受并适应,使他们明白什么是可接受的行为,什么是不可接受的行为。怎样维系组织文化,主要取决于甄选过程、高层管理人员和社会化这三个因素的作用。新员工适应组织文化的过程称为社会化。如何对员工进行社会化主要取决于两点。一是在甄选过程中,是否成功地保证了新员工的价值观与组织价值观相一致。因此,组织需要设立甄选标准,尽可能筛选出与自身价值观相同或相近的应聘者,通过赢得未来雇员的认同以确保组织核心理念得到巩固。二是组织的高级管理人员偏爱什么样的员工社会化方法。高层管理人员在对下属进行奖励或者提升时,会在潜意识中遵循组织的核心价值观,对那些与组织文化相符的员工行为予以嘉奖,从而对员工的态度和行为起到引导作用,强化组织文化。

2. 组织文化的传承

组织可以通过以下几种途径来对文化进行传承。

①把最能体现组织核心价值观的个人或集体树为典型,对其模范行为或英雄事迹进行宣传、表彰,并适当加以激励。

②通过标语、口号和内部出版物等形式对组织文化进行反复宣传和强化。

③通过组织领导者的言传身教进行强化。

④健全组织的规章制度,规范组织行为。

⑤对组织成员进行文化教育和培训,使组织成员认同本组织文化。

⑥通过一些恰当的仪式或组织一些群体活动,加深组织成员对组织核心价值观的理解和认同。

(三) 组织文化的变革与发展

1. 组织文化的变革

组织环境在不断变化,组织文化也要相应地做出调整。在组织面临危机时,人们对现存文化的信心容易发生动摇,以及在组织文化根基尚浅的组织中,需要推行组织变革,树立新的价值观。组织在进行组织文化变革时,可以采取以下措施。

①创造出新的仪式和物质象征,作为组织新价值观体系的载体;
②组织的高层管理人员以身作则,成为新文化的典范;
③提拔、支持那些拥护新价值观的组织成员;
④通过所有组织成员的参与,创造出统一的组织舆论;
⑤用正式的组织规章制度代替旧的、不成文的行为准则。

组织文化通常历经多年而形成,并根植于组织成员所坚信的深层价值观中,这意味着变革组织文化会威胁到组织成员的切身利益。因此,管理者在重塑组织文化时,不但要选择恰当的时机,还必须取得组织成员的理解和支持,否则就有可能引起组织动荡。

2. 组织文化的发展趋势

1) 建立学习型组织

知识经济时代,知识已经成为组织发展壮大的最为重要的资源。组织要实现可持续性发展,必然要提高组织自身的核心竞争力,要不断地进行组织文化的创新,加强对知识的管理,建立学习型组织,以提高组织的综合素质。

2) 提升品牌内涵

品牌是组织深厚文化内涵孕育出来的结果,是对组织文化的凝结及表现形式,品牌的差异化是构成文化的重要因素。组织文化品牌的塑造,须凭借科技、营销和管理的手段,更广泛地吸收各种文化精华,实现传统文化与现代文化的创新结合。

3) 依靠信息技术推动文化变革

信息技术在管理领域的应用,已经渗透组织的方方面面,且给组织原有文化带来相应的冲击。组织要应对这些变化,需要对组织文化进行变革。

4) 推崇文化创新

在知识大爆炸的今天,知识、信息更新日新月异,组织也必须进行相应的产品创新、市场创新、制度创新和管理创新等,其中,组织文化的创新是最具有决定性意义的。组织的"创新文化"主要具有以下特征:推崇变革与创新的价值观、尊重个人、重视培训、开放式管理、自由的沟通、面向顾客、优质服务、鼓励尝试、宽容失败、居安思危。

5) 进行跨文化管理

经济的全球化,使得组织的联系加强,而重组后的组织文化如何相融对组织文化建设也提出了新的要求。由于不同的国家、不同的组织有着各自的文化背景和文化特征,由此所形成的组织文化也必然各具特色、互有差异。因此,加强组织间的文化融合,进行有效的跨文化管理将成为组织国际化和应对国际化发展趋势的重要管理武器。

★ 复习思考题

1. 组织的概念、构成要素、功能是什么？
2. 组织设计的原则与基本内容有哪些？
3. 较为普遍采用的组织结构形式有哪些？不同类型的组织结构形式分别适合什么样的情况？
4. 组织变革的动力来自哪里？它们对组织变革产生怎样的影响？
5. 组织变革的阻力主要来自哪里？应该如何减少这些阻力？这些阻力能完全排除吗？
6. 引起组织变革并决定组织变革目标方向和内容的因素有哪些？
7. 什么是组织文化？其结果和内容是什么？
8. 组织文化具有什么功能？试举例说明。
9. 组织文化是如何形成的？
10. 怎样做才能使组织文化适应动态的环境？

【案例分析 3-1】

华为组织变迁：从集权到分权

华为一直奉行的是中央集权，但在此基础上进行层层有序的分权。30多年来，华为不断适应环境和自身的变化，虽然谨慎，但总在一步步向前探索出了一条适合自己的分权之道和授权之术。在华为成立初期，由于员工数量不多，部门和生产线比较单一，产品的研发种类也比较集中，组织结构比较简单。在这段时间，华为一直采用的是在中小型企业比较普遍的直线制组织结构。这段时期的高度中央集权，防止因权力分散而造成失控，避免了华为的夭折。

随着业务的增长和组织的扩大，华为开展了组织结构和人力资源机制的改革，确定了"以代表处系统部铁三角为基础的，轻装及能力综合化的海军陆战式"的作战队形，进行了权力的重新分配。这是一次从下到上，从一线到后方的权力重铸。华为取得的成绩离不开业务战略的成功转型及终端市场的突破，但权力的合理分配和组织运营效率的提升也厥功至伟。

世界上没有一成不变的真理，总部依靠战略导向的主动权和监控权来保障一线的权力不被滥用或者无效益地使用。这不是一次传统意义上权力从上至下的逐级分解，而在中国传统文化当中，"人治"的观念可谓根深蒂固。延续到企业管理领域，也是如此。任人唯亲、高度集权是人治型企业的两大重要特征。这导致在这样的企业当中管理具备很大的秘密性、随机性和不可预知性。企业运转靠人缘、关系与情面，管理凭经验、感觉，控制靠随机和自觉。随着世界经济大同，东方传统与西方理念正面交锋，人治与法治、集权与分权之辩也愈发激烈。

以华为为例，一直奉行的是中央集权，但在此基础上进行层层有序的分权。这么多年以来，华为的副总裁林立，但每个副总裁的权限都受到了严格限制，互成掎角之势，颇有些鬼谷子的"飞钳"意味，但也没有什么"功高镇主"的，任正非的兵法权谋果然厉害。

在华为成立初期，由于员工数量不多，部门和生产线比较单一，产品的研发种类也比较集中，组织结构比较简单。在这段时间，华为一直采用的是在中小型企业比较普遍的直线制组织结构。由任正非直接领导公司综合办公室，下属五个大的系统：中研总部、市场总部、制造系统、财经系统以及行政管理系统。主管人员在其管辖的范围内,有绝对的职权或完全的职权;各系统中任何一个部门的管理人员只对其直接下属有直接的管理权;同理,每个部门的员工的所有工作事宜也只能向自己的直接上级报告。这种简明迅捷的直线制组织结构,使得华为在创业初期迅速完成了其原始积累的任务,作为公司最高领导者的任正非对公司内部下达的命令和有关战略部署也更加容易贯彻。

然而,伴随着华为高端路由器的研制成功以及在农村市场上的成功销售,企业逐渐迈上了高速发展的道路,不但在产品领域开始从单一的交换机向其他数据通信产品及移动通信产品扩张,市场范围遍及全国的各省市,而且公司的员工数也呈几何倍数递增。在这种情况下,单纯的直线制组织结构日益暴露出其缺点:在组织规模扩大的情况下,业务比较复杂,所有的管理职能都集中由一个人来承担。而当该"全能"管理者离职时,难以找到替代者,而导致部门间协调差。

任正非很快意识到这种管理上的弊端,认为华为的发展应该向市场靠拢,这种靠拢不仅要依靠先进的技术、可靠的质量,还必须用周到的服务去争取市场,在这种直线制组织结构上进一步细分管理系统。在1998年,华为废除了以往部门结构管理的这种权力主要集中在少数几个高层手中的管理模式,在大量学习和理解西方先进管理经验的情况下,结合自己的实际情况,转而引进事业部制组织结构,以提高管理效率,创造更多新的增长点,"调动起每一个华为人的工作热情"。也就是按照企业所经营的事业,包括产品、地区、顾客(市场)等来划分部门,设立若干事业部。

一旦出现有战略意义的关键业务和新事业生长点,华为就会在组织构架上相应地建立一系列明确的负责部门,这些部门是公司组织的基本构成要素。一旦出现新的机遇,这些相应的部门就会迅速出击抓住机遇,而用不着整个公司行动。在该部门的牵动下,公司的组织结构必定产生一定的变形。在这个过程中,相互关联的要素(流程)没有发生变化,但联系的数量和内容都发生了变化。当阶段性的任务完成之后,就恢复到常态。从平衡到不平衡,从不平衡回归到新的平衡,这是一个不断演进的动态过程,并且具备权力相互制衡的天然特征。

从此,华为事实上开始转向了矩阵制组织结构,既拥有按战略性事业划分的事业部,又拥有按地区的战略划分的地区公司。

思考

结合华为组织变迁谈谈直线制组织结构、矩阵制组织结构各适用于哪些范围。

第四章 计　　划

【本章学习目标】
1. 了解计划的概念，牢记并掌握；
2. 掌握计划的种类；
3. 掌握计划工作的程序；
4. 掌握计划工作的方法；
5. 牢记并掌握计划工作的原理。

第一节　计划概述

一、认识计划

大多数情况下，可从两个方面去理解计划：一方面，计划是一项管理职能，是制订目标并确定为达成这些目标所必需的行动，即确定要做什么、为什么做、由谁做、何地做、何时做和如何做的一种程序；另一方面，计划作为一种行动方案，是指作为组织既定目标的具体行动方案。前者实际上是指计划的编制过程，可以称为计划工作；后者实际上是一种行动方案，它包含了组织的目标、策略、政策、程序和预算方案。

（一）计划的概念

所谓计划是指管理者确定并选择恰当的组织目标和行动方案的过程。经过计划过程最终形成的组织计划，详细地说明了组织的目标及管理者为实现这些目标所要采取的行动。

计划既是决策所确定的组织在未来一定时期内的行动目标和方式，在时间和空间上的进一步展开，又是组织、领导、控制、创新等管理活动的基础。从动词意义上来说，计划是指为了实现决策所确定的目标预先进行的行动安排。这项行动安排包括：在时间和空间两个维度上进一步分解任务和目标、选择任务和目标实现方式、进度规定、行动结果的检查与控制等。所以，人们有时候用"计划工作"表示动词意义上的计划内涵。

管理者的计划工作就是把计划工作作为一种特定的管理行为，只有组织中每个人都清楚、了解工作的目标和目的，以及实现它们的方法，工作才能取得有效的成果。计划既涉及目标，也涉及达到目标的方法，工作才能取得有效的成果。缺乏计划则会走很多弯路，从而使实现目标的过程失去效率。

计划工作有广义和狭义之分。广义的计划是指制订计划、执行计划和检查计划执行情况三个紧密衔接的工作过程。狭义的计划仅指制订计划,也就是说,根据实际情况,通过科学的预测,权衡客观的需要和主观的可能,提出在未来一定时期内要达到的目标,以及实现目标的途径。它是使组织中各种活动有条不紊地进行的保证。计划工作还是一种需要运用智力和发挥创造力的过程,它要求高瞻远瞩地制订目标和战略,严密地规划和部署,把决策建立在反复权衡的基础之上。

正如哈罗德·孔茨所言,"计划工作是一座桥梁,它把我们所处的此岸和我们要去的彼岸连接起来,以克服这一天堑。"计划工作给组织提供了通向未来目标的明确道路,给组织、领导等管理工作提供了基础,也促进了创新。有了计划工作这一桥梁,本来不会实现的事情就变得可能实现,模糊不清的未来也会变得清晰、实在。

(二) 计划工作的任务

计划工作的任务就是根据社会的需要及组织的自身能力,确定组织在一定时期内的奋斗目标;通过计划的编制、执行和检查,协调和合理安排组织中各方面的经营和管理活动,有效地利用组织的人力、物力和财力等资源,取得最佳的经济效益和社会效益。计划必须清楚地确定和描述这些内容:做什么(What to do it)、为什么做(Why to do it)、何时做(When to do it)、何地做(Where to do it)、谁去做(Who to do it)、怎么做(How to do it)。简称为"5W1H"。

这六个方面的具体含义如下。

(1) what:明确所要进行的活动内容及要求。

(2) why:明确计划工作的原因和目的。

(3) when:规定计划中各项工作的开始和完成时间,以便进行有效控制以及对人力和资源进行平衡。

(4) where:规定计划实施地点和场所,知晓计划实施的环境条件和限制,从而合理地安排计划实施的空间。

(5) who:规定计划工作任务由哪些部门和人员负责,哪些部门协助,哪些部门和人员参加鉴定和审核等,以使各行其是,各负其责。

(6) how:制订实施计划的措施以及相应的政策和规则,对资源进行有效的利用,以达到计划的目标。

除此之外,一个完整的计划还包括控制和考核,也就是告诉计划实施部门或人员做成什么样子,达成什么目标,有什么行为规则。一个好的计划不仅能科学地解决上述六个问题,还为一个组织的发展奠定了基础。

(三) 计划工作的性质

计划工作的性质可以概括为五个主要方面:目的性、首位性、普遍性、效率性和创造性。

1. 目的性

在组织中,每一计划及其派生计划最终目的都是为了促使组织总体目标和各个阶段目标实现。有目标才能有发展,才能寻找最佳发展路径。所以,计划工作具有强烈的目的性,它以行动

2. 首位性

计划工作相对于其他管理职能来说处于首位。把计划工作摆在首位的原因,不仅仅因为从管理过程的角度来看,计划工作先于其他管理职责,而且因为在某些场合,计划工作是付诸实施的唯一的管理职能。计划工作的结果可能得出一个决策,即无须进行随后的组织工作、领导工作及控制工作。例如,对一个是否建立新工厂的计划进行论证,如果得出的结论是,新工厂在经济上是不合算的,那也就没有筹建、组织、领导和控制一个新工厂的问题。计划工作具有首位性的原因,还在于计划工作影响和贯穿组织工作、人员配备、指导和领导工作及控制工作。如图4-1所示概略地描述了这种相互关系。

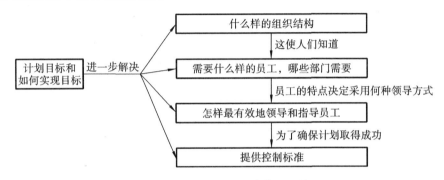

图 4-1　计划领先于其他管理职能

计划工作对组织工作的影响,是可能需要在局部和整体上改变一个组织的结构,建立新的职能部门或改变原有的职权关系。例如,一个企业要开发一种重要的新产品,可能要为此专门建立一个项目小组,并实行一种矩阵式组织结构和职权关系。还可能需要委任新的部门主管,调整和充实关键部门的人员及培训员工等。而组织结构和员工构成的变化,必然会影响领导方式和激励方式。

计划工作和控制工作尤其是分不开的——它们是管理的一对孪生子。未经计划的活动是无法控制的,因为控制就是纠正脱离计划的偏差,以保持活动的既定方向。没有计划指导的控制是毫无意义的,计划是为控制工作提供标准的。此外,控制职能的有效行使,往往需要根据情况的变化拟订新的计划或修改原定计划,而新的计划或修改过的计划又被作为后续进行的控制工作的基础。计划工作与控制工作的这种继续不断的关系,通常被称为计划—控制—计划循环。

3. 普遍性

计划工作是所有管理者无法回避的职能工作。高层管理者不可能也没必要对自己组织内的一切活动做出确切的说明,高层管理者的任务应该是负责制订战略性计划,而那些具体的计划由下级完成。

4. 效率性

任何计划都有计划期的限制,也有实施计划时机的选择。计划的效率性主要是指时效性和经济性两个方面。计划的时效性表现在计划的制订必须在计划期开始之前完成,以及慎重选择计划期的开始时间和截止时间;计划的经济性是指组织计划应该以最小的资源投入而获得尽可能多的产出。

5. 创造性

计划工作总是针对需要解决的新问题和可能发生的新变化、新机会而做出决定的,因而它是一个创造性的管理过程。计划有点类似于一项产品或一项工程的设计,它是对管理活动的设计。正如一种新产品的成功在于创新一样,成功的计划也依赖于创新。综上所述,计划工作是一个指导性、预测性、科学性和创造性很强的管理活动,但同时又是一项复杂而又困难的工作。当前,我国正面临着实现社会主义现代化的宏伟目标,我国企业在对外开放的方针下正面临世界市场的激烈竞争环境,形势要求我们迅速地提高宏观的和微观的管理水平,而加强计划工作、提高计划工作的科学性是全面提高管理水平的前提和关键。

(四)计划工作的作用

哈罗德·孔茨说:"计划是从我们现在所处的位置达到将来预期目标之间架起来的一座桥梁。"具体来说,计划的作用表现在以下五个方面。

1. 指明方向,协调活动

未来的不确定性和环境的变化使行动犹如在大海中航行,应明确现在的位置和处境,时刻把注意力集中在正确的航向上。良好的计划可以明确组织目标,通过科学的计划体系使组织各部门的工作能统一协调,井井有条地展开,使主管人员从日常的事务中解放出来,而将主要精力放在随时检查、修改和对未来不肯定的研究上来。这既能保证计划的连续性,又能保证全面地实现奋斗目标。

2. 预测变化,减少冲击

计划是面向未来的,而未来无论是组织生存的环境还是组织自身都具有一定的不确定性和变化性。计划工作的重要性就在于可以让组织通过周密细致的预测,尽可能地变"意料之外的变化"为"意料之内的变化",制订相应的补救措施,并在需要的时候对计划做必要的修正,变被动为主动,变不利为有利,减少变化带来的冲击,弥补变化带来的问题。

3. 减少重复和浪费

由于计划工作强调了经营的效率和一贯性,能细致地组织经营活动,使得组织经营活动的功用降至最低限度。预先对未来的组织活动进行认真的研究,能够消除不必要的重复的活动所带来的浪费,避免在今后的活动中由于缺乏依据而进行轻率判断所造成的损失。计划工作还有助于用最短的时间完成工作,减少迟滞和等待时间,减少误工损失,促使各项工作能够均衡稳定地发展。因此计划是有效的、经济的组织经营管理活动的工具。

4. 便于有效地进行控制

组织在实现目标的过程中离不开控制,而未经计划的活动是无法控制的,计划是控制的基础。控制活动就是通过纠正脱离计划的偏差来使活动保持既定的方向,控制所有的标准都来自于计划。如果没有既定的目标和规划作为衡量的尺度,管理人员就无法检查组织目标的实现情况,也就无法实施控制。

5. 鼓励干劲,激发士气

计划通常包含有目标、任务、时间安排、行动方案等。由于计划中的目标具有激励人员士气的作用,所以包含目标在内的计划同样具有激励人员士气的作用。不管是长期、中期还是短期计划,也不管是年度、季度还是月度计划,甚至每日、每时的计划都有这种激励作用。例如,有的研究发现,当人们在接近完成任务的时候会出现一种"终末激发"效应,即在人们已经出现疲劳的情况下,当人们看到计划将要完成时会受到一种激励,使人们的工作效率又重新上升,并一直会坚持到完成计划,达到目标。

第二节　计划的种类与选择

一、计划的种类

按照不同的标准,可将计划划分为不同的类型,认识计划的多样性,有利于发挥计划的功能,制订有效的计划。在实践中,由于一些主管人员认识不到计划的多样性,使得在编制计划时常常忽视某些重要的方面,因而降低了计划的有效性。

(一) 按计划期限分类

按计划的期限,可以将计划分为短期计划、中期计划和长期计划。人们习惯性地将1年以内的计划称为短期计划,2~4年的计划称为中期计划,5年以上的计划称为长期计划。当然,这一标准并不是绝对的,或者说,计划期的长短是一个相对的概念。

1. 短期计划

短期计划是指在长期计划指导和规定下,做出较短时间内的具体工作安排。短期计划是为实现组织的短期目标而制订的行动方案。短期计划比中期计划更为详尽,更具操作性,在执行中灵活选择的范围较小。它主要说明计划期内必须达到的目标,以及具体的工作要求,要求能够直接指导各项活动的开展。短期计划与长期计划是相对而言的,两者之间并不存在一个严格的分界线。短期计划不仅表现为时间跨度较短,而且与长期计划相比最本质的不同在于,短期计划是长期计划的具体化,它要具体到具有可操作性,并能变成工作任务分解到组织的每一个成员身上。短期计划具体规定组织各个部门在最近时段里应该从事的工作、应该达到的要求,是组织成员近期行动的依据。如果说长期计划的目的是获得与提升未来的发展能力的话,那么短期计划则主要是有效利用组织已经具有的各种能力,以取得预期的工作效果。

2. 中期计划

中期计划是根据长期计划提出的战略目标和要求,并结合计划期内实际情况制订的计划。它是长期战略目标的具体化,同时又是短期计划目标的依据。中期计划的时间跨度一般为2~4年。中期计划的时限不长,不确定因素较少,可以较准确地制订计划期间内的各项目标。中期计划按年度分列基本指标,为年度计划提供依据。这可以减少每年确定计划指标的数量,有助于地方、部门和企业保持活动的均衡性和连续性。因此,中期计划是长期计划和短期计划之间的中介。同长期计划相比,中期计划的目标更为明确、具体,指标和措施较为详尽。

3. 长期计划

长期计划亦称远景计划,是关系到组织发展远景的计划,是为实现组织的长期目标服务的,其目的是扩大和提升组织的发展能力。长期计划描述了组织在较长时期的发展方向和方针,规定了组织长期的发展蓝图,长期计划只规定组织的长远目标及达到长远目标的总的方法,而不规定具体做法。大量统计研究表明,长期计划工作越来越受到企业的重视,那些有正式长期计划的公司,其业绩普遍胜过没有长期计划或只有一些非正式长期计划的公司。

计划的期限不仅可以作为计划分类的依据,而且可以作为评价计划工作难易程度的标志,因为长期计划持续的时间长,使计划的最后成败难以确定。计划期限的跨度既应服从计划目标的要求,也要考虑组织目标的大小、未来的可预测性程度、组织的经济和技术力量等因素,不能千篇一律。一般来说,巨型组织的长期计划是15年,中型组织的长期计划是10年,小型组织的长期计划是5年。

(二)按职能分类

计划还可以按职能进行分类。这里的"职能"是指企业的职能,而不是管理的五项职能。例如,可以按职能将某个企业的经营计划分为销售计划、生产计划、供应计划、新产品开发计划、财务计划、人事计划、后勤保障计划等。这些职能计划通常就是企业相应的职能部门编制和执行的计划。从而按职能分类的计划体系,一般是与组织中按职能划分的管理部门的组织结构体系并行的。

在一种职能计划中,通常包含着宗旨、目标、战略、政策、规则、程序、规划、预算这些计划形式中的一种或多种。例如,在企业的年度新产品研制计划中,一般要有对计划所依据的企业宗旨、战略和基本政策的说明,年度计划目标的确定,研制项目的技术经济指标和进度的规划,项目预算资金的配备,负责实施项目的部门和负责人的指定,以及考核规则和奖励政策的规则等内容。

将计划按职能进行分类,有助于人们更加精确地确定主要作业领域之间的相互依赖和相互影响关系,有助于估计某个职能计划执行过程可能出现变化,以及对全部计划的影响,并有助于将有限的资源更合理地在各职能计划之间进行分配。

(三)按组织的活动分类

根据组织的活动,可将计划分为:程序性计划和非程序性计划。

程序性计划是为那些经常重复出现的工作或问题而按既定的程序来制订的计划,是针对例行活动的程序化决策而言的。

非程序性计划是对不经常重复出现的非例行活动所制订的计划,是针对例外问题的非程序化决策而言的。

西蒙把组织活动分为两类:一类是例行活动,指一些重复出现的工作,如订货、材料的出/入库等。有关这类活动的决策是经常反复的,而且具有一定的结构,因此可以建立一定的决策程序。每当出现这类工作或问题时,就利用既定的程序来解决,而不需要重新研究。这类决策叫作程序化决策,与此对应的计划是程序性计划。另一类活动是非例行活动,不重复出现,比如新产品的开发、生产规模的扩大、品种结构的调整、工资制度的改变等。处理这类问题没有一成不变的方法和程序,因为这类问题或在过去尚未发生过,或因为其确切的性质和结构捉摸不定或极为复杂,或因为其十分重要而需要用个别方法加以处理。解决这类问题的决策叫作非程序化决策,与此对应的计划是非程序性计划。

(四) 按计划内容的明确性分类

根据计划内容的明确性标准,可以将计划分为具体性计划与指导性计划。

具体性计划,是指具有明确的目标,不存在模棱两可,没有容易引起误解的问题的计划。具体性计划具有非常明确的目标和措施,具有很强的可操作性,一般由基层制订。

指导性计划,是指上级计划单位只规定方向、要求或一定幅度的指标,下达隶属部门和单位参考执行的一种计划形式。在市场经济条件下,国家所制订的经济计划大部分都是这种指导性计划。指导性计划能自觉地运用价值规律,运用经济手段,通过调整各方面的经济利益关系,贯彻和实现计划。实行指导性计划,一方面可以体现国家对经济发展的宏观指导和管理,另一方面也可以给企业留有相当大的机动余地,给企业更多的生产和经营的自主权,使它成为自主经营、自负盈亏、自我约束、自我发展的市场主体。因此,在市场经济条件下,指导性计划具有较为广泛的适用性,是国家宏观调控的一项重要内容。指导性计划只规定某些一般的方针和行动原则,给予行动者较大自由的处置权,它指出重点但不把行动者限定在具体的目标上或特定的行动方案上。相对于指导性计划而言,具体性计划虽然更易于执行、考核及控制,但是缺少灵活性,它要求的明确性和可预见性条件往往很难满足。例如,一个增加利润的具体性计划,可能具体规定在未来 6 个月中成本要降低 4%,销售额增加 6%;而指导性计划也许只提出未来 6 个月使利润增加 5%~10%。显然,指导性计划具有内在的灵活性,具体性计划则更具有明确性。

(五) 按计划涉及的内容分类

按照计划涉及的时间长短和内容范围的广义、狭义的综合性程度标准,可以将计划分为战略性计划和战术性计划。

战略性计划,是指企业根据外部环境和内部资源条件而制订的涉及企业管理各方面(包括生产管理、营销管理、财务管理、人力资源管理等)的带有全局性的重大计划。这种规划一般要定出 5~10 年甚至更长的发展方向,但也不是一次完成后就固定不变的,它是随着企业内部和外部环境的变化而不断修正的一种管理过程。它强调企业组织的整体性,而不限于市场营销一个方面。尽管如此,市场营销部门在企业战略计划中仍起着重要的作用。

战术性计划,是指规定总体目标如何实现的细节的计划,其需要解决的是组织的具体部门或职能在未来各个较短时期内的行动方案。

战略性计划与战术性计划的联系与区别如下。

(1) 战术性计划解决的主要是局部的、短期的及保证战略计划实现的问题等。制订这类计划也需要企业的外部信息,但主要还是依据企业的内部信息,并基本可以按照计划的程序进行,不会有太大的变化。

(2) 战略性计划是应用于整个企业组织,为组织设立总体的较为长期的目标,寻求组织在环境中的地位的计划。战略性计划的计划周期较长,涉及面也较广,计划目标具有较大弹性。制订这类计划的主要依据是包括国家政策等在内的企业外部环境所提供的信息,而外部环境是经常变化的,难以捉摸的,所以战略性计划对制订者有较高的要求。

(3) 战略性计划是战术性计划的依据,战术性计划是战略性计划的落实。
(4) 战略性计划与战术性计划的区别在于:战略性计划的一个重要任务是设立目标,战术性计划则是假设目标已经存在,提供一种可按照一定程序来实现目标的方案。

(六) 按计划的层次分类

按照不同的表现形式,可以将计划分为宗旨、目标、战略、政策、规则、程序、规划和预算等类型。这几类计划的关系可以描述为一个等级层次,如图 4-2 所示。

图 4-2 各种计划类型的关系

1. 宗旨

各种有组织的集体经营活动,如果是有意义的,则都至少应当有一个目的和使命,这种目的和使命是社会对该组织的基本要求,称为宗旨。换句话说,宗旨表明组织是干什么的,应该干什么。例如,一个企业的基本宗旨是向社会提供有经济价值的商品或劳务;法院的宗旨是解释和执行法律;大学的宗旨是培养高级人才。

2. 目标

一定时期的目标或各项具体目标是在宗旨指导下提出的,它具体规定了组织及其各个部门的经营管理活动在一定时期要达到的具体成果。目标不仅是计划工作的终点,而且也是组织工作、人员配备、指导与领导工作和控制活动所要达到的结果。确定目标本身也是计划工作,其方法与制订与其他形式的计划类似。从确定目标起,到目标分解,直至最终形成一个目标网络,不但本身是一项严密的计划过程,而且是构成组织全部计划的基础。

3. 战略

战略是为实现组织或企业长远目标所选择的发展方向、所确定的行动方针,以及资源分配方针和资源分配方案的一个总纲。战略是指导全局和长远发展的方针,它不是要具体地说明企业如何实现目标,因为说明这一切是许多主要的和辅助的计划任务。战略是要指明方向、重点和资源分配的优先次序。

4. 政策

政策是组织在决策时和处理问题时用来指导和沟通思想与行动方针的明文规定。作为明文规定的政策,通常列入计划之中,而一项重大的政策,则往往单独发布。政策有助于将一些问题事先确定下来,避免重复分析,并给其他派生的计划一个全局性的概貌,从而使主管人员能够控制住全局。制订政策还有助于主管人员把职权授予下级。政策的种类是很多的。例如:企业销售部门鼓励顾客用现金支付货款的优惠政策;人力资源部门对超额完成任务者给予奖励的政策;国家对经济特区实行的吸引外资和进出口方面的特殊政策等。

既然政策是决策时考虑问题的指南,所以它必须有斟酌决定的自由。政策要规定范围和界限,但其目的不是要约束下级,使下级不敢擅自决策,而是鼓励下级在规定的范围内自由处置问题,主动承担责任,是要将一定范围内的决策权授予下级,这是政策与规则的主要区别。例如,上级主管部门定期更新改造项目的立项审批权一般都规定一个限额,这是一种政策。它把凡低于规定限额的更新改造项目的立项审批权下放给企业,只是那些超过限额的项目才上报上级主管部门审批。

5. 规则

规则也是一种计划,只不过是一种最简单的计划。它是对具体场合、具体情况,允许或不允许采用某种特定行动的规定。规则常常与政策和程序相混淆。所以要特别注意区分。规则与政策的区别在于规则在应用中不具有自由处置权;规则与程序的区别在于规则不规定时间顺序,可以把程序看成一系列规则的总和。规则和程序,就其实质而言,旨在抑制思考。所以,有些组织只是在不希望它的员工运用自由处理权的情况下才加以采用。

6. 程序

程序也是一种计划,它规定了如何处理那些重复发生的例行问题的标准方法。程序是指如何采取行动,而不是指如何去思考问题。程序的实质是对所要进行的活动规定时间顺序,因此程序也是一种工作步骤。制订程序的目的是减轻主管人员决策的负担,明确各工作岗位的职责,提高管理活动的效益和质量。此外,程序通常还是一种经过优化的计划,它是对大量日常工作过程及工作方法的提炼和规范化。程序是多种多样的,几乎可以这样说,组织中所有重复发生的管理活动都应当有程序。管理的程序化水平是管理水平的重要标志,制订和贯彻各项管理工作的程序是组织的一项基础工作。

7. 规划

规划是为了实施既定方针所必需的目标、政策、程序、规则、任务分配、执行步骤和使用的资源等而制订的综合性计划。计划有大有小:大的如国家科学技术发展规划;小的如企业中质量管理小组的活动规划等。规划有长远的和近期的,如中国国民经济发展五年计划及企业职工培训规划等。规划一般是粗线条的、纲要性的。

8. 预算

预算作为一种计划,是以数字和货币表示预期结果的一种报告书。它也可称为"数字化"的计划,如企业中的财务收支预算,也可称为"利润计划"或"财务收支计划"。预算可以帮助组织和企业的上层及各级管理部门的主管人员,从资金和现金收支的角度,全面地、细致地了解企业的经营管理活动规模、重点和预期成果。例如,某企业的财务预算包括利税计划、流动资金计划、财务收支计划,财务收支明细计划和成本计划等。其中,财务收支明细计划表详细地规划出企业各管理部门的主要收支项目的金额数量。

预算也是一种控制方法。预算工作的主要优点是它促使人们去详细制订计划,去平衡各种计划。由于预算总要用数字来表现,所以它能使计划工作做得更细致、更精确。

二、选择计划类型标准

在有些情况下,长期计划可能更重要,而在其他情况下可能正相反。类似的,在有些情况下指导性计划比具体性计划更有效,而换一种情况却未必如此。那么,决定不同类型计划有效性的因素有哪些呢?

(一) 组织的规模和管理层次

大型组织通常分层次制订不同性质的计划,小型组织的计划往往简单得多。在组织成立起初,以指向性计划为主。在某些个人成立的组织的起初阶段,甚至没有正式计划。大型组织与小型组织的使命陈述和愿景陈述有明显的区别。大型组织一般有明确而清晰的使命陈述和愿景陈述;小型组织即使有使命陈述和愿景陈述,也会更具体一些。组织越大,目标的制订就越重要,而且还要制订完成各种目标的方法。组织越规范,则常用计划越普遍。

在管理层次与计划类型之间的关系上,一般认为,基层管理者所制订的计划主要是具体的作业计划,而高层管理者制订的计划主要是指向性的战略性的计划。

组织的管理层次与计划类型之间的关系图如图 4-3 所示。

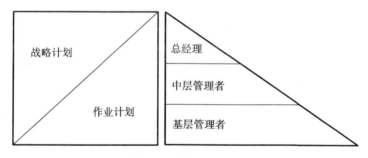

图 4-3　组织的管理层次与计划类型之间的关系图

(二) 组织的生命周期

组织要经历一个生命周期,即开始于形成阶段,然后是成长阶段、成熟阶段,最后是衰退阶段,如图 4-4 所示。

组织处于形成期时,各项目标具有一定的尝试性,各类不确定因素很多,所以,计划的重点应放在其方向性、指导性上;当组织进入成长期时,此时组织的目标一般已经比较清晰,资源的取得也比较稳定,因此,计划的重点可放在具体的操作性上,但为了保持灵活性,仍应侧重于短期的计划;当组织进入成熟期时,这时组织面临的不确定性和波动性最少,计划的重点可放在长期的、具体的可操作性计划上;当组织进入衰退期时,此时组织面临的变化和波动又将增多,计划的重点又重新放在短期的、指导性的内容上。

当然,对于营利性组织(企业)而言,以产品的生命周期特征来选择计划类型,其表述与上面内容的基本类似。

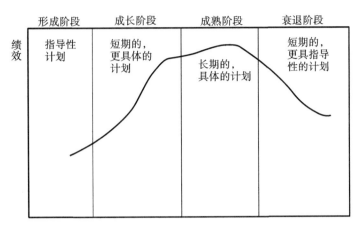

图 4-4 组织的生命周期图

(三) 环境的不确定性程度

组织都会面临着环境的问题,按照环境的不确定性程度,不同计划的有效性受到影响。稳定的环境适用长期具体的计划,不稳定的环境适用短期指向性计划。

企业是典型的组织形式。对于企业而言,在创业期面临很大的不确定性,资金有限,只进行有限的创新和人力资本投资,更多的是模仿,没有理由付出太多的精力进行事前计划和研究。创业追逐的是机会,存在"正面我赢,反面我也输不多"的特征。这时,往往是机会主义或短期的,而不是科学的或战略性的,制订全面的计划的成本将大于其收益。不确定性给创业者带来了两种结果:一是高风险,二是高利润。但是,企业发展到一定程度,就应开始避免不确定性。公司到一定的规模,必须系统地搜寻市场机会;否则,损失的将是市场份额和竞争地位。系统地搜寻市场机会和抓住一个不确定性的机会明显不同,最大的不同点是计划性。计划性的表现是系统性。系统地搜寻市场机会,也就是有计划有目标地找到确定的市场机会。系统地搜寻使效率和效果大大提高。系统性地吸收和培养(培训)所需要的人才,可以大大提高工作效率和工作效果。系统地进行产品研发,避免了研发的无效和失败,目的性的引导也加快了研发的速度。

(四) 管理者对计划的态度和经验

管理者对计划的片面认识会影响计划的实施效果。过于依赖计划的管理者或疏于计划、专注事务的管理者,以及把计划作为争取资源手段的管理者,都是不称职的。在缺少足够的控制技术和信息资料的情况下,计划制订者的经验对计划编制的质量能起到一定作用。但计划作为一个理性的过程,也不能过分地依赖制订者的经验。

第三节 编制计划

一、编制计划的程序

任何编制计划的程序,工作步骤都是相似的,依次包括八个步骤,如图 4-5 所示。

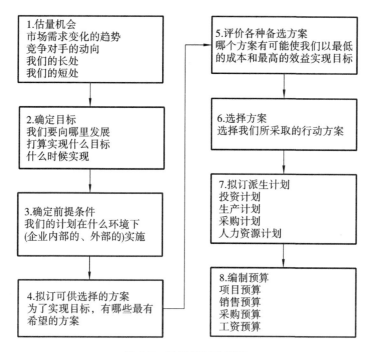

图 4-5 计划编制的程序

（一）估量机会

估量机会是对管理者在环境中可能取得成功的机会进行估量，这项工作并非计划的正式过程，但它是整个计划工作的起点。其内容包括：①对未来可能出现变化和预示的机会进行初步分析，形成判断；②根据自己的长处和短处搞清楚自己所处的地位；③了解自己利用机会的能力；④列举主要的不肯定因素，分析其发生的可能性和影响程度；⑤在反复斟酌的基础上，下定决心，扬长避短。

在估量机会时，通常采用 SWOT 分析法。这种方法对企业内部条件的优势（strengths）、劣势（weaknesses）和外部环境的机会（opportunities）、威胁（threats）进行分析，目的是找出企业的优势（强项）与劣势（弱项），并依据企业的优势与劣势情况，充分利用其优势把握环境中的机会、避开环境中的威胁，或利用环境中的机会强化企业的优势、弥补企业的劣势。在这个过程中，管理者应明确组织期望的结果，分析存在的问题和成功的机会，把握机会所需要的资源和能力，列举主要的不肯定因素，分析其发生的可能性和影响程度，在反复斟酌的基础上，扬长避短，下定决心，从而确定可行性目标。

（二）确定目标

计划工作的第一个步骤，是为整个企业所属的每个下属单位确定计划工作的目标。确定目标阶段要注意解决以下三个问题。

(1) 确定目标的内容和顺序。

(2) 选择适当的目标时间，即对我们选定的目标，需要多长的时间来达成。

(3) 目标要有明确的科学指标和价值，尽可能数量化。

(三) 确定前提条件

计划工作的第二个步骤,是确定一些关键性的计划前提条件,并使设计人员对此取得共识,所谓计划工作的前提条件就是计划工作的假设条件,换言之,即计划实施时的预期环境。负责计划工作的人员对计划前提了解得越细越透彻,并能始终如一地运用它,则计划工作也将做得越协调。

按照组织的内外环境,可以将计划工作的前提条件分为外部前提条件和内部前提条件;还可以按可控程度,将计划工作前提条件分为不可控的、部分可控的和可控的三种前提条件。前述的外部前提条件多为不可控的和部分可控的,而内部前提条件大多是可控的。不可控的前提条件越多,不肯定性越大,就越需要通过预测工作确定其发生的概率和影响程度的大小。

(四) 拟订可供选择的方案

计划工作的第三个步骤,是调查和设想可供选择的行动方案。通常,最显眼的方案不一定就是最好的方案。在过去的计划方案上稍加修改和略加推演也不会得到最好的方案。这一步骤需要发挥创造性。此外,方案并非越多越好。即使可以采用数学方法和借助电子计算机的手段,还是要对候选方案的数量加以限制,以便把精力集中在少数最有希望的方案的分析上。

(五) 评价各种备选方案

计划工作的第四个步骤,是按照前提和目标来权衡各种因素,比较各个方案的利弊。对各个方案进行评价。评价实质上是一种价值判断,它一方面取决于评价者所采用的评价标准,另一方面取决于评价者对各个标准所赋予的权重。显然,确定目标和确定计划前提条件的工作质量,直接影响方案的评价。在评价方法方面,可以采用运筹学中较为成熟的矩阵评价法、层次分析法,以及在条件许可的情况下采用多目标评价法。

(六) 选择方案

计划工作的第五个步骤,是选定方案。这是在前四个步骤工作的基础上做出的关键一步,也是决策的实质性阶段——抉择阶段。可能遇到的情况是,有时会发现同时有两个可取的方案。在这种情况下,必须确定出首先采取哪个方案,而将另一个方案也进行细化和完善,并作为备选方案。

(七) 拟订派生计划

派生计划即辅助计划,也就是总计划下的分计划。其作用是支持基本计划的贯彻落实。总计划靠派生计划来扶持,只有派生计划完成了,总计划才有保证。

(八) 编制预算

计划的最后一个步骤就是要将之转化为预算,使之数字化。企业的全面预算体现收入和支出的总额、所获得的利润或者盈余以及主要资产负债项目的预算。如果预算编制得好,则可以成为汇总各种计划的一种手段,也可以成为衡量计划完成进度的重要标准。

计划程序说明表见表 4-1。

表 4-1 计划程序说明表

估量机会	顾客需要什么？市场竞争如何？组织的长短处有哪些
确定目标	本组织向哪里发展？要实现什么？什么时候实现
确定前提条件	外部的制约因素有哪些？内部的限定条件有哪些
拟订可供选择的方案	为实现组织目标，有哪些可行的途径和办法
评价各种备选方案比较	各种方案收益和代价如何？
选择方案	哪一个方案可以比较小代价较好地实现组织目标
拟订派生计划	把方案变成可以操作的、完整的行动计划，如采购等
编制预算	确定各项行动计划所需的资源数量，如人力、财力、物力

二、编制计划的方法

（一）滚动计划法

滚动计划法是一种定期修订未来计划的方法。这种方法根据计划的执行情况和环境变化的情况来定期修订未来的计划，并逐期向前推移，将短期计划、中期计划和长期计划有机地结合起来。由于在计划工作中很难准确预测到影响未来发展的各种环境的变化，而且计划期限越长，这种不确定性就越大。因此，若硬性地按几年前制订的计划实施，可能会导致重大的损失。滚动计划法则可以减少甚至避免这种不确定性所带来的不良后果。

滚动计划法的具体做法是在计划制订时，同时制订未来若干期的计划。计划内容采用近期细、远期粗的办法，即近期计划尽可能地详尽，远期计划的内容则较简略。在计划的第一阶段结束时，根据该阶段计划执行情况和内外部环境变化情况，对原计划进行修订，并将这个计划向前滚动一个阶段，以后根据同样的原则逐期滚动。为期五年的滚动计划制订的方法如图 4-6 所示。

1. 滚动计划法的优点

滚动计划法适用于任何类型的计划，其缺点是计划编制的工作量较大，其优点主要有以下三点。

1）计划切合实际

由于滚动计划法相对缩短了计划周期，加大了对未来估计的准确性，能更好地保证计划的指导作用，从而提高了计划的质量。

2）长期计划、中期计划和短期计划相互衔接

滚动计划法可以使长期计划、中期计划和短期计划相互衔接，使短期计划内部各阶段相互衔接，这就保证了滚动计划法能根据环境的变化及时地进行调节，并使各期计划保持基本一致。

3）增强了计划的弹性

滚动计划法最突出的优点是计划更加切合实际，并且使战略性计划的实施更加切合实际。战略性计划具有应用于整体组织、为组织未来较长时期（通常为 5 年以上）设立总体目标和寻求

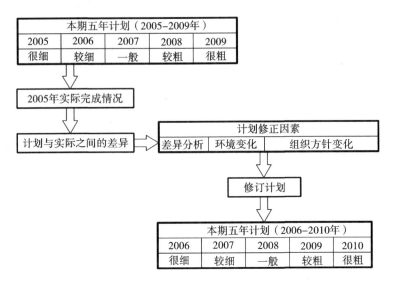

图 4-6　为期五年的滚动计划制订的方法

组织在环境中的地位的特征。因为人们无法对未来的环境变化做出准确的估计和判断,所以计划期限越长,不准确性就越大,其实施难度就越大。滚动计划相对缩短了计划期限,增强了计划的弹性,加大了计划的准确性和可操作性,是战略性计划编制和实施的有效方法。

2. 编制滚动计划法应注意的事项

在编制滚动计划的过程中,应注意做到以下几点。

(1) 按"远粗近细"的原则将短期计划、中期计划、长期计划有效地结合起来。长期计划重在把握发展方向,中期计划要有比较明晰的发展目标,短期计划必须有具体指标和确定的行动。若综合计划中缺少了短期计划、中期计划、长期计划的一项或两项,滚动计划就会失衡,难以"滚动"起来。

(2) 明确了修正因素。修正因素包括三个方面:一是检查滚动期内原计划与执行结果之间的差异,并分析原因;二是了解组织环境发生了哪些变化及其对计划产生的影响;三是明确组织自身的战略、目标、方针、资源、核心能力等因素的变化或调整。

(3) 在对修正因素全面分析的基础上按照(1)的要求形成新一轮的滚动计划。一个良好的滚动计划反映着组织的较强学习能力和全面计划管理能力。滚动计划法使长期计划、中期计划与短期计划相互衔接,短期计划内部各阶段相互衔接。这就保证了即便环境变化出现某些不平衡状况时,也能及时地进行调节,使各期计划基本保持一致。这种方法大大加强了计划的弹性,对环境剧烈变化的时代尤为重要,可以提高组织的应变能力。运用滚动计划法来编制企业的长期计划和年度计划,能使企业适应市场变化的需要,同时也能保持企业生产的稳定性和均衡性,是企业进行全面计划管理的一种科学的方法。

(二) 网络计划法

当代的许多管理活动有两个显著的特点:一是时间成为做任何事都必须考虑的重要因素;二是协作关系十分复杂。要求在规定的时间里,利用有限的资源去完成十分复杂的工程项目。这对计划与控制工作提出了很高的要求,需要有一套科学的计划与控制方法。网络计划法就是适应这种需要而发展出的一种行之有效的科学管理技术。

1. 网络计划法的由来和含义

网络计划法最早开始于1956年,美国杜邦公司在一个化工厂的筹建过程中用关键路线方法,第一年就节约开支约100万美元。后来此方法又用于该公司的大检修上,原来需要125小时,结果只需要78小时。1858年,美国海军武器局用计划评审技术来解决北极星导弹制造的计划协调问题。20世纪60年代后,计划评审技术和关键路线法融合为网络计划法。据国外统计,利用网络计划法,工程一般可缩短生产周期的20%,节约资金5%~10%。

网络计划法是指许多相互联系与相互制约的活动按所需资源与时间及其顺序安排的一种网络状计划方法。它的基本原理是:运用网络图来表达一个工程的计划,反映工程各项具体工作的顺序和相互关系;在此基础上进行网络分析,通过分析计算各时间参数,确定关键路线及关键工序,经过调整,不断改进网络计划,求得工期、资源和成本的优化方案,以达到用最少的时间和最少的资源消耗来完成系统预定目标的一种计划与控制方法。

2. 网络计划法的应用范围

网络计划法在整个工业部门几乎或多或少地都可以应用。当然,网络计划法最适用于一次性的大型工程项目,如航空航天工业、国防建设的重点项目、科研项目、造船、建筑、新产品试制和设备维修等。它既可以应用于全部工程的整体计划,也可以应用于局部工程计划。一般来说,工程规模越大越复杂,应用网络计划法越有效。从企业生产产品来看,对按"期"组织的单件小批生产类型也是适用的。

3. 网络图的组成

图4-7所示为一张经过简化了的某项工程的网络图。

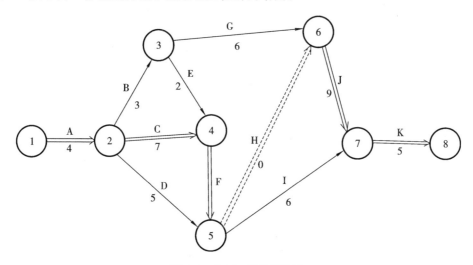

图4-7 某项工程的网络图

网络图的构成要素有工序、节点和路线。

1) 工序

工序是指一项有活动内容的,需要有人力、物力参与的,经过一定时间后才能完成的生产过程或活动过程。例如,机床大修时的拆卸、清洗、检查、零件修理、零件加工、总装和调试等。此外,还有一种工序是虚设的,不需要消耗各种资源和时间,但是通过虚设工序可以表明一个工序与另一工序之间的相互逻辑关系。

箭线式网络图以箭线代表一个工序及其所需消耗的时间和资源等。英文字母为工序的代号;箭线的箭尾节点表示该工作的开始;箭头节点表示该工作的完成;箭线下面的数字表示为完成该工序所需的时间;箭头与箭尾衔接的地方画上圆圈,并编上号码。虚工序在箭线式网络图中以虚箭线来表示。

2) 节点

在箭线式网络图中,箭线的开始和结束点叫节点,用圆圈表示。节点既不消耗资源,也不占用时间和空间,只代表了某些工序的开始和结束的瞬时。在节点中有一个原始节点代表一个工程的开始,有一个结束节点代表一个工程的结束。

3) 路线

从原始节点开始沿着箭头的方向连续不断地到达结束节点的每条通道,都叫路线。

4) 关键路线

在所有路线中,总作业时间最长的那条路线称为关键路线。因为它的完成时间决定了整个工程的总完成工期。可以用粗线、红线或双线表示,位于关键路线上的工序,称为关键工序。关键路线并非一成不变,在一定的条件下,例如,如果合理地对各个工序的人力、物力和技术进行改变,关键路线和非关键路线可以相互转换,可以使关键路线的作业时间缩短。

(三) 投入产出法

投入产出分析法,是用数学方法从数量方面对国民经济各部门或组织内各组成部分及各环节之间的相互依存、相互制约关系进行研究的一种方法。它认为任何系统的经济活动都包括投入和产出两部分。所谓投入就是将人力、物力和财力投入生产的过程,并在其中被消耗,这是生产性的消费;所谓产出是指生产活动的结果,主要包括物质产品和服务产品。投入产出分析法是一种综合计划方法。首先,要根据某一年份的实际统计资料求出各部门之间的投入与产出的一定比例,编制投入产出表。其次,计算出直接消耗系数和间接消耗系数(合计便是完全消耗系数)。最后,进一步根据某些部门最终产品的要求(供居民消费或政府使用和出口的最终消耗)算出各部门应达到的指标,并以此为依据进行综合计划。投入产出分析法有以下两个主要特点。

(1) 反映了各部门(或各类产品)的技术经济结构,可以合理安排各种比例关系,特别是在综合平衡方面,它是一种有效的手段。

(2) 在计划编制过程中,不仅能充分利用现有的统计资料,而且能建立各种统计指标之间的内在关系,使统计资料系统化。投入产出表是一个能够比较全面反映经济过程的数据库,可用来进行多种经济分析和经济预测。

(四) 运筹学方法

计划工作较全面的分析方法之一就是运筹学,它是"管理科学理论"的基础。就内容来讲,运筹学又是一种分析的、实验的和定量的科学方法,用于研究在物质条件(人、财、物)已定的情况下,为了达到一定的目的,如何统筹兼顾整个活动所有各个环节之间的关系,为选择一个最好的方案提供数量上的依据,以便能为最经济、最有效地使用人、财、物做出综合性的合理安排,取得最好的效果。

运筹学实际上起源于20世纪初叶的科学管理运动。例如：泰勒和吉尔布雷斯夫妇等人首创的时间和动作研究，甘特发明的"甘特图"，以及丹麦数学家厄兰1917年对丹麦首都哥本哈根市电话系统排队问题的研究等，应当是最早的运筹学。第二次世界大战中，为适应战争的需要，发展出了现代运筹学的一个最成熟的分支——线性规划。随后，随着计算技术的进步和计算机的普及，像非线性规划、动态规划、整数规划、图论、排队论、对策论、库存论、模拟等一系列重要分支也逐步发展和完善起来。

在计划工作中应用运筹学的一般程序包括以下主要步骤。一是，建立问题的数学模型。首先根据研究目的对问题的范围进行界定，确定描述问题的主要变量和问题的约束条件，然后根据问题的性质确定采用哪一类运筹学方法，并按此方法将问题描述为一定的数学模型。为了使问题简化和突出主要的影响因素，需要做各种必要的假定。二是，规定一个目标函数，作为对各种可能的行动方案进行比较的尺度。三是，确定模型中各参量的具体数值。四是，求解模型，找出使目标函数达到最大值（或最小值）的最优解。通常，即使是求一个很简单的管理问题模型的最优解，也要编制计算机程序上机运算。

20世纪50年代和60年代是运筹学研究和应用的鼎盛时期，但也有一些管理学家对运筹学的作用提出怀疑。他们对运筹学的批评大多集中在如下两个根本的问题上。

（1）任何模型的应用都必须满足一定的条件，在究竟是让模型适合问题，还是让问题适合模型这一点上，许多运筹学家实际上是在让管理问题"削足适履"。他们将原始问题加以抽象，直到数学难点或计算难点都被舍去为止，从而使问题的解答失去实际应用价值。

（2）运筹学最终要得到问题的最优解，而从管理实践的角度来看，由于决策目标通常有多个，且各个目标间又存在冲突，因此，最终的解决方案只能折中。只要能给出一个近似的、比不用数学方法而单靠经验和直觉所得出的足够好的结果来就很令人满意了。管理者实际需要的是这种"满意解"，而不是附加了各种假定条件的"最优解"。

目前，批评的观点正促使运筹学家改进运筹学的方法。计算机模拟技术的发展和应用就是一种向着更加实用方向的巨大进步。不过，对于计划工作人员来说，有一点需要注意的是，认为某个问题在本质上就是定性的，在未做定量分析的尝试之前就武断地认为不可能用数学模型来描述，是不负责任的管理观念。

三、计划工作的原理

按照《辞海》的释意，"原理"意为"通常指科学的某一领域或部门中具有普遍意义的基本规律。"据此，管理原理就是对管理过程基本规律的一种理论概括，使之成为概念，用以指导日常管理工作。对原理的运用应结合当时当地的实际情况。计划工作作为一种基本的管理职能活动，也有自己的规律，自然也有自己的原理。计划工作的主要原理有限定因素原理、许诺原理、灵活性原理和改变航道原理。

（一）限定因素原理

所谓限定因素，是指妨碍组织目标实现的因素，也就是说，在其他因素不变的情况下，仅仅改变这些因素，就会影响组织目标的实现程度。限定因素原理可以表述如下：主管人员越是能够了解对达到目标起主要限制作用的因素,就越能够有针对性的、有效的拟订各种行动方案。限定因素原理有时被形象地称作"木桶原理"。其含义是木桶能盛多少水,取决于木桶上最短的那块木板条。限定因素原理表明,主管人员在制订计划时,必须全力找出影响计划目标实现的主要限定因素或战略因素,有针对性地采取得力措施。

(二) 许诺原理

许诺原理可以表述为任何一项计划都是对完成各项工作所做出的许诺,许诺越大,实现许诺的时间就越长,实现许诺的可能性就越小。

计划必须有期限的要求,事实上,对于大多数情况来说,完成期限往往是对计划的最严厉的要求。体现在"许诺原理"上,即合理计划工作要确定一个未来的时期,这个时期长短取决于实现决策中所许诺的任务所必需的时间。必须合理确定计划期限,而且不应随意缩短计划期限。每项计划的许诺不能太多,因为许诺(任务)越多,则计划时间越长。如果主管人员实现许诺所需的时间长度比他可能正确预见的未来的期限还要长,如果他不能获得足够的资源,使计划具有足够的灵活性,那么他就应当减少许诺,或是将它所许诺的期限延长。

(三) 灵活性原理

灵活性原理可以表述为计划中体现的灵活性越大,由于未来意外事件引起损失的危险性越小。必须指出,灵活性原理指的是在制订计划时要留有余地,至于执行计划,则一般不应有灵活性。为了确保计划本身具有灵活性,在制订计划时,应量力而行,适当留有余地。本身具有灵活性的计划又称为"弹性计划",即能适应变化的计划。

计划必须具有灵活性,即当出现意外情况时,有能力改变方向而不必花太大的代价。对主管人员来说,灵活性原理是计划工作中最重要的原理,在承担的任务重,而目标计划期限长的情况下,灵活性便显出它的作用。当然,灵活性是有一定限度的,它的限制条件有以下几点。一是,不能总是以推迟决策的时间来确保计划的灵活性。二是,由于编制具有灵活性的计划需要付出代价,所以,要考虑计划的灵活性所付出的代价。三是,有些情况往往根本无法使计划具有灵活性。例如,企业销售计划在执行过程中遇到困难,可能影响企业既定目标的实现,如果允许其灵活处置,则可能危及全年利润计划,从而影响新产品开发计划、技术改造计划、供应计划,工资增长计划和财务收支计划等方面,这导致企业的主管人员经过反复权衡时,不得不动员一切力量来确保销售计划的完成。

(四) 改变航道原理

因为未来情况随时都可能发生变化,制订出来的计划就不能一成不变。计划制订出来后,计划工作者就要管理计划,促使计划的实施,而不能被计划所"管理",不能被计划框住。必要时可以根据当时实际情况做必要的检查和修订。

尽管人们在制订计划时遇见了未来可能发生的情况,并制订出相应的应变措施,但正如前面所提到的,一是不可能面面俱到,二是情况是在不断变化的,三是计划往往赶不上变化,总有一些问题是不能预见的,所以要定期检查计划。如果情况已经发生变化,需要调整计划和重新制订计划。就像航海家一样,必须经常核对航线,一旦遇到故障就可绕道而行。改变航道原理可以表述为计划的总目标不变,但实现目标的进程(及航道)可以因情况的变化随时改变。这个原理与灵活性原理不同,灵活性原理是使计划本身具有适应性,而改变航道原理是使计划执行过程具有应变能力,为此,计划工作者就必须经常检查计划,重新调整计划、修订计划,以达到预期的目标。

四、计划工作书的编制

计划书是党政机关、企事业单位、社会团体对今后一段时间的工作、活动做出预想和安排的一种事务性文书。要有效地避免工作的盲目性,必须前有计划、后有总结。计划能够建立起正常的工作秩序,明确工作的目标,是领导指导、检查,群众监督、审查工作成绩的依据。计划也是一段时间过后本单位总结工作时的基本标准,计划完成或超额完成,说明工作成绩是突出的;相反,没有完成工作计划,则说明工作存在严重的问题。在实践中,计划有许多名称,如安排、要点、设想、预想、方案、规划、打算等。

(一) 工作计划书

工作计划书是对即将开展的工作的设想和安排,是为了达到其发展目标之目的,在经过前期对项目科学地调研、分析、收集与整理有关资料的基础上,根据一定的格式和内容的具体要求而编辑整理的书面材料。可将工作计划书大体分为标题、正文、结尾三个部分。

1. 标题

计划的标题的常规写法由单位名称、适用时间、指向事务、文种四个要素组成,如"××建筑工程安装公司2017年工作计划""××大学××学院2016—2017年第一学期教学工作计划"。

2. 正文

正文,由前言和计划事项构成。前言是计划的开头部分,简明扼要地表达出制订计划的背景、根据、目的、意义、指导思想等,一般一两个自然段即可。前言常用"为此,今年(或某一时期)要抓好以下几项工作"作结,并领起下述的计划事项。

计划事项是主体部分,要一一列出准备开展的工作(学习)、任务,并提出步骤、方法、措施、要求。这是计划最重要的内容,也是篇幅最大的一部分。通常主体部分由于内容繁多,需要分层、分条撰写。常见的结构形式如下:用"一、二、三……"的序码分层次,用"(一)、(二)、(三)……"加"1.2.3.……"的序码分条款。具体如何分层递进,依内容的多少及其内在的逻辑性而定。

3. 结尾

结尾可以用来提出希望、发出号召、展望前景、明确执行要求等,也可以在条款之后就结束全文,不写专门的结尾部分。计划在结尾之后,还要署明单位名称和制订计划的具体时间,如果以文件的形式下发,还要加盖公章。

(二) 活动计划书

活动计划书通常也称活动策划书,是拟将开展活动的实施指导、依据和规范。它为活动的开展提供一个蓝本和标准。制订活动计划书的目的是方便计划制订者随时查看项目进展,管理层能够对活动结果进行有效评估,以便获得更好的活动效果。一份活动计划书通常包括标题、正文和附件三个部分。

1. 标题

标题应有制订计划的组织的名称、活动的内容、活动方式及文种，如"信息学院演讲活动计划书"。

2. 正文

这是计划书中最重要的部分。正文的内容因活动种类的不同而有所不同，但必须以让读者能一目了然为原则，切忌过分纷杂。正文部分通常包括以下内容。

一是，背景分析。这部分就提出活动的背景情况进行陈述与分析，通常可在以下项目中选取内容重点阐述：基本情况简介、主要执行对象、近期状况、组织部门活动开展的原因、社会影响以及相关的目的动机。

二是，活动目的、意义和目标。应用简洁明了的语言将目的要点表述清楚；在陈述目的要点时，该活动的核心构成或策划的独到之处，以及由此产生的意义（经济效益、社会利益、媒体效应等）都应该明确写出。活动目标要具体化，并需要满足重要性、可行性、时效性。

三是，本次活动的主题词。用一句简练、新颖、独特、有感染力的语言概括本次活动的宗旨、目的、意义，使活动主题更加突出。

四是，本次活动的主办单位、协办单位、赞助单位及承办单位。主办单位、协办单位、赞助单位或承办单位必须一一"对号入座"，切不可混淆而影响责、权、利的划分。

五是，本次活动的时间、地点、参加者及邀请者。应写明活动的时间、地点和参加者的来源、人数、具体落实的情况。

六是，本次活动的实施方案。这是计划书的核心和"重头戏"，也是本次公共关系专题活动的创意体现和水平检验。每项具体活动项目应包括活动名称、活动目的及在整个活动中的地位、作用，活动主要内容、方式和基本要求，项目负责人、参与者及分工，项目完成时间及进度表，经费、设备总量和分配，所需的传播媒介及场地等。

3. 附件

附件主要是指策划的相关资料。这部分内容可附也可不附，只是给计划参与者提供参考。资料不能太多，择其要点而附之。

第四节 计划的执行——目标管理

【案例 4-1】

朝着目标前进

父子俩在雪地上玩耍，玩打雪仗玩腻了，父亲便指着前方不远处的一棵树对儿子说："你看到前面那棵树没有？我们来场比赛，从这里出发，一直走到那棵树那里，谁在雪地上踩踏出的脚印连成的线最直，谁就算赢了。"儿子一听，觉得这个挑战性游戏很有趣，就一口答应了。儿子小心翼翼地走着，边走边盯着自己的脚，生怕踩出的脚印不直，虽然感觉走得很直，等走到树下面的时候，回头一望，却大失所望，身后的脚印，形成了一些不规则的曲线；父亲走的时候，好像忘了自己的脚似的，眼睛目视前方那棵树，快速一路走过去，身后的脚印就如用尺子画过一样笔直。为何父亲比儿子走得直多了呢？因为父亲的眼睛一直盯着前方的目标，也就是那棵树；而儿子呢，走着走着，就把目标给忘了，等发现走偏了，只好重新矫正，反复多次，就形成了一些曲线。

认准目标，才能有效实现目标，才不会偏离航线。

思考题

为什么父子俩踩踏出来的脚印连成的线会不同？这个故事给你什么启示？

一、目标管理含义

目标管理，是以目标的设置和分解、目标的实施及完成情况的检查、奖惩为手段，通过员工的自我管理来实现企业的经营目的的一种管理方法。所谓目标管理，就是指组织的最高领导层根据组织面临的形势和社会需要，制订出一定时期内组织经营活动所要达到的总目标，然后层层落实，要求下属各部门主管人员，以及每个员工根据上级制订的目标和保证措施，形成一个目标体系，并把目标完成的情况作为各部门或个人考核的依据。

目标管理方法最早是由管理学家彼得·德鲁克于1954年在《管理实践》一书中提出，它是彼得·德鲁克所发明的最重要、最有影响的概念，并已成为当代管理体系的重要组成部分。他认为："企业的使命和任务，必须转化为目标"，企业的各级主管必须通过这些目标对下级进行领导，以此来达到企业的总目标。如果一个范围没有特定目标，则这个范围必定会被忽视，如果没有方向一致的分目标来指导各级主管人员开展工作，则企业规模越大，人员越多时，发生冲突和浪费的可能性就越大。

目标管理的概念可以从以下几个方面的特点来理解。

（一）目标管理是参与管理的一种形式

目标的实现者同时也是目标的制订者，即由上级与下级在一起共同确定目标。首先确定出总目标，然后对总目标进行分解，逐级展开，通过上下协商。制订出企业各部门、各车间以及每个员工的目标；用总目标指导分目标，用分目标保证总目标，形成一个"目标一手段"链。

（二）强调"自我控制"

目标管理既重视科学管理，又重视人的因素，强调员工的自我控制。彼得·德鲁克认为，员工是愿意负责的，是愿意在工作中发挥自己的聪明才智和创造性的，如果我们控制的对象是一个社会组织中的"人"，则我们应"控制"的必须是行为的动机，而不应当是行为本身，也就是说必须以对动机的控制达到对行为的控制。目标管理的主旨在于，用"自我控制的管理"代替"压制性的管理"，它使管理人员能够控制他们自己的成绩。这种自我控制可以成为更强烈的动力，推动他们尽自己最大的努力把工作做好，而不仅仅是"过得去"就行了。

（三）促使下放权力

集权和分权的矛盾是组织的基本矛盾之一，唯恐失去控制是阻碍大胆授权的主要原因之一。推行目标管理有助于协调这一对矛盾,促使权力下放,有助于在保持有效控制的前提下,活跃组织工作气氛。

(四)注重成果第一的方针

采用传统的管理方法,管理者往往容易根据本人的主观印象等定性因素来评价员工的表现。实行目标管理后,由于有了一套完善的目标考核体系,从而能够按员工的实际贡献大小如实地评价一个人。目标管理还力求组织目标与个人目标更密切地结合在一起,以增强员工在工作中的满足感。这对调动员工的积极性、增强组织的凝聚力起到了很好的作用。

【案例 4-2】

家狗和狼

一匹饥饿的狼在月光下四处觅食,遇到了长得很壮实的家狗。它们相互问候后,狼说:"朋友,你怎么这般肥壮,吃了些什么好东西啊?我现在日夜为生计奔波,正苦苦地煎熬着呢。"

狗回答说:"你若想像我这样,只要学着我干活就行。"

"真是这样?"狼急切地问,"什么活儿?"

狗回答说:"就是给主人看家,夜间防止贼进来。"

"什么时候开始干呢?"狼说,"住在森林里,风吹雨打,我都受够了。只要有个暖和的屋子住,不挨饿,做什么我都不在乎。"

"那好,"狗说,"跟我走吧!"

它们一起上路了。狼突然注意到狗脖子上有一块伤疤,感到十分奇怪,问狗这是怎么回事。狗说:"没什么。"狼继续问:"到底是怎么回事?"

"一点儿小事而已,也许是我脖子上拴铁链子的项圈弄的。"狗轻描淡写地说。

"铁链子!"狼惊奇地说,"你是说,你不能自由自在地跑来跑去吗?"

"是的,也许不能完全随我的心意,"狗说,"白天有时候主人把我拴起来。但我向你保证,在晚上我有绝对的自由;主人把自己盘子中的东西喂给我吃,佣人把残羹剩饭拿给我吃,他们都对我倍加宠爱。"

"晚安!"狼说,"你去享用你的美餐吧,至于我,宁可自由自在地挨饿,也不愿套着一条链子过舒适的生活。"

✦ 小思考

为什么"狼"不愿意进狗主人的家门,这个故事的背后隐藏了什么问题?

总之,现代管理强调员工要自主管理,改变过去管理者对员工的强制命令,员工必须一味地绝对服从与被控制,员工缺乏自主性与主动性的状况。目标管理是员工自我管理与控制的有效方法。

二、目标管理优势与不足

(一) 目标管理的优势

1. 目标管理把组织成就和个人需要成功地结合在一起,有利于调动人们实现组织目标的积极性

目标管理的倡导者彼得·德鲁克认为,古典管理学派偏重于以工作任务为中心,忽视人的需求这一面,而现代管理中许多例行工作由机器、计算机代替,员工活动范围已有很大变化而要求参与管理,于是提出管理要以人为中心,这又容易淡化组织任务。目标管理实行由工作人员参与制订目标、自我控制及自上而下的目标连锁,从而解决了以工作为中心和以人为中心的矛盾,既有利于满足员工的需要,又能激励员工对企业做出贡献。

2. 目标管理是一种有效计划、组织、协调和控制的手段

通过上下协商制订的计划是比较切实可行的;目标管理使组织内部的责任更加清楚,权力分配更加合理;明确的目标和及时的信息沟通也使企业内部协调和管理控制更加有效。

3. 目标管理它有助于克服管理中的许多通病

例如,目标管理把全体工作人员的注意力都集中到实现企业总体目标上来,可以提高凝聚力,增强全局观念,有利于克服本位主义;目标管理以成果为中心,不是强调做什么事和做多少事,而是强调有效的成果,有助于克服事务主义;目标管理面向未来,使组织各方面的工作预先有了努力的方向和统一的安排,从而可防止和减少"突击式"管理;目标管理加强了上下沟通,减少了工作的盲目性,可防止"瞎指挥";目标管理评价一个组织和个人,统一以目标的实现程度、对企业的贡献为尺度,可减少凭个人好恶奖惩的主观主义做法,防止把组织引向错误的方向。

(二) 目标管理的不足

尽管目标管理有很多的优点,但在运用目标管理的过程中,也存在一定的局限性。

1. 对目标管理的原理和方法宣传不够

目标管理常常使人误认为简单易行,从而疏忽了对它的深入了解和认识。如果目标管理付诸实施的管理人员及下属人员对有关原理(如目标管理是什么,它怎样发挥作用,为什么要实行目标管理,在评价业绩时它起什么作用,以及参与目标管理的人能够得到什么好处等)缺乏重视和理解,则会影响目标管理的实施效果。

2. 制订目标缺乏统一指导

实施目标管理必须给目标制订者提供必要的指导准则,使他们了解计划工作的前提条件和组织的基本战略和政策。否则,就无法制订出正确的目标,计划工作必然会脱离实际,目标管理也就无法发挥作用。

3. 制订有利于考核的目标难度很大

一方面,要建立始终具有挑战性又有限度的可考核目标难度很大,它需要做很多的研究工作;另一方面,制订目标过于着重经济效果或远离实际,除了会对个人产生过大的压力外,还可能会出现下级人员为追求过高目标而不择手段采取违法或不道德做法的情况。

4. 过多强调短期目标

很多单位在目标管理计划中所确定的目标往往是一个季度或更短的短期目标。过分强调短期目标所导致的短期行为对长远目标的安排可能会带来不利影响,这就要求高层管理者对各级目标制订者予以指导,以确保短期目标为长期目标服务。

5. 目标管理的哲学假设不一定都存在

Y 理论对人类的动机所做的假设过于乐观,实际上,人是有"机会主义本性"的,尤其是在监督不力的情况下,更是如此。因此,在许多情况下,目标管理所要求的承诺、自觉、自治气氛难以形成。

6. 缺乏灵活性

明确的目标和责任是目标管理的主要特点,也是目标管理取得成效的关键。但是,计划是面向未来的,而未来存在许多不确定因素,这就需要根据已经变化了的计划工作前提进行修正。管理人员对修改目标往往表现出迟疑和犹豫不决。一是,因为如果目标经常修改就说明它不是经过深思熟虑和周密计划的结果,目标本身便无价值可言;二是,若修正一个目标体系,那么所花费的精力可能与制订一个目标体系相差无几,牵涉面和付出代价较大。因此,实行目标管理,存在不能随时按组织目标、计划前提条件、组织政策等变化而迅速变化的危险。

三、目标管理的过程

目标管理的实施程序如图 4-8 所示。

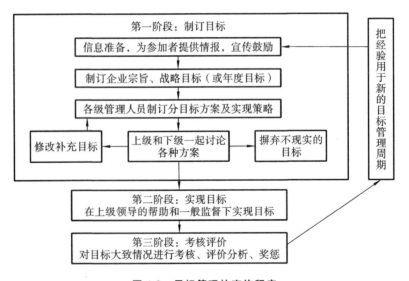

图 4-8 目标管理的实施程序

(一) 第一阶段:制订目标

制订目标看似一件简单的事情,每个人都有制订目标的经历,但是如果上升到技术层面,经理必须学习并掌握 SMART 原则。SMART 原则是由彼得·德鲁克提出的。所谓 SMART 原则的意思是目标必须是明确的(specific),可衡量的(measurable),可以实现的(attainable),目标必须和其他目标具有相关性(relevant),目标必须具有时限性(time-bound)。无论是制订团队的工作目标,还是员工的绩效目标,都必须符合上述的 SMART 原则,五个原则缺一不可。此外,哈罗德·孔茨提供了一种衡量表,用以帮助目标制订者判断和改进工作,称作目标衡量表。这些都是管理专家针对目标制订而给出的一些建议,对制订目标十分有益。

1. 组织目标的特性是层次性、系统性和多样性

1) 层次性

层次性是指组织目标从上到下可分为多个等级层次,从而形成一个有层次的体系。目标的层次性与组织的层次性密切相关,组织一般可分为四个层次:高层管理人员、中层管理人员、基层管理人员的组织成员个人。相应的,从广泛的组织目标到个人目标,也分为多种层次。图 4-9 表现的是组织层次与目标层次之间的关系。一般而言,下层目标是由上层目标派生出来的,是实现上层目标的前提和保证。上层目标一般较为模糊,而下层目标则相当具体。

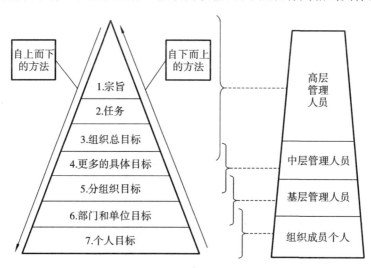

图 4-9 组织层次与目标层次之间的关系

2) 系统性

巴纳德认为,目标是一个组织最基本的要素。每一个组织都有自己的目标,并且其目标都不是单一的,往往是一个目标系统。系统性是指组织的各种目标之间很少表现为简单的线性关系,即并不是当一个目标实现后接着就去实现另一个目标,而是构成一种比较复杂的网络系统,不同目标之间都有直接或间接的联系,相辅相成。这就要求在制订目标时,必须使构成网络的各个具体目标之间保持协调。目标与目标之间左右关联、上下贯通,融汇成一个整体,相互支持和相互联结,否则,组织的利益就会受到损害,组织的目标就难以实现。

例如,企业的目标既可能有经济性的,即追求利润与发展,又可能有社会性的,即为社会做贡献,树立良好的形象。图 4-10 为一个企业开发新产品的目标网络示意图。在新产品开发的规划图中,目标和计划之间构成了一个网络,融为一体。

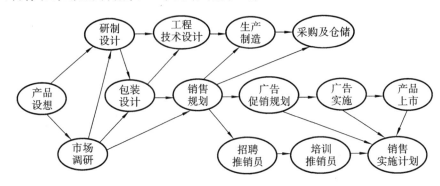

图 4-10 一个企业开发新产品目标网络示意图

3) 多样性

对于一个组织来讲,目标很多,即使是主要目标,一般也是多种多样的。

总的来说,企业目标是生产更多的产品和创造尽可能多的利润,但其总目标中的许多内容是不可缺少的,除了主要目标,还有次要目标,可见,组织的目标是多样的。了解了目标的多样性,高层管理人员应当注意:并非目标越多越好,过多的目标会导致顾此失彼,应该尽量减少目标的数量,突出主要目标,充分发挥目标的作用。

【拓展阅读 4-1】

企业的一些总目标

1. 获得一定的利润和投资收益率。
2. 重点研究连续开发的新产品。
3. 扩大公众持有的股票所有权。
4. 主要通过利润再投资和银行贷款筹措资金。
5. 产品进入国际市场。
6. 保证优势产品的竞争价格。
7. 取得行业中的优势地位。
8. 遵循企业经营业务所在的社会价值。

2. 可衡量性

可衡量性就是指目标应该是明确的,而不是模糊的。应该有一组明确的数据,作为衡量是否达到目标的依据。如果制订的目标没有办法衡量,就无法判断这个目标是否实现。目标的衡量标准遵循"能量化的量化,不能量化的质化"。使制订人与考核人有一个统一的、标准的、清晰的、可度量的标尺,杜绝在目标设置中使用形容词等概念模糊、无法衡量的描述。对目标的可衡量性应该首先从数量、质量、成本、时间、上级或客户的满意程度五个方面来进行,如果仍不能进行衡量,其次可考虑将目标细化,细化成分目标后再从以上五个方面衡量,如果仍不能衡量,还可以将最终目标的工作进行流程化,通过流程化使目标可衡量。

3. 可实现性

目标是让执行人来实现、达到的，既要使工作内容饱满，也要具有可达性。可以制订"跳一跳能够得着"的目标。

如果上司利用一些行政手段，利用权力的影响力一厢情愿地把自己所制订的目标强压给下属，下属典型的反应是一种心理和行为上的抗拒：我可以接受，但是否完成这个目标，有没有最终的把握，这个可不确定。一旦有一天这个目标真完成不了了，下属有理由可以推卸责任：你看我早就说了，这个目标肯定完成不了，但你坚持要压给我。所以，目标设置要坚持员工参与、上下左右沟通，使拟订的工作目标在组织及个人之间达成一致。询问他们为完成总体目标能做些什么？能完成哪些目标？何时完成？需要哪些资源、有什么困难和障碍？需要上级提供什么帮助？需要什么样的变革？等等。在仔细征求意见的基础上，主管人员指导下属拟订先进合理、协调一致的目标，并最后给予批准。

4. 相关性

组织总目标要系统展开，直到可操作的层次，落实到具体工作岗位。企业中不仅生产经营部门应制订明确的目标，党委、工会、共青团，各部门、各岗位也应制订明确目标；不仅有组织任务目标，还应有个人进步目标；不仅有本部门、本岗位专业分工规定的目标，而且还应有相关部门、相关岗位的协作目标。目标的相关性是指实现此目标与其他目标的关联情况。如果实现了这个目标，但对其他目标完全不相关，或者相关度很低，则这个目标即使被达到了，意义也不是很大。因为毕竟工作目标的设定是要和岗位职责相关联的，不能跑题。例如，一个行政文员，你让她学习公文写作比较合理，若你让她去学习计算机编程语言，就偏离目标了。

因为这一目标与提高行政管理水准这一目标相关度很低。

5. 时限性

目标特性的时限性就是指目标是有时间限制的。例如，将在 5 月 31 日之前完成某事，就是一个确定的时间限制。没有时间限制的目标没有办法考核，或考核的不公正。上下级之间对目标轻重缓急的认识程度不同，上级着急，但下级不知道。最终结果是上级暴跳如雷，下级又觉得委屈。这种没有明确的时间限定的方式也会使考核不公正，伤害工作关系，伤害下级的工作热情。

目标设置要具有时间限制，根据工作任务的权重、事情的轻重缓急，拟订出最终目标项目的时间要求，定期检查项目的完成进度，及时掌握项目进展的变化情况，以方便对下级进行及时的工作指导，以及根据工作计划的异常情况变化及时地调整工作计划。

（二）第二阶段：实现目标

目标实施是关系重大的一个环节，必须抓好，目标实施具体应做好如下工作。

1. 宣传鼓动

务必使有关人员对目标内容、意义、依据、实行步骤、有利条件和困难有充分透彻的了解，充分调动其积极性和主观能动性。

2. 鼓励自控又不放弃领导

鼓励各部门、各岗位对目标实施情况进行自检、自评，主动采取措施确保目标实施进度和质量。与此同时,上级主管应随时了解情况,给予指导、鼓励和具体帮助,使下属部门和人员顺利实现目标。

3. 保持一定弹性

正常情况下应力促预定目标的实现,如果一旦发现预定目标不够合理,或内外环境发生意外变化,原定目标已明显不合理时,应当及时修订目标,不过应按一定程序进行,保持目标管理的严肃性。

(三) 第三阶段:考核评价

这是目标管理的最后一个阶段,也是容易被忽视的,为使目标管理健康发展,应注意以下三点。

1. 坚持标准,严格考评

考核、评价目标实施状况,是承认、区别部门和工作人员绩效、贡献的过程,对调动积极性、改进管理工作有极其重要的作用,因而要严肃、认真地进行。坚持既定标准,掌握准确的数据,采用科学方法,坚持上下结合,务必使考核结果有说服力。

2. 实事求是,重在总结

考核评价一方面是肯定成绩、区分功过,另一方面也是更重要的,即分析总结、改进工作。目标的实现既取决于主观努力,又取决于客观条件。在考核评价过程中,要认真分析主观原因和客观原因,总结经验教训,为下一轮目标管理创造有利的条件。

3. 奖惩结合,鼓励为主

奖惩分明,才能鼓励先进、鞭策后进,因此,考评必须伴之以奖惩。但目标管理的重要指导思想是人们愿意承担责任和有所成就,鼓励自我控制、自我评价、自我鞭策,因而还应坚持对先进给予表扬,对后进重在帮助其分析原因、制订赶超措施,而不是惩处。应较多地采用召开目标成果发布会、经验交流会和成功表彰会等精神激励形式来推动人们改进工作。

【拓展阅读 4-2】

马拉松运动员的故事

山田本一是日本著名的马拉松运动员。他曾在1984年和1986年的国际马拉松比赛中,两次夺得世界冠军。记者问他凭什么取得如此惊人的成绩,山田本一总是回答:"凭智慧战胜对手!"

大家都知道,马拉松比赛主要是运动员体力和耐力的较量,爆发力、速度和技巧都在其次。因此对山田本一的回答,许多人觉得他是在故弄玄虚。

10年之后,这个谜底被揭开了。山田本一在自传中这样写道:"每次比赛之前,我都要乘车把比赛的路线仔细地看一遍,并把沿途比较醒目的标志画下来,比如第一标志是银行;第二标志是一棵古怪的大树;第三标志是一座高楼……这样一直画到赛程的结束。比赛开始后,我就以百米的速度奋力地向第一个目标冲去,到达第一个目标后,我又以同样的速度向第二个目标冲去。40多个千米的赛程,被我分解成几个小目标,跑起来就轻松多了。开始我把我的目标定在终点线的旗帜上,结果当我跑到十几千米的时候就疲惫不堪了,因为我被前面那段遥远的路吓倒了。"

目标是需要分解的,一个人制订目标的时候,要有最终目标,比如成为世界冠军,更要有明确的绩效目标,比如在某个时间段内成绩提高多少。

最终目标是宏大的、引领方向的目标,而绩效目标就是一个具体的、有明确衡量标准的目标,比如在 4 个月内将跑步成绩提高 1 秒,这就是目标分解,绩效目标可以进一步分解,比如在第一个星期内提高 0.03 秒等。

当目标被清晰地分解了,目标的激励作用就显现了,当我们实现了一个目标的时候,我们就及时地得到了一个正面激励,这对培养我们挑战目标的信心的作用是非常巨大的!

【拓展阅读 4-3】

石匠的目标(目标管理)

在目标管理的培训辅导中,我们经常会说到"三个石匠的寓言"来帮助学员理解什么是目标,什么是目标管理。

这个寓言是这样的:有个人经过一个建筑工地,问那里的石匠在干什么?三个石匠有三种不同的回答。

第一个石匠回答:"我在做养家糊口的事,混口饭吃。"

第二个石匠回答:"我在做最棒的石匠工作。"

第三个石匠回答:"我正在盖一座教堂。"

【心得】如果我们用"自我期望""自我启发"和"自我发展"三个指标来衡量这三个石匠,我们会发现:第一个石匠的自我期望值太低,在职场上,此人缺乏自我启发的自觉和自我发展的动力;第二个石匠的自我期望值过高,在团队中,此人很可能是个特立独行、"笑傲江湖"式的人物;第三个石匠的目标才真正与工程目标、团队目标高度吻合,他的自我启发意愿与自我发展行为才会与组织目标的追求形成和谐的合力。

管理大师彼得·德鲁克曾说:"目标管理改变了经理人过去监督部属工作的传统方式,取而代之的是主管与部属共同协商具体的工作目标,事先设立绩效衡量标准,并且放手让部属努力、去达到既定目标。此种双方协商一个彼此认可的绩效衡量标准的模式,自然会形成目标管理与自我控制"。

中国企业有一种很不好的倾向,它们似乎认为运作、管理层收购、业务流程重组、企业资源计划、客户关系管理等才是先进的管理方式,而价值工程、目标管理则已经落后。事实上,只要企业还没有改变其营利组织的属性,目标管理就仍然是企业经营管理中较有效的基础管理手段之一,是经理人技能提升的主要内容。目标管理的核心是,建立一个企业的目标体系,全体员工各司其职、各尽其能,推进组织目标的达成。在一个企业的目标体系中,总经理的目标、部门经理的目标、车间主任的目标是各不相同的,但他们的目标都和企业整体目标息息相关。企业整体目标的实现,有赖于各部门目标的顺利实现。

一个优秀的管理团队,必然会制订一个合理的企业目标,把这个目标分解成一系列的子目标,并把这个目标融化到每一个员工的心里去,落实到每一个员工的行为中去。

有效目标的 SMART 原则

人们在制订工作目标或者任务目标时,考虑一下目标与计划是否符合 SMART 原则。只有具备 SMART 原则的计划才是具有良好可实施性的,也才能指导并保证计划得以实现。

. S 代表具体(specific),指绩效考核要切中特定的工作指标,不能笼统。

. M 代表可度量(measurable),指绩效指标是数量化或者行为化的,验证这些绩效指标的数据或者信息是可以获得的。

. A 代表可实现(attainable),指绩效指标在付出努力的情况下可以实现,避免设立过高或过低的目标。

. R 代表现实性(relevant),指绩效指标是实实在在的,可以证明和观察的。

. T 代表有时限(time bound),注重完成绩效指标的特定期限。

制订计划要回答的 9 个问题——6W3H

what——目标是什么,为达到目标要采取什么行动,做什么?

who——谁去做,与工作有关联的人都包括谁?

when——什么时候做,什么时候完成,阶段怎样划分?

where——在什么地方做,工作岗位和场所在哪里?

why——为什么去做,为什么不采取其他做法,理由是什么?

which——回答上面 5 个 W 后,会出现多个方案,哪个最好?

how——怎样做?

how many——多大的工作量?需要多少人,多长时间?

how much——需要多少经费?

思考题

1. 简述计划工作的概念、任务和性质。
2. 计划按照形式、职能和期限是如何分类的?
3. 如何制订计划?其程序如何?都有哪些方法?
4. 有人反对制订长远目标,因为他们认为在未来的长时期中将会发生什么事情是不可预知的。你是否认为这是一种可取的明智态度,为什么?
5. 简述编制工作计划的程序和方法。

【案例分析 4-1】

某饮料厂的王厂长回顾 8 年的创业历程,真可谓是艰苦创业、勇于探索的过程。全厂上下齐心合力,同心同德,共同献计献策为饮料厂的发展立下了汗马功劳。但最令全厂上下佩服的还数 4 年前王厂长决定购买二手设备(国外淘汰生产设备)的举措。饮料厂也因此挤入国内同行业强手之林,令同行企业刮目相看。今天王厂长又通知各部门主管及负责人晚上 8 点在厂部会议室开会。部门领导都清楚地记得 4 年前在同一时间、同一地点召开的会议中王厂长做出了购买进口二手设备这一关键性的决定。在他们看来,又有一项新举措即将出台。晚上 8 点会议准时召开,王厂长郑重地讲道:"我有一个新的想法,我将大家召集到这里是想听听大家的意见或看法。我们厂比起4年前已经发展了很多,可是,比起国外同类行业的生产技术、生产设备来,还差得很远。我想,我们不能满足于现状,我们应该力争世界一流水平。当然,我们的技术、我们的人员等诸多条件还差得很远,但是我想为了达到这一目标,我们必须从硬件条件入手,即引进世界一流的先进设备,这样一来,就会带动我们的人员、带动我们的技术等一起前进。我想这也并非不可能,4年前我们不就是这样做的吗?现在厂的规模扩大了,厂内外事务也相应增多了,大家都是各部门的领导及主要负责人,我想听听大家的意见,然后再做决定。"会场一片肃静,大家都清楚地记得,4年前王厂长宣布他引进二手设备的决定时,有近70%的成员反对,即使后来王厂长谈了他近3个月对市场、政策、全厂技术人员、工厂资金等厂内外环境的一系列调查研究结果后,仍有半数以上人持反对意见,10%的人持保留态度。因为当时很多厂家引进设备后,由于不配套和技术水平难以达到等因素,均使高价引进的设备成了一堆闲置的废铁。但是王厂长在这种情况下仍采取了引进二手设备的做法。事实表明这一举措使该饮料厂摆脱了当时设备落后、资金短缺的困境。二手设备那时价格已经很低了,但在我国尚未被淘汰。因此,该厂也由此走上了发展的道路。

王厂长见大家心有余悸的样子,便说道:"大家不必顾虑,今天这一项决定完全由大家决定,我想这也是民主决策的体现,如果大部分人同意,我们就宣布实施这一决定;如果大部分人反对的话,我们就取消这一决定。现在大家举手表决吧!"于是会场上有近70%的人投了赞成票。

★ 思考

(1) 王厂长的两次决策过程合理吗?为什么?
(2) 如果你是王厂长,在两次决策过程中应做哪些工作?
(3) 影响决策的主要因素是什么?

第五章 领导

【本章学习目标】
1. 掌握领导的定义与作用;
2. 了解领导者权力的构成与来源;
3. 掌握领导班子的合理结构要求;
4. 了解几种比较典型的领导理论,并学会运用;
5. 理解领导者的基本素质要求;
6. 掌握领导的风格类型;
7. 掌握领导的决策程序与方法;
8. 掌握领导艺术的定位。

领导活动发生在所有组织团队中,是组织管理工作中一项重要职能,并贯穿管理过程的始终。任何组织,都离不开领导和领导者,有效的领导能极大地改善组织绩效。所以,领导一直是管理学的一个重要话题,有关领导的研究源远流长,领导理论百花齐放。领导过程就是对工作实施领导、计划、组织和监督,并做出相应决策的过程。领导水平的高低直接关系到组织的兴衰成败,因此,必须提高领导者的自身修养,学习科学的领导方法和艺术,研究和掌握领导工作的规律性,以实现对组织的有效领导。

第一节 领导概述

一、领导的内涵

"领导"一词,在汉语中,既可以作为名词,即"领导者"的简称,又可以用作动词,即领导者的领导行为,是管理的职能活动。关于领导的定义,不同的学者对领导有着不同的理解。有人认为领导是一种"行为",也有人认为领导是一种"艺术",又或者说领导是一种"能力"。总而言之,领导就是领导者在特定环境下,运用其法定权力及自身影响力指引和影响组织成员实现组织目标的行为过程。其基本内涵包括以下几个方面。

(一)领导包括领导者与被领导者两个方面

领导者必须拥有影响追随者的能力或力量,因为在实际的领导过程中,领导者会因其职位或人品对下属产生影响,领导者的正确行为引起下属的积极反应,错误行为引起下属的消极反应。领导者与被领导者之间相互依存、相互影响,领导者和下属在组织里的总体影响力越多,整个组织的工作效率就越高。

(二)领导是人际关系的体现

从人际关系学的角度来说,领导者与被领导者的关系是由于人们在组织中地位和利益不同而形成的一种特殊的人际关系。领导者的行为实质就是通过不断地协调领导与被领导、控制与被控制、指挥与被指挥的各种关系,以激发组织成员的积极性和创造性,使人力资源的作用得到充分发挥,从而实现组织的目标。

【案例 5-1】

魏征是唐朝很有才能的一个人,原先魏征侍奉皇太子李建成,因为敢于进谏而不受李建成的欢迎,李建成不仅对他的建议漠然置之,有时候还批评他。李世民掌权后,很器重魏征,为了鼓励魏征敢于直言进谏,唐太宗李世民每次都很虚心地听他献策,并经常表扬他敢说真话敢说实话。一次唐太宗表扬魏征道:"夫以铜为镜,可以正衣冠;以古为镜,可以知兴替;以人为镜,可以明得失。我以你这样的良臣为镜,也就不糊涂,少做错事了。"在唐太宗的表扬和鼓励之下,魏征至诚奉国,真是喜逢知己之主,竭尽所能,知无不言,先后共陈言进谏两百多件事。后来,魏征怕仅凭进谏参政议政招来事端,想借眼疾为由辞职休养,唐太宗为挽留这位千载难逢的良臣,极力表扬了魏征的敢于进谏,表达了自己的赏识之情,道:"您没见山中的金矿石吗?当它为矿石时,一点也不珍贵。只有被能工巧匠冶炼成器物后,才被人视为珍宝。我就好比金矿石,把您当作能工巧匠。您虽有眼疾,但并未衰老,怎么能提出辞职呢?"魏征见唐太宗如此诚恳,也就铁了心跟着唐太宗干了一辈子。

(三)领导是一种特殊的"投入"与"产出"的关系

领导行为实质上是一种"投入",而"产出"则表现为他人或组织的行为,因此,领导效率的高低和领导工作的成败,并不表现在领导行为本身,主要是通过被领导者的行为效率来评定。领导者的行为无时不在影响着被领导者的行为。也就是说,"投入"变化,一定会导致"产出"的变化。

(四)领导是动态的工作过程

当今,任何组织都是一个开放的社会技术系统,都处于特定的环境之中。作为组织的领导者要根据环境的变化采取不同的领导行为。对于被领导者来说,领导者的行为是环境因素的重要组成部分。领导行为是一个动态过程,而领导行为的有效性实际上是由领导者、被领导者及他们所处的环境这三个因素所决定的复合函数。即

$$领导工作 = f(领导者、被领导者、领导环境)$$

也就是说,领导的有效性既取决于领导者的素质和领导艺术,也取决于被领导者的素质和接受领导的程度,同时取决于领导与环境条件相互制约和相互适应的状况。

二、领导的作用

领导就是领导者对被领导者施加影响的过程,也就是发挥领导作用的过程。领导者在带领、引导和鼓励下属为实现组织目标而努力的过程中,要发挥以下几个方面的作用。

(一)决策作用

作为组织的领导者,要为其所领导的组织及其下属指明前进的方向和奋斗的目标。领导的首要职能就是通过确定组织目标,并制订为实现目标的战略、策略、方针和措施等,以保证领导作用的发挥。

(二)指挥作用

领导者好比乐队的指挥,要想演奏出美妙的乐章,乐队指挥必不可少。同理,在组织活动中,也需要有高瞻远瞩、运筹帷幄、目标明确、精于决策的领导者来认清组织所处的环境及面临的形势,为下属指明活动的目标和达到目标的途径,并用自己的行动带领组织成员更有效地完成组织目标。

(三)协调作用

组织工作需要许多人共同协作来完成,但由于个体的差异和部门的"本位观念",再加上外部各种因素的干扰,员工之间在思想上容易发生各种分歧、行动上出现偏差。一个好的领导者,要善于处理各类矛盾与冲突,协调员工之间多种关系与活动,为自己工作顺利开展营造一个顺畅有序、上级乐于支持、同级乐于配合、下级乐于拥护的良好环境。

(四)沟通作用

领导者是信息的传播者、监听者、谈判者和发言人。为了保证管理活动的顺利开展,领导者必须在管理的各层级中发挥着上情下达、下情上传的信息传递的作用。

(五)激励作用

为了长久保持组织员工积极工作的愿望和热情,领导者需要了解下属的需求与欲望,为员工排忧解难,主动为下属创造能力发展空间和职业发展规划,激发下属的潜能,鼓舞他们的斗志,发掘、充实和加强他们积极进取的动力。

三、领导权力

(一)权力的实质

领导的核心在权力。权力是一种无形的影响力,虽然看不见、摸不到,但却能感受到。领导权力指在组织内影响他人,排除各种障碍完成任务、达到目标的能力。掌握这一概念应该注意以下几点。

(1) 权力是建立在依赖关系之上的,权力的主体是领导者,权力的客体是组织的其他成员,代表的是人与人之间的关系。

(2) 权力主体与客体之间具有支配与被支配、领导与服从的关系特点。

(3) 权力的目标是实现权力主体与客体的意愿和利益。

(4) 权力的作用方式是主体对客体施加影响力的过程。

(二) 领导权力的构成

1. 传统领导权力的构成

传统观点认为,职权是有效领导的关键因素,也是构成领导权力的唯一因素,有职权就能领导,有权就有影响力。概括成一个公式就是:

传统领导权力＝职权

2. 现代领导权力的构成

现代观点认为,权力既是一种控制力又是一种影响力,是刚性和柔性的结合体。领导权力是由组织授予的职权和领导者个人的影响力所构成,职权具有强制性的特点,可以为组织的发展提供稳定的环境;而个人的影响力则带有亲和性,有利于调动员工的积极性。因此,有效领导除了需要必要的职权外,还需要通过具体的行动树立起领导者自身的影响力,使下属由"压服"变"信服"。用公式表示就是:

现代领导权力＝职权＋影响力

1) 职权

职权是因在组织中担任一定的职务,由组织或上级所授予并由法律、制度明确规定的正式权力,是领导者支配下级的力量。它随着担任职位、组织授权而成立,随着离开职位、组织撤销而失去。领导者凭借职权可以影响被领导者的行为、处境、得失甚至前途,并使被领导者产生敬畏感。职权主要包括法定权、奖赏权、惩罚权等。

(1) 法定权:指组织内各领导职位所固有的合法的、正式的权力。通常与职位联系在一起,职位高低决定了法定权的大小。法定权的存在,被管理者会认为理所当然地要接受管理者的领导。

(2) 奖赏权:指领导者通过奖金、薪酬、表扬、升职的方式满足下属期望奖励的权力。这是领导者对其下属执行其领导决策的结果所给予的一种肯定。奖赏包括物质奖赏和精神奖赏,奖赏权是否有效,要求领导者确切了解被奖赏者的真实需要。

(3) 惩罚权:指通过精神、情感或物质上的威胁,强迫下级服从的权力。惩罚权是领导者基于人们对惩罚和失去既得利益的恐慌心理,对下属不服从其领导所给予的一种强制性的剥夺。领导者行使惩罚权往往会引起被惩罚者的愤恨、不满,甚至报复行动,因此,必须慎用惩罚权。

2) 影响力

影响力也称个人权力,这种权力是基于领导者自身的能力、知识、品格、感情等个人因素所产生的影响力。通过领导者自身的威信和以身作则的行为来影响他人。影响力主要包括:

(1) 专长权:指领导者凭借高深的技术、丰富的经验、专业的知识获得下属的尊重、服从其判断的影响力。

(2) 表率权:指领导者通过率先垂范,赢得下属的赞誉、钦佩与拥戴,并愿意模仿和跟随的影响力。

(3) 亲和权:指领导者凭借与下属融洽与亲密的关系,使下属心甘情愿追随与服从的影响力。

【案例 5-2】

恩威并重,巧妙控制权力

在《三国演义》这部长篇小说里,"七擒孟获"的故事把诸葛亮恩威并施、收服人心的策略描述得淋漓尽致。

刘备去世之后,蜀国丞相诸葛亮有了北伐中原的打算。当时的蜀国南部,就是云南贵州交界处,少数民族的大酋长孟获发动叛乱,诸葛亮决定亲自领兵平息叛乱,先解除这一后顾之忧。在当时就有人对他提出了建议,派一员大将南下就足以能够消灭孟获,然而诸葛亮对此却有更加长远的考虑,他要对孟获恩威并施,并收服人心。

当地很多个部落并不是如同铁板一样联系在一起的,孟获是叛乱的带头者,也是影响最大的酋长。诸葛亮很清楚,蜀国的大敌是北方的曹操。对南方部族,不能采取赶尽杀绝的错误政策,而要分化瓦解,孤立孟获,用计生擒孟获。

孟获被俘之后并不服气,说诸葛亮靠诡计取胜并非真英雄。诸葛亮并没有难为他,还当场释放了他,让他回去之后起兵再战。就这样,一而再,再而三,诸葛亮一次次生擒孟获,又一次次将他释放。直至第七次,诸葛亮不但生擒孟获,俘虏了他的妻子和弟弟,还使得其他部落纷纷归顺自己,孟获的部族也是众叛亲离。也就是在这样一种情况下,诸葛亮对孟获一家人仍然尊重并以礼相待,终于使孟获深受感动,发自内心地臣服于蜀国。这样使得蜀国南部从此之后便平静稳定了下来。

职权与影响力的比较见表 5-1。

表 5-1 职权与影响力的比较

项目	职权	影响力
来源	法定职权,由组织授予并由在组织中所处的位置决定	完全由个人的思想品质素养、专业技术能力和个人魅力所决定
范围	受时间、空间的限制,受组织职位的限制	不受时间和空间的限制,可以超越组织职位的限制
大小	由组织的职位决定	因人而异
方式	以强制的方式实现,是一种外在的作用	自觉接受,是一种内在的影响
效果	服从、敬畏,也可以通过调职、离职的方式来逃避	追随、信赖、爱戴、拥护
性质	强制影响	自然影响

四、领导与管理

领导与管理有着千丝万缕的联系:一方面领导是随着管理的发展而产生的;另一方面两者之间存在着大量的交叉与重叠。因此,许多人通常将领导与管理混为一谈,实际上两者是有本质区别的。正如哈佛大学教授约翰·科特所说:"取得成功75%~80%靠领导,其余20%~25%靠管理,而不能反过来。"从这句话可以看出,领导与管理是两个不同的概念。

(一)领导与管理的共性

从行为方式来看,领导和管理都是组织内部为实现组织目标通过影响他人的协调活动。从权力的构成来看,领导与管理的权力都来自于组织的岗位设置。

(二)领导和管理的区别

领导是管理的一部分,除此之外,管理还包括计划、组织、协调、控制、人事等方面的内容。

管理者是被组织任命的,行使管理职权的人。他们通过合法的权力进行奖励和惩罚,其影响力来自他们所在的职位赋予的正式权力。而领导的权力既可以是建立在正式权力的基础上,也可以是建立在基于个人的影响力和专家权力等非正式权力的基础上。作为行使领导职权的领导者,既可以是被任命的,也可以是从某个群体中产生出来的。

领导侧重于对人的指挥和激励,强调领导者的影响力、艺术性与非程序化的管理。而管理则强调管理者的职责,以及管理工作的科学性和规范性。

领导的功能是引起组织变革,而管理的功能则是为了维持秩序,使组织正常高效运转。

领导从根本上来讲是基于影响力而形成的一种服从追随关系。它不是由组织赋予的职位和权力所决定的,而是取决于追随者的意愿。由于人们往往愿意追随那些他们认可、可以提供满足其需要的人,所有领导者既可以存在于正式组织中,也可以存在于非正式组织中。而管理者是在组织中有一定的职位并需要对此负有责任的人,因此,管理者只可能存在于正式组织之中。

管理者可以运用职权迫使人们去从事某一件工作,但如果不能让部下心服口服地去工作的话,他并不是真正意义上的领导者;而有些人虽没有正式职权,却能以个人的影响力去影响他人,他就是一位领导者。因此,领导者必然是管理者,但管理者不一定是领导者。为了使组织更有效,应该选取领导者来从事管理工作,也应该把每个管理者都培养成好的领导者。

管理者与领导者的区别见表5-2。

表5-2 管理者与领导者的区别

管理者	领导者
力求把事情做正确(力求按正确的方式做事,也就是把事情做对)	力求做正确的事情(强调的是做正确的事,即哪些事是应该做的)
管理是一种程序化的控制方法	领导是一种变革的力量
需要管理制度加以规范	使人心悦诚服
强调效率	强调结果
注重系统、结构、工作流程,按标准办事	注重人

续表

管理者	领导者
强调控制	培养信任
运用制度	强调价值观和理念
注重短期目标	强调长远发展方向
强调方法	强调方向
运用职位权力	运用个人魅力
等待机会到来	令机会产生
仔细看管一切	创造成长
考虑如何把一件事做对、做好	考虑一件事是不是对的
考虑一件事是否紧急	考虑一件事是否重要
考虑是否以最快的速度来实行	考虑做事的方向是不是对的
担心事情不能低于怎样的底线	在乎事情能达到怎样的上限
考虑用先进方法来完成任务	考虑做一件事情的目的是否有意义
讲究实用性	讲究原则
通晓如何在一个现有的系统中实施各种操作	产生一种新系统、新秩序的人
总结：管理者以非个人化的态度面对目标，强调程序化、稳定性和规范化，总是围绕计划、组织、领导、人事和控制做工作	总结：领导者以个人化的积极态度去对待工作，要求创新，强调适当的冒险，这种冒险有可能带来更大的回报

五、领导者应具备的基本素质

要想成为一个优秀的领导者，除了外部的机遇条件之外，领导者自身的内在素质也是一个不可忽视的重要因素，它是领导者在实施有效领导过程中应具备的基本条件。领导者的基本素质是个体在先天生理素质的基础上，通过后天的学习、教育、锻炼和实践逐步形成的内在要素的总和，涉及个人品格、知识、能力、身体、心理等方面。

（一）品格素质

品格素质是指领导者的品行、道德、人格、作风等因素对他人产生的影响力。品格素质主要反映在领导者的言行举止中，是一个人行为的本质。作为一个优秀的领导者，要有高尚的道德情操，做到讲信用、言行一致，保持正派的工作作风；要有博大的胸怀，严于律己，宽以待人，敢于提拔比自己更有能力的人，勇于选择与自己意见相左、个性不同的人，愿意帮助陷入困境的人；要有高度的事业心和责任感，并以百折不挠的精神追求事业成功，知难而上、勇往直前。

（二）知识素质

当今科技迅猛发展，市场瞬息万变，知识的综合性越来越强。作为一个领导者要想胜任领导工作，必须要有一定的科学文化知识，这是掌握和运用现代科学管理知识的前提条件；要有一定的专业知识,这是实行内行领导的基础;同时,要求知识面广博、信息量大、质量高且时代感强。领导者不能局限于自己熟悉的那个领域的知识,要不断扩大自己的知识面,并根据自己的工作对象和业务范围调整知识结构,才能成为一个懂技术、善管理、精通业务的内行领导者。

(三) 能力素质

领导是复杂的、创造性的活动过程,对领导者的能力素质要求很高。领导能力是领导者个体素质、思维方法、实践经验和领导方法在具体工作中的综合体现。作为一名领导者,应该具备适应环境和改造环境的能力、自我约束和自我控制的能力、决策指挥能力、组织协调能力、公关能力、演讲能力等。

(四) 身体素质和心理素质

现代社会竞争加剧,工作节奏加快,领导者所承担的工作一般都比较繁忙、复杂,承受的压力较大,如果没有强健的体魄、旺盛的精力和健康的心理就无法胜任领导工作。作为一个心理素质过硬的领导者,要有坚定的意志和坚定的信念,有充沛的精力和顽强的毅力,客观地认识自己的长处和不足,做到自信不自负、自尊不自大、胜不骄、败不馁,自信乐观、积极主动地对待生活与工作。

综上所述,新时期领导者的素质有着丰富的内涵和要求,领导者素质的高低直接影响领导的效率和组织的发展。所以,提高领导者的素质有着重大而深远的意义。当然,素质的提高不是一朝一夕就能实现的,而是一个长期的过程,对此要有足够的认识。

【拓展阅读 5-1】

核心员工管理的有效原则

核心员工,往往是组织里具有更高学历、更强能力、更独到技艺和更丰富经验的核心人才。正是因为具有一些其他员工无法比拟的优势,他们并不畏惧更高的目标、更难的任务,反而希望通过挑战自我来显示超人一等的能力以及在组织中无可替代的地位,以便为自己赢得更多的尊重。如何对待核心人才是组织的管理者能否领导一个优秀团队的重要前提。领导者有必要掌握以下一些原则。

1. 领导者的诚信度

不要为了留住某些人而轻易做出很难实现的承诺,如果承诺了一定要兑现,如果无法兑现一定要给他们正面的说法。千万不要在员工面前扮演一个言而无信的领导者角色,那样只会为将来的动荡埋下隐患。

2. 领导者的情、理、义

及时发现员工特别是那些核心骨干产生情绪波动的原因,一定要将安抚民心、鼓舞士气的工作做在前头。事先耐心倾听、适时沟通、充分交流、思想动员等情感资本投入是不是可以避免一些不必要的人力资本损失呢?特别要把握对核心人才管理的"度",不要让某些核心人才的跳槽变成有针对性、有目的性的挑衅,以免造成组织内员工的大面积情绪波动和跳槽。

3. 领导者的自我反省能力

随时检讨组织的晋升、薪酬、绩效考核等人力资源管理制度是否合理,避免因组织制度性的原因造成员工非正常流动。

4. 领导者的"容才肚",核心人才大都"才高八斗"

作为领导者,你可以不懂专业技术,但你必须要有容人的肚量。如果一看到比自己强的部属就恨得咬牙切齿,甚至不惜利用手中的权力对他进行打击和压制,那么你所压制和失去的不仅仅是一个人才,而是一个组织。

对人的管理是最难做的事情。一个成功的领导者最大的成就就在于构建并统率一支具有强大战斗力与高度协作精神的团队。因此,需要像林肯一样,运用自己的智慧,善用马蝇效应,将一些很难管理而又十分关键的部属团结在一起,不仅能有效地减少组织内部的冲突,而且可以充分发挥其核心作用,不断为组织创造更高的管理绩效。

六、领导班子的合理结构

当前,社会经济生活的各个领域联系不断加强。单凭某门学科或某个人的某项能力难以解决各种新的问题,这就要求多门学科进行同时"会诊",而一个人无论如何也不可能具备各种知识和才能,经营管理的综合性人才更是极其罕见的,绝大多数人都是"偏才",因此,建立一个具有合理智力结构的领导班子显得尤为重要。

一个结构合理的领导班子不仅能使每个领导成员人尽其才,才尽其用,而且,还可以通过有效的组合,形成领导成员素质的相互补充,能够产生整体优化效能,发挥出新的巨大的能量。一般而言,领导班子的合理结构主要包括以下几个方面:年龄结构、智能结构、专业结构、知识结构和个性性格结构。

(一)年龄结构

不同年龄的人在体力、智力、经验、应变适应程度和创新能力方面存在着显著差异,因此,领导班子的年龄构成十分重要。总体来说,领导班子应是老、中、青三个年龄段结合,尽可能把老年的"老马识途"、中年的"中流砥柱"、青年的"奋发有为"优势展现出来。由于知识经济时代的到来和全球一体化的趋势的影响,新知识、新技术不断涌现,知识陈旧、过时、老化的周期也越来越短。为了更好地与时俱进,领导班子呈现出年轻化的发展趋势。

在解决领导班子的年龄结构方面,应防止片面地理解为青年化,只计较年龄。年龄结构正确的理解应该是:

(1)年龄结构是指一个领导集团合理的老、中、青比例,有一个与领导层次相适应的平均年龄界限;

(2)对不同组织、不同领导层次应有不同的年龄或年轻化程度方面的要求;

(3)年轻化的目的是既要防止领导老化,又要保证领导的继承性和连续性;

(4)领导层次、职能不同、最佳年龄结构标准也不相同,需要酌情而定。

(二)智能结构

智能就是人们运用知识的能力,主要包括学习能力、研究能力、表达能力、组织发动能力、逻辑思维能力、分析判断能力、创造想象能力、自我意识能力、指挥控制能力等。

从智能结构来看,一个领导班子应包括具有不同突出能力类型的领导者。这是因为,在领导工作中,常常遇到这种情况,即水平相当、智能特点相同的人往往合作不好,而水平不同、智能特点不同的人共事反而能同步协调。一般来说,一个领导班子内,既要有创造能力超群、长于观察、善于思考、富于想象、能够构思出新的思想的战略家,也要有组织才能出众、精于组织安排、善于随机应变、能够审时度势的组织家,还要有精通业务、熟悉技术、任劳任怨的实干家。这样,将不同智能类型的领导成员组合起来,就可能形成一个高效率的领导集体。

(三)专业结构

专业结构是指在领导班子中,按其专业和职能的不同,形成一个合理化的比例结构。领导群体要率领组织成员适应现代社会经济的迅速发展,就必须把具有不同专业特长的人进行合理的配置。

合理的专业结构应考虑下面三个方面的问题。
(1) 判断专业特长的主要标志是,看他是否具有现代科学管理的才能和专长。
(2) 根据组织的性质和任务合理地确定专业结构。
(3) 处理好专业化、职能化和专家化的关系。

(四)知识结构

知识结构是指领导班子成员在知识上的构成。现代领导集体注重个体的不同知识素养和各有侧重的知识组合。就领导集体中的个人而言,可能每个人都有不足,但就整个领导集体而言,它的知识应广博而精深。

(五)个性性格结构

个性性格结构,是指具备不同个性性格的领导者在领导班子中的组成配合情况或结构比例。一个合理而完整的领导集体,应该把不同性格气质特点的人科学地组合起来,发挥互补制约作用,方可扬长避短。完全由情绪型、外倾型和独立型性格的人组成的集体,会热情有余,冷静不足,导致过于冲动,缺乏沉稳,甚至往往因为各自的固执己见而发生内部纠纷;完全由理智型、内倾型或顺从型性格组成的领导集体,可能过分谨慎、拘泥、缺乏创新精神,难以承担领导职责。

因此,领导班子合理的个性性格结构应该是:性格气质具有多样性;性格气质具有互补性。这样,有利于成员之间心理协调、配合默契,提高整个领导集团的凝聚力和影响力。

【拓展阅读 5-2】

领导者的"六商"

作为企业的管理者,其工作重点不应是如何去管理,而应是如何去领导。想要拥有高超的领导力,就必须拥有很高的"六商"。

1. 德商(moral intelligence quotient,缩写成 MQ)

德商指领导者道德的水平,包括尊重、容忍、宽容、诚实、负责、平和、忠心、礼貌、幽默等美德。在强调人文管理的今天,企业家只有具备很高的德商,才能统领企业。

2. 智商(intelligence quotient,缩写成 IQ)

智商指领导者智力高低的指标。曾经有这样一句话:"为智者鞍前马后服侍,不给弱智当主人。"领导是一种仰仗智慧的工作,需要精细的思考。想要成为一个卓越的领导者,就必须拥有智慧。

3. 情商(emotional quotient,缩写成 EQ)

情商指领导者处理情绪和人际关系的能力。很多人为布什成为总统愤愤不平,原因就是他在大学期间成绩拙劣。但是,批评者忘了,他的情商远在平常人之上。他大学时广泛交际,结识了众多智慧超群的人。这些人纷纷走向举足轻重的工作岗位后,为布什的竞选奠定了成功的基础。

4. 志商(will intelligence quotient,缩写成 WQ)

志商指领导者的志向大小和志向的坚持程度。那些功绩辉煌的领导者,无疑都是志向远大的;如果只安于现状,那么其命运只有走向灭亡。很多企业家,赢得了暂时的利益后,就裹足不前,甚至产生"大不了我把企业卖了安享晚年"的思想。在激烈的竞争中,这些人也只能安度晚年了,享受不享受,那还不一定。

5. 健商(health quotient,缩写成 HQ)

健商指领导者健康水平和健康意识的高低。伴随着浙江省37岁的企业家王均瑶的英年早逝,所有的领导者都应该注意健商。那些传统的企业领导者都忙于"喝酒应酬""事无巨细"的管理,殊不知,真把命搭上了,还会得到什么呢?

6. 财商(financial quotient,缩写成 FQ)

财商指领导者对财产的态度。在中国,一些领导者想牢牢地控制企业大部分财产。特别是那种家族企业,更是把亲信安插到财务主管的岗位,看好每一分钱。他们游山玩水,购买奢侈品,而在提高员工待遇、改善公司管理环境上却是典型的吝啬鬼。长此以往,企业只能一步步走向困境。

这"六商",不是人生来就有的。那些希望提升领导力的领袖,定会找出差距,不断学习,走向卓越。

第二节 领导理论

领导理论是关于领导有效性的研究,实质是对领导工作规律性的反映。西方的学者从不同角度对影响领导有效性的因素和如何提高领导有效性方面进行了大量的研究。典型的领导理论大致经历了领导特质理论、领导行为理论、领导权变理论三个发展阶段。

一、领导特质理论

早期的西方管理学家一直把领导者的各种个人性格与特征作为描述和衡量领导有效性的标准,认为领导者的个人品质对领导的有效性起着决定性的作用。他们一直在探索:具备什么样素质的人可以做一个好领导?怎样正确挑选一个好领导?要回答这些问题,就必须了解作为个体的领导者应该具备的特质。所谓特质,主要是指一个人在体型、外貌、年龄、性别、技术、能力、性格特征、人格特点、价值观及社会交往能力等方面区别于其他人的个人特点。研究者将心理学的研究方法应用到领导者特征的研究上,由此形成了领导特质理论。

传统的领导特质理论认为领导者的特质是与生俱来且由遗传因素所决定。一个人之所以会成为领导者,一定有着不可比拟的天赋和个人品质。该时期的领导特质理论侧重于研究领导者与追随者在人格品质方面的差异。

现代领导特性理论认为领导者的特质形成是一个动态过程,并非天生,而是在领导实践中通过训练和教育的方式予以造就的。

不同国家的研究者根据本国的实际情况提出了领导者应具备的特质要求。最为典型的是美国著名心理学家吉赛利在探讨个人性格与成功管理的关系基础上所形成的十三种领导特征。吉赛利认为有效的领导者应具备八种个性特质和五种激励特质。

1. 个性特质

个性特质分为能力特质和性格特质。能力特质有三种:①才智;②首创精神;③督察能力。性格特质有五种:①性别;②自信心;③适应性;④成熟程度;⑤决断能力。

2. 激励特质

激励特质包括:①对事业成就的需求;②对金钱奖励的需求;③对工作稳定的需求;④对指挥别人的权力需求;⑤对自我实现的需求。

领导特性价值表见表5-3。

表5-3 领导特性价值表

重要性	重要性价值	领导特性
非常重要	100	督察能力(A)
	76	对事业成就的需求(M)
	64	才智(A)
	63	对自我实现的需求(M)
次重要	62	自信心(P)
	61	决断能力(P)
	64	对工作稳定的需求(M)
	47	适应性(与下属关系亲近)(P)
	34	首创精神(A)
	20	对金钱奖励的需求(M)
	10	对指挥别人的权力需求(M)
	5	成熟程度(P)
不重要	0	性别(男性或女性)(P)

注:(1)括号中A表示能力特质,P表示性格特质,M表示激励特质;
　　(2)重要性价值:100=非常重要,0=没有作用。

到目前为止,关于有效领导者到底应该具备哪些素质,学者们众说纷纭,尚无定论。但领导特质理论的研究为领导者的选拔提供了一些标准,对领导者在实际工作中才智发挥和完善自我具有一定的指导作用和借鉴意义。

研究表明,领导具备某些特质只说明了一个人成为领导的可能性和基本条件。依照这些特质要求去选拔和评价领导,或许能选出一些优秀品质的人,但要想成为有效的领导者,不仅仅取决于领导者所具备的个人特质,还和领导者的领导行为以及领导行为发生的具体情境有关。

二、领导行为理论

领导行为理论以领导者的行为方式、工作作风及管理维度为研究重点,试图揭示领导者的行为特点与组织绩效之间的关系。

(一)领导方式论

由于每个领导者的领导方式、领导风格不同,因此,他们在领导行为表现上也会有很大的不同。在日常管理中,有的领导者平易近人、和蔼可亲,而有的则独裁专断、高高在上。究其原因,除了领导者特质差异,更主要的是领导者对任务、人员之间的关系理解不同,对权力运用方式态度各异。领导方式是决定管理绩效的一个重要问题,因此,学者们从不同的角度对领导方式进行了深入的研究。尤以勒温和利克特的研究成果最具代表性。

1. 勒温的领导方式理论

美国心理学家勒温根据领导者对权力的运用方式的不同,将领导者在领导过程中表现出的行为方式分为专权式、民主式和放任式三种类型。

1) 专权式领导

专权式领导者依靠职权,独断专行,不征求、不吸收下属意见,通过行政命令、规章制度强制下属服从并执行。对下属极为严厉,惩多奖少,保持心理距离,缺乏感情交流,很少参与群体的社会活动。下级没有任何参与决策的机会,也没有商量或讨价还价的余地,只能察言观色、奉命行事。

2) 民主式领导

民主式领导者依靠个人威信,而不是职权使人服从。所有决策均由领导者和群体成员共同讨论决定。决策时领导者以身作则,鼓励大家各抒己见,力求集思广益。分配工作时尽量根据个人的能力、兴趣和爱好合理安排,给下属较大的工作自由及选择性。领导者主要通过鼓励和说服的方式与下属沟通交流,积极参与团体活动,与下属没有心理距离。

3) 放任式领导

放任式领导者对组织工作只负责给下属提高工作所需要的条件,对工作的成绩或今后的工作设想,既不做任何评价也不做任何指示,不闻不问、听之任之。对组织成员的行为完全凭其所好、各行其是,没有监督检查,也不实行奖惩,毫无规章制度,是完全自由的管理方式。

这三者领导方式的特点见表 5-4。

表 5-4 勒温三种领导方式特点分析

项目	专制式领导	民主式领导	放任式领导
权力分配	权力集中于领导者个人手中	权力在团队之中	权力分散在每个员工手中,采取无为而治的态度
决策方式	领导者独断专行,所有的决策都由领导者自己做出,不重视下属成员的意见	让团队参与决策,所有的方针政策由集体讨论做出,领导者以身作则,鼓励和协助团队	团队成员具有完全的决策自由,领导者几乎不参与

续表

项目	专制式领导	民主式领导	放任式领导
对待下属的方式	领导者介入具体的工作任务中,对员工在工作中的组合加以干预,不给下属参与决策的机会,不让下属了解整体目标	员工可以自由选择与谁共同工作,任务的分工也由员工的团队来决定。让下属员工了解整体的目标	为员工提供必要的信息和材料,回答员工提出的问题
影响力	领导者以权力、地位等因素强制性地影响被领导者	领导者以自己的能力、个性等心理品质影响被领导者,被领导者愿意听从领导者的领导	领导者对被领导者缺乏影响力
对员工评价和反馈的方式	采取"个人化"的方式,根据个人的情感对员工的工作进行评价。采用惩罚性的反馈方式	根据客观事实对员工进行评价。将反馈作为对员工训练的机会	既不做任何评价也不做任何指示
实际效果	通过严格管理能够达到目标,但长期将下属视为某种可控制的工具,不利于下属职业生涯的良性发展。组织成员没有责任感,情绪消极,士气低落	工作效率最高,不但能够完成工作目标,而且组织成员之间关系融洽,工作积极主动,有创造性	工作效率最低,只能达到组织成员的社交目标,但完不成工作目标

综上所述不难看出,放任式的领导方式工作效率最低,虽然组织成员间的社交关系不错,但是却不能很好地完成工作目标。专制式的领导方式虽然通过严格管理能够完成工作目标,但组织成员的积极性受到压制,情绪消极、士气低落。民主式领导方式工作效率最高,组织成员之间关系融洽,工作积极创新,共同致力于工作目标的完成。在实际工作环境中,专权式领导方式比较适合变革中的组织或新员工较多、工作成熟度低的组织。现代组织广泛采用的多为民主式领导方式,尤其是以知识型员工为主导的创新型、高新技术型组织更为普遍,对那些任务复杂的超大型组织、跨国公司也是适用的。放任式领导方式强调活动自由、少约束,适用于各种学术团体、协会或咨询机构。

【拓展阅读 5-3】

三种领导方式的测验

下面的18道题可供你进行自我测试,看看你大体上是采用哪一种方式领导和管理企业。每题用"是"或"否"回答。

(1) 你喜欢经营咖啡馆、餐厅这一类的生意吗?

(2) 平常把决定或政策付诸实施之前,你认为有说明其理由的价值吗?

(3) 在领导下属时,你认为与其一边工作一边监督他们,不如从事计划、草拟细节等管理性工作。

(4) 在你所管辖的部门有一位陌生人,你知道那是你的下属最近录用的人,你不介绍自己而先问他的姓名。

(5) 流行风气接近你的部门时,你当然让下属追求。

(6) 让下属工作之前,你一定把目标及方法提示给他们。

(7) 与部门过分亲近会失去下属的尊敬,所以还是远离他们比较好,你认为对吗?

(8) 郊游之日到了,你认为大部分的人都希望星期三去,但是从许多方面来判断,你认为还是星期四去比较好,你认为不要自己决定,还是让大家投票决定好了。

(9) 当你想要你的部门做一件事的时候,即使是一件按铃、招人即可做的事情,你一定自己要以身作则以便他们跟随你做。

(10) 你认为要将一个人撤职,并不困难?

(11) 越能够亲近下属,越能够好好领导他们,你认为对吗?

(12) 你花了不少时间拟订了某一个问题的解决方案,然后交给一个下属。可是他一开始就找这个方案的毛病,你对此并不生气,但是对问题依然没有解决而觉得坐立不安。

(13) 充分处罚犯规者是防止犯规的最佳方法,你赞成吗?

(14) 假设你对某一情况的处理方式被下属质疑,你认为与其宣布自己的决定,不如说服下属请他们相信你。

(15) 你是否让下属为了他们的私事而自由地与外界的人们交往?

(16) 你认为你的每个下属都应该对你抱有忠诚心吗?

(17) 与其自己来解决问题,不如组织一个解决问题的委员会,对吗?

(18) 不少专家认为在一个群体中发生不同意见的争论是正常的,也有人认为意见不同是群体的弱点,会影响团结。你赞成第一个看法吗?

★ 测试说明

如果1、4、7、10、13、16题答"是"多,说明具有专制型倾向;如果2、5、8、11、14、17题答"是"多,说明具有民主型倾向;如果3、6、9、12、15、18题答"是"多,说明具有放任型倾向。

2. 利克特的领导方式理论

美国密歇根大学的利克特教授及其同事,在对"以工作为中心"和"以人为中心"两个角度进行研究的基础上,提出了四种不同的领导方式。

1) 独裁专制式

采用这种领导方式的领导者非常专制,独揽决策权。通过自上而下的命令方式进行沟通,下属不得存有异议,只能遵照执行。对下属缺乏信任,上下级之间很少交流,更多的是通过惩罚的手段让下属服从。

2) 开明权威式

采用这种方式的领导者会向下属授予一定的决策权,但高层仍牢牢掌握着控制权。领导者态度谦和,对下属有一定的信任和信心,通过恩威并重的方式与下属沟通,采取奖赏和惩罚并用的方法进行激励。

3) 民主协商式

采用这种方式的领导者对下属抱有相当大的信心,但并非完全的信任,以奖多罚少的方式来进行激励。通过上下双向的方式进行沟通,决策时注重征求、接受和采纳下属的建议。上级主管部门在制订总体决策和主要政策的同时,允许下属部门对具体问题做出决定,通过协商的方式达成一致。

4) 群体参与式

采用这种方式的领导者对下属在一切事务上都抱有充分的信心与责任,向下属提出挑战性目标,鼓励各级组织参与决策,并积极采纳下属的意见,以奖赏作为激励方式,无论是上下级之间还是同级之间,都能保持信息沟通顺畅,组织氛围良好。

利克特通过研究发现,运用群体参与式的领导方式进行组织管理活动,更容易调动组织成员参与管理及相互支持的程度,从而更有利于组织目标的实现。因此,群体参与式是一种最为有效的领导方式,采用此种方式的管理人员,一般都是极有成就的领导者。

(二) 领导行为二维四分论

早在1945年,美国俄亥俄州立大学的研究者弗莱希曼和他的同事就开始从"关怀"与"定规"两个维度对领导问题进行广泛的研究。"关怀"维度是指领导者对其下属所给予的尊重、信任及互相了解的程度;"定规"是指领导者对下属的地位、角色与工作方式等,是否制订了规章或工作程序。研究表明,根据领导者在这两个维度上的表现程度的不同,可以把领导行为分为四种类型,并用四分图加以描述。领导形为四分图如图5-1所示。

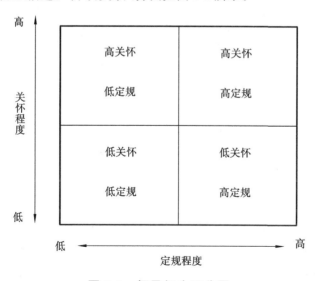

图 5-1 领导行为四分图

1. 高关怀、低定规的领导者

这种领导者属于仁慈型,平常友善且平易近人,关心下属的生活、健康及满意程度,经常与下属交流思想、信息,并帮助解决下属个人问题,但是组织内规章制度不严,工作秩序不佳。

2. 低关怀、高定规的领导者

这种领导者属于严厉型,工作中严格执行规章制度,注重建立良好的工作秩序与有效的责任制,但是对下属不够关心与爱护,与下属关系不融洽,缺乏思想和信息交流。

3. 低关怀、低定规的领导者

这种领导者既不注意关心下属,也不注意执行规章制度;工作关系既不融洽,工作绩效也不高。这种领导者是无能、不合格的领导者。

4. 高关怀、高定规的领导者

这种领导者为了实现组织目标,积极领导下属工作,属于高效、成功的领导者。一方面严格执行规章制度,同时建立良好的工作秩序和责任制;另一方面关心、爱护下属,想方设法调动下属的积极性,在下属心目中既可敬又可亲。

一般来说,高定规低关怀的领导方式效果最差,高关怀高定规的领导者,常常比其他三种类型的领导者更能达到高绩效和高满意度,但是,在从事常规任务时,如果仍以高定规进行领导的话,则可能导致高抱怨率、高缺勤率,甚至高离职率,而工作的满意度水平也会很低。因此,领导者到底该采取何种领导行为,不能脱离具体的情境因素。

(三) 领导行为方格论

1964年,美国德克萨斯州立大学的布莱克和莫顿教授在俄亥俄州大学和密歇根大学研究的领导行为四分图基础上,把领导行为类型理论的研究推向了高峰。根据多年的研究成果,在《管理方格》一书中提出了管理方格理论。

由于不同的领导者在管理过程中对"关心生产"与"关心人"这两个维度存在差距,因此,将二者在不同程度上相互结合产生多种领导方式。他们总结出了著名的"方格图模式"(见图5-2)。图中横坐标代表"关心生产",纵坐标代表"关心人",根据程度不同,每个轴分为9个刻度,其中9是最高等级,1是最低等级,从而产生了81种不同的领导方式。在这两个维度上,产生了5种典型的领导行为类型。

1. 贫乏型管理(1.1)

这种领导方式对生产和员工都很少关心,仅用最小的努力来完成组织必须完成的任务,以维持组织存在和成员身份,是回避责任、缺乏志向和不称职的领导。

2. 俱乐部型管理(1.9)

这种类型的领导者友善待人,渴望被员工认可和拥戴,重视员工的态度和情感,努力营造舒适、友好的工作氛围,但对工作控制、监督和规章制度等不够重视。

3. 任务型管理(9.1)

这种领导者对工作高度关心,强调任务和工作要求,认为员工就是完成工作的工具,通常用工作条件来提高效率,并尽量降低人为因素在工作中的影响,对员工与下属漠不关心,甚至不近人情。

4. 中庸型管理(5.5)

这种领导者通过折中的方式在关心人和关心工作两者之间寻求平衡,对待工作不求有功,但求无过,强调适可而止,满足于一般的组织绩效。这种"中庸之道"往往使领导者缺乏进取心,容易安于现状。

5. 团队型管理(9.9)

这种领导者对工作和人的关心都极为关心,且有高标准的要求,既可以高效地完成工作任务,又能使每个人在实现组织目标的过程中发现自己的成就感,员工关系协调,士气旺盛,是团队协作的最有效的一种领导方式。

管理方格论的提出,为领导方式的概念化提供了框架。而方格理论在组织管理中的应用,为领导者正确评价自己的领导行为,掌握最佳领导方式提供了有效的指南。

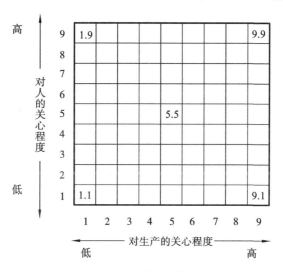

图 5-2　方格图模式

三、领导权变理论

权变理论又称情景理论。该观点认为,领导是一个动态过程,它的有效性除了受领导者的素质和行为影响外,还与被领导者的特点和领导者所处的环境密切相关。领导情景是领导者和被领导者共同作用的客观对象,是影响领导有效性中最重要的权变因素。权变理论表明,没有哪一种领导模式能够适用所有的领导情境,只能提出在特定情况下相对来说最有效的领导模式。在实际的管理过程中,任何一种管理方式都不可能绝对有效,在不同的情景里,选择适宜的管理方式才是最有效的领导。领导权变理论正是关于领导者行为在一定条件下受环境变量影响的研究。

(一)菲德勒的权变模型

美国管理学家菲德勒经过长期研究,通过问卷调查方式对领导者的性格特征进行测量,并对情景因素进行分类,指出群体绩效的有效性取决于"与下属发生相互作用的领导者风格"和"领导者能够控制和影响情境的程度"这两个方面的恰当匹配,并创建了"有效领导的权变模型",也就是大家通常所说的菲德勒模型。该模型是基于"在不同类型的情境中,总有某种领导风格最有效"的假设前提下而建立的。菲德勒的权变模型图如图5-3所示。

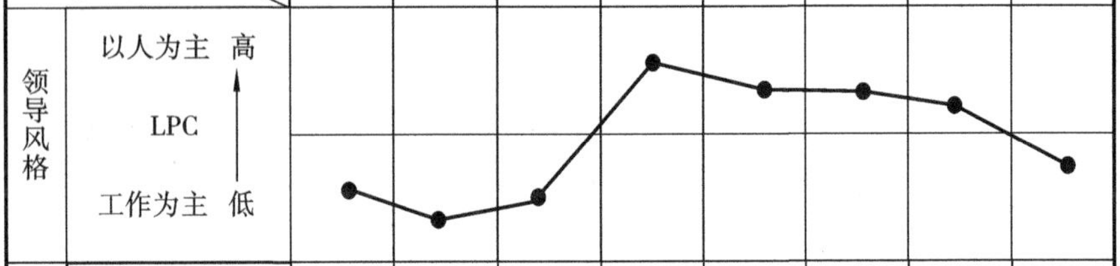

领导风格及工作环境	序号	1	2	3	4	5	6	7	8
领导风格	以人为主 高 LPC 工作为主 低								
工作环境	上下级关系	好	好	好	好	差	差	差	差
	任务结构	明确	明确	不明确	不明确	明确	明确	不明确	不明确
	职位权利	强	弱	强	弱	强	弱	强	弱
	情景有利性	有利	有利	有利	适中	适中	适中	适中	适中

图 5-3 菲德勒的权变模型图

1. 影响领导行为效果的情境因素

菲德勒认为领导方式的选择要考虑到各种变量间可能产生的影响,提出领导效果的好坏主要取决于以下三个因素。

1) 领导者与被领导者的关系

领导者与被领导者的关系,指领导者对被领导者的吸引力,主要表现为领导者受到下级的信任、喜爱、忠诚和愿意追随的程度。

2) 任务的结构

任务的结构,指工作团队对要完成的工作任务是否明确,其规范化和程序化程度如何,被领导者对组织任务是否理解,有没有模糊的地方。

3) 职位的权力

职位的权力,指领导者通过职位所能拥有的正式职权以及领导者从各方面所取得的支持程度,包括聘用、训导、晋升、加薪和解雇他人的权利。

2. 测定领导者习惯采用何种领导行为方式的 LPC 问卷

菲德勒认为个体的基本领导风格是影响领导成功的关键因素,试图从领导者人格特性和情景的关系中找出有效领导方式。为此,他设计了"最不喜欢同事"的 LPC 问卷,通过确定一个领导者对其最不喜欢的同事的评价,从而说明领导者属于何种行为类型。LPC 问卷由 16 组对应的形容词构成,是一种反映人行为类型的心理测量量表。调查中要求作答者从他们所有的共事过的同事中,找出一个他们最不喜欢的同事,并用这 16 组形容词按 8 个等级对其进行评估。如果作答者以相对积极的形容词描述他们最不喜欢的同事,则 LPC 问卷得分高,说明作答者乐于与同事形成良好的人际关系,属于关系导向性。反之,作答者如果用消极的词汇形容最不喜欢的同事的话,则说明作答者更倾向于关注生产,属于任务导向型。

菲德勒将影响领导行为效果的 3 种情境因素任意组合成 8 种不同的情境类型,通过对

1 200个团体观察研究,对 8 种情境类型所对应的每一种情况,均对比了关系取向和任务取向这两种领导风格,得出在各种不同的情况下实现领导有效性应当采取的领导方式。菲德勒的权变模型表明,当三种影响因素都具备或基本具备时,则领导成员关系良好、工作任务明确,是有利的领导情境;如果只具备一项或两项条件,属于一般的领导情境;当三种影响因素都不具备时,是不利的领导情境。由此可以看出,在非常有利和非常不利的情境下,采用任务导向性的领导方式效果更好,而在一般的领导情境中,则关系取向型的领导方式效果更佳。按照菲德勒的观点,个体的领导风格具有稳定性,与其让领导者改变风格去适应变化的情境,不如在不同的情境下采取不同的领导方式。因此,要想实现有效的领导,要么改变领导者的个性或替换领导者以适应情境,要么改变情境以适应领导者。

(二) 途径-目标理论

途径-目标理论是由加拿大学者罗伯特·豪斯在前人研究基础上发展而成的一种领导权变理论,是对领导行为四分图理论与期望理论的有机结合。

与别的领导理论不同的是,途径-目标理论立足于下属,而不是立足于领导者。领导者的基本任务就是发挥下属的作用,以关心下属和组织指引作为行为的出发点,帮助下属建立起明确的工作目标,并指明实现目标的途径。在具体的管理过程中,领导者必须对下属阐明工作任务的要求,提供必要的指导,帮助下属排除各种障碍,激发员工的动机,提高员工能力与满意度,从而确保组织成员的目标实现,并且与群体或组织的总体目标保持一致。

目标-途径理论认为,领导的有效性取决于激励下属完成目标的能力和下属在工作中得到满足的程度。为此,领导者必须根据下属的情况和环境特点,选择不同的领导方式。罗伯特·豪斯认为有四种领导方式供领导者在不同的环境下选择使用。

1. 指令型领导方式

指令型领导方式是指领导对下属的工作任务给予明确的说明,制订具体的工作标准,对下属提出要求与期望,并对其工作进行指导,使下属清楚自己该做什么以及如何做。

2. 支持型领导方式

支持型领导方式是指领导与下属关系友好,尊重下属的地位,关注下属的切身需要,并给予真诚的帮助,试图营造和谐的组织氛围。

3. 参与型领导方式

参与型领导方式是指领导让下属参与决策与管理,遇事与下属协商,善于倾听下属的想法和意见。

4. 成就型领导方式

成就型领导方式是指领导为下属树立挑战性的工作目标,并对下属提出较高的期望,鼓励下属对成就与自我实现需要的追求,对下属充分信任,相信下属愿意且有足够的能力完成组织的工作任务。

领导究竟该选择何种领导方式要考虑两类情境因素:一是下属的个性特点,如个人经验、能力、责任心、受教育程度和心理需求等;二是环境因素,包括工作性质、任务结构、权力构成、工作群体等。面对不同的情境,领导者的行为也要随之变化。一般来说,当面对复杂的工作任务,且内容模糊不清时,下属会感到无所适从。如果领导者能够适时做出明确的规定和安排,以弥补下属的不足或工作环境的不足的话,则领导者的行为可能会对下属的绩效与满意度产生积极的影响。但是,当面临的只是常规性的任务,且工作内容非常明确时,如果领导者仍然坚持事必躬亲,不肯放手的话,下属则会把这种领导行为视为多余,甚至感到厌烦和不满意。

(三)领导生命周期理论

领导生命周期理论又称情景领导理论,它是由科曼首先提出,后经赫西和布兰查德予以发展而成。该理论在管理方格论的理论基础上,又增加了被领导者的工作成熟度这一权变因素。认为领导的进取如同生命一样,处于不断变化发展中,在领导方式的选择上,要取决于下属在工作中表现的成熟度,并根据他们工作成熟度的变化来调整和改变领导方式。领导生命周期模型图如图 5-4 所示。

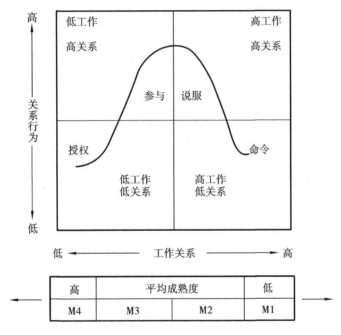

图 5-4　领导生命周期模型图

通常情况下,群体成员在工作中呈现出逐步成熟的变化特征,是一个由低到高的发展过程。所谓的成熟度,是指一个人在教育水平、能力强弱、成就动机和承担责任意愿等方面的表现,而体现生理变化的年龄则是一个比较次要的因素,主要包括任务成熟度与心理成熟度两个方面的内容。任务成熟度是指一个人无须他人指导,仅依靠自己的知识、技能和经验就可以独立完成工作任务,那么他的任务成熟度就高,反之则低。心理成熟度与工作意愿和动机相关,如果一个人在没有任何外部激励的情况下,还能积极主动地完成工作任务,说明他的心理成熟度较高,反之则低。

研究者根据下属成熟水平的不同,将成熟度分为不成熟、初步成熟、比较成熟和成熟四个阶段。将领导的行为方式按照关心工作和关心人这两个维度划分为以下四种类型,并通过领导生命周期模型图加以描述。

1. 命令型阶段(高工作、低关系)

此阶段属于员工进入组织的最初阶段,这时下属的工作成熟度较低,对完成某项任务既没有必需的能力且又不情愿,既不能胜任当前的工作又不能得到领导者的信任。因此,领导者需要给予较多的工作指导,明确告知下属组织中的规则和运作程序,使下属清楚自己该做什么、怎么做、何时做等,此阶段采用工作导向的领导方式最为适宜。

2. 说服型阶段(高工作、高关系)

此阶段组织成员开始理解自己的工作任务,在某些方面表现出一定的成熟度。虽然他们有工作的积极性和意愿,但是缺乏相应的工作能力。因此,领导者应注意保持和鼓励下属的积极性,增加对他们的信任与支持,以激发他们更加努力地完成工作任务。适宜采用工作导向与人际关系导向并重的领导方式。

3. 参与型阶段(低工作、高关系)

此阶段组织成员已经表现出相当的工作成熟度。他们有了更高的成就动机,并愿意承担更多的责任,不再需要领导者像最初那样直接指挥。因此,领导者应适时转变角色,少命令多沟通,共同磋商,为下属完成工作任务提供更多的便利条件。适宜的领导方式是较高的人际关系导向和较低的工作导向。

4. 授权型阶段(低工作、低关系)

此阶段组织成员无论是心理上还是工作上的成熟度都已发展到高层次水平,期望按自己的意愿行事。因此,领导者的主要任务就是充分授权,信任下属,使其自己决策,独立开展工作。领导者只需必要的监督,无须做太多的事情。逐步把两种导向行为都降低到适度的水平是有效的领导方式。

总之,领导者应随着被领导者成熟度演变选择适宜的领导方式,达到理想的管理状态。并沿着领导生命周期理论中领导方式改变的轨迹运行,完成领导生命周期的基本循环,进入更高的层次。

最后,随着经济和科技的发展,管理实践活动的日渐丰富,领导理论也越来越完善。近年来,研究者从不同的角度提出了许多新的领导理论,使人们对领导过程有了更深入的理解。其中,较为典型的有魅力型领导理论、交易型领导理论、变革型领导理论、领导归因理论和领导替代模型等。

第三节 领导的决策行为

决策是领导的重要职能,是管理过程最关键、最核心的环节。在现代社会中,决策的优劣关系到组织的兴衰成败。因此,提高领导决策的科学性和准确性,对组织的经营和发展至关重要。

一、决策的概念及特点

(一) 决策的概念

关于决策的概念及其覆盖范围,学者们的说法不一。国外决策理论学派认为,管理就是决策,决策就是管理,从而把决策和管理完全等同起来。而另外一些学者认为,决策不等同于管理,它仅仅是管理的一个方面。管理除了决策活动,还包括资料收集、统计、核算、监督、考核等。管理学家西蒙认为,组织就是作为决策者的个人所组成的系统。决策贯穿管理的全过程,管理就是决策。由此可见,领导决策是指领导者在领导活动中,为了解决重大的现实问题,通过采用科学的决策方法和技术,从若干个有价值的方案中选择其中一个最佳方案,并在实施中加以完善和修正,以实施领导目标的活动过程。决策是领导者的一项基本职能,领导活动实际上就是领导者制订决策和实施决策的过程。

(二)决策的特点

决策作为领导活动过程的重要组成部分,具有以下特点。

1. 决策的目标性

决策是为了实现一定的目标,任何决策都有明确的目标。决策目标是决策活动的中心和主轴线,是领导者率领下属前进的方向和旗帜。决策前必须明确所要达到的目标,而且必须将局部的目标置于组织的总体目标体系中,如果目标模糊或整个目标体系杂乱无章,那合理的决策就无从谈起了。

2. 决策的择优性

决策需要在多个方案中做出抉择,选择的目的是追求优化。决策是在目标的引导下,从多样化的决策目标和行动方案中经过比较、鉴别,选择出最优目标和行动方案的过程。择优性的特征排斥只有一个备选方案的决策。

3. 决策的满意性

决策追求的是"满意"标准。人做任何事,都不可能做到完美无缺。对于决策者而言,择优的标准是根据方案目标的实现程度与付出的代价来衡量的,没有统一的、固定标准。"优"的标准是相对的,是与其他方案相比较而言的,因此,最优方案实际上只是一种适宜或比较满意的方案。

4. 决策的关键性

决策是关于一定事物发展的最后判断和决断,即俗语所说的"拍板"。决策时,因事物在发展过程中受到多方面因素的影响,导致不同的取向和结果,所以,决策所做出的最后决定,对事物的发展起着关键性的影响作用。

5. 决策的创新性

组织的发展过程,就是解决不断出现的新问题、新情况,创造出新成果、新水平的过程。一个组织的活动,如企业的经营活动,正是通过一系列的决策过程,调整内部条件、适应外部环境,使企业在适应市场需求,进行市场竞争的过程中,得到创新和发展。所以说,组织的生命力就在于它的创新力,而创新力又在于它不断进步的决策过程。

6. 决策的层次性

从决策所承担的风险对组织未来的影响程度来看,具有长期影响的决策可以认为是高层决策,反之,一个短期决策可以由相对低的层次做出。战略性决策是一种长期性的对组织产生深远影响的决策,战术性决策是一种常规性的、与组织内单个部门的日常运作相联系的决策。决策的重要程度还与决策者在组织中的地位有密切联系。

7. 决策的过程性

决策是一个循环过程,贯穿整个管理活动。因此,不能把决策理解为决定采取哪个方案的一刹那的行动,而应包括准备、设计、选择、实施和反馈的整个过程,没有这个过程就很难有合理的决策。

二、领导决策的原则

领导决策的原则是指决策形成过程中所必须遵守的基本规则。决策的基本原则决定着决策活动的方式、方法,使决策活动沿着正确的方向进行。

(一)信息健全原则

1. 信息是领导决策的依据和基础

管理信息是反映领导活动和领导对象的特征及其发展变化情况的各种信息、情报、资料、数据等的统称。它既是决策的基本依据,又是决策活动的基本投入和加工的原料。对领导决策而言,信息工作的首要作用是服务于决策,因而信息调研是决策程序的起步,决策必须建立在准确的信息基础上。

2. 领导决策离不开准确的信息

在现代管理中,信息+经营=财富。领导者在进行决策时,不但需要掌握大量的信息,而且这些信息必须全面、准确。只有依赖准确和迅速的信息传递,才能增强决策的科学性,提高管理成效。

现代决策科学认为,信息是决策不可缺少的一个环节。只有掌握了全面而准确的信息,决策才有可能。

(二)可行性原则

可行性原则要求企业决策从实际出发,所选方案一定要是市场上需要、经济上合理、社会上允许、实践上可行的。决策是否可行,也是衡量决策正确性的标志。领导制订出的决策是要实施的,而每一个决策的实施,都是一定要有人力、物力、财力、科学技术和时间做保证的。

(三)系统分析原则

系统分析原则要求,把决策对象看作一个完整的系统,研究它在整个大系统中的地位和作用,弄清楚系统中各部分、各层次的主次关系、先后关系,达到系统完整、系统平衡。任何一项决策都不是孤立的,都会牵涉其他的因素和方面。

(四)创新性原则

高层领导遇到的决策问题多是新的、随机性的、非程序性的,不能凭老习惯、套老框架,而要发扬创新精神和敢于负责的精神,勇于开拓新道路,寻求新方法。

(五) 时效性原则

时效性原则要求,领导决策的效力必须有一定的时间期限。一项决策,只有在一定的时间内做出,并得到执行,才是有效的。过了这个时间限制,它就会丧失其效力。时效原则说明任何领导者都应把握时机,当机立断,及时做出决策。

时机对任何人来说都是一种特殊的资源,买不到,租不到,因为它没有弹性,没有替代品。对于领导者来说,更要善于运筹时间。坚持时效性原则,必须树立时效观念。

时效观念包括以下三个方面的内容。

1. 时间观念

时间就是生命,就是财富,要重视时间的科学利用。

2. 时机观念

一切事物都是以特定的时间、地点、条件为转移的。领导者必须把握时间、地点、条件,把握时机,利用变化,为组织创造价值。

3. 效率观念

提高效率既是领导的目的,也是管理必须遵循的重要原则。

【案例 5-3】

射雁

从前,有两个兄弟看见天空中一只大雁在飞,哥哥准备把它射下来。说:"等我们射下来就煮着吃,一定会很香的!"这时,他的弟弟抓住他的胳膊争执起来:"鹅煮着会好吃,大雁要烤着才好吃,你真不懂吃。"哥哥已经把弓举起来,听到这里又把弓放下,为怎么吃这只大雁而犹豫起来。就在这时,有一位老农从旁边经过,于是他们就向老农请教。老农听了以后笑了笑说:"你们把雁分开,煮一半烤一半,自己一尝不就知道哪一种方法更好吃了?"哥哥大喜,拿起弓箭再回头要射大雁时,大雁早已无影无踪了,连一根雁毛都没有留下。

(六) 民主性原则

民主性原则要求企业决策要依靠群众,集中群众、专家的智慧。由于企业决策是企业比较重大的复杂的问题,单凭决策者个人或少数人是很难胜任的。因此,必须依靠广大群众并发动群众以一定的形式参加企业决策的过程,特别要依靠专家智囊团来为决策者当参谋,共同献计献策。

三、决策对实现领导有效性的意义

在任何情况下,无论是个人、组织,还是管理过程,其成功的保证都依赖于决策的有效性。领导与决策的关系十分密切,主要原因有以下几点。

(一)决策是领导过程中最主要的职能

决策贯穿整个领导过程,领导活动的一切方面和一切环节都离不开决策。可以说,领导过程的有效性取决于决策是否合理正确。

(二)领导者权力的实现要依赖于领导者制订决策

决策作为一种领导活动,普遍存在于组织生产经营管理的各个方面和整个过程。决策的正确性是领导者取得成功的关键所在。领导者要行使权力,必须首先制订和选择目标,然后选择适当的方法和手段来保证目标实现,而这些正是领导者决策的内容。

(三)科学决策是提高领导效能的根本措施

决策的科学化程度直接决定着领导的效能和组织的未来发展。现代管理的大量事实表明,正确的决策会带来比较好的效益,相反,决策失误则会造成难以估量的损失。因此,领导者只有通过科学决策才能避免战略决策的失误,以保证领导行为的有效性。

(四)决策是竞争形势的需要

当今世界,科学技术发展日新月异,市场风云不断变化,国际竞争日趋激烈,任何一个组织要在激烈的市场竞争中获得生存和发展,必须迅速正确性地做出反应和决策,任何犹豫不定的举动,都有可能贻误先机与商机。

(五)决策决定着组织运行的方向

在组织运行的所有方面都包含着这样或者那样的决策过程,事实上正是决策形成了所有领导活动的基础。决策之所以必要,是因为在组织运行过程中,有着许多的变化:既包括由政府政策、立法、技术或竞争所导致的外部变化,也可能由新的目标,不同的管理结构所引起的内部变化。由于这些因素的存在,组织必须经常做出相应的决策,以保证组织沿着目标方向运行。

四、领导决策的程序

(一)识别问题

决策制订过程始于一个存在的问题。所谓问题,就是应有现象和实际现象之间出现的差距。问题是决策的逻辑起点。人们只有在识别问题后,才会去想办法解决问题。决策者必须知道哪里需要行动,善于在全面收集、调查、了解情况的基础上发现差距、确认问题,并能阐明问题的发展趋势和解决问题的重要意义。

(二)确定决策目标

管理者一旦发现了需要注意的问题,就必须对解决问题中起重要作用的决策标准加以确定。在一定环境和条件下,为缩小应有状态与实际状态之间的差距而制订的总体设想,就是决策目标。决策目标要具备以下基本条件:目标的明确性;目标的期限性;目标的可行性;目标的可量化性;目标的层次性。

(三) 拟订备选方案

决策目标确定后,提出若干行动方案以备选择是决策中不可缺少的重要环节。对任何目标,人们都可以通过多种不同的途径与方法加以实现。因此,对同一个决策目标人们可以从不同角度、立场出发,采用不同的方法、技术和途径来拟订各种各样的行动方案。备选方案的制订是出于择优的需要,因此这些方案之间是排他的,即拟订的方案之间不能出现雷同,必须要有原则上的区别,否则备选方案的拟订就毫无意义。

(四) 分析、评估与优选

备选方案拟订出来后,决策者还要委托各种专家和咨询机构对备选方案进行全面的分析、评估。在评价过程中,要使用预订的决策标准以及每个标准的相对重要性,对每种方案的预期成本、收益、不确定性和风险进行综合评判,在对各种方案的优劣得失进行比较后,选择一种理想的方案。

(五) 实施决策方案

决策的正确与否及其效果如何,要以执行结果来验证。决策执行结果,不仅取决于决策方案的选择,而且取决于执行过程中的工作质量。因此,实施过程中通常要注意做好以下工作。

第一,制订相应的具体措施,保证方案的正确实施。

第二,确保与方案有关的各种指令能被所有有关人员充分接受和彻底了解。

第三,应用目标管理方法把决策目标层层分解,落实到每一个执行单位和个人。

第四,建立重要的工作报告制度,以便及时了解方案进展情况,及时进行调整。

(六) 决策方案的反馈与追踪检查

即使是一个优化方案,在执行过程中,由于主、客观情况的变化,发生这样或那样偏离目标的情况也是常有的。因此,反馈和追踪检查也是决策过程中的一个重要环节。这个环节的主要任务就是对决策方案付诸实施后的情况进行严密的监控,随时检查其发展趋势是否与预定目标相一致。如果出现实施结果与预期目标发生偏差的情况,决策者应对原方案或目标进行及时修正或再次决策。

五、领导决策的方法

【案例 5-4】

二次决策的重要性

暴雨来袭,不久洪水就淹没了森林的大部分,大小动物拼命向最高处奔去。待大家聚到高处,洪水还在暴涨,于是大家推选最聪明的猿猴主持召开会议,大家为如何脱险议论纷纷,一时不知所措。

猿猴说:看谁能游泳?很快推选出青蛙、水蛇等四大水手。猿猴灵机一动说:"不行!只会游泳,跑得不快,不能迅速报信求救。"大家一致赞成,但谁是水陆都行的能手呢?猿猴脑子快,瞥了一眼看到了蜈蚣。它会水,腿又多,一定跑得快。猿猴自鸣得意地断然做出决定:马上让蜈蚣出发。于是,大家心情坦然地继续开会。当天已漆黑散会时,大家发现蜈蚣还没有走,因为脚太多,穿鞋成了最费时间的事。大家对猿猴的错误决策十分愤慨,群起而攻之。

思考:这个故事告诉我们什么道理?

(一) 头脑风暴法

头脑风暴法又称畅谈会议法,它是由美国创造学家奥斯本在1939年创立的一种决策方法。头脑风暴法是产生创造性方案的一种相对简单的方法。通过邀请专家,针对组织内某一个问题或某一个议题,让大家开动脑筋,畅所欲言地发表个人意见,充分发挥个人和集体的创造性,经过相互启发,产生连锁反应,集思广益,而后进行决策的方法。奥斯本为实施头脑风暴法提出了四条原则:一是,对别人的意见不允许反驳,也不要做出结论;二是,鼓励每个人独立思考,广开思路,不要重复别人的意见;三是,意见或建议越多越好,允许不同意见相互之间存在矛盾;四是,可以补充和发表相同的意见,以使某种意见更具说服力。头脑风暴法的目的在于创造一种自由奔放思考的环境,诱发创造性思维的共振和连锁反应,产生更多的创造性思维。一般情况下,头脑风暴法的参与者最佳为5～6人,多则10余人,每次时间为1～2小时。头脑风暴法适用于明确简单的问题的决策,但是这种方法的鉴别与评价意见的工作量比较大。

(二) 德尔菲法

德尔菲法,是1946年美国兰德公司的专家为避免集体讨论存在的屈从于权威或盲目服从多数的缺陷而提出的一种定性预测方法,是对传统的专家会议法的面对面方式的改进和发展。德尔菲法采用匿名通信和反复征询意见的形式,通过书面的方式向专家提出所要预测的问题,得到专家不同意见的答复后,将意见集中整理和归纳,然后反馈给专家,再次征询意见和反馈。被征询的专家在互不知晓、彼此隔离的情况下不断交换意见,经过多次循环,最终得到一个比较一致的预测结果。

(三) 提喻法

提喻法主要针对研究决定一些较为敏感的问题,或为了不限制大家的思路,在会上不讨论决策问题本身,而用类比的方法提出类似的问题,或者把决策问题分为几个局部小问题,主持会议者不讲明讨论的主题,而是围绕主题提出一些相关问题,启示专家发表见解,最后把好的见解集中起来形成决策。

(四) 名义小组法

在集体决策中,如果对问题的性质不完全了解且意见分歧严重,则可采用名义小组法。在这种技术下,小组的成员互不通气,也不在一起讨论、协商,因而小组只是名义上的。这种名义上的小组可以有效地激发个人的创造力和想象力。在这种技术下,管理者先召集一些有知识的人,把要解决的问题的关键内容告诉他们,并请他们独立思考,要求每个人尽可能地把自己的备选方案和意见写下来。然后再按次序让他们一个接一个地陈述自己的方案和意见。在此基础上，由小组成员对提出的全部备选方案进行投票，根据投票结果，赞成人数最多的备选方案即为所要的方案，当然，管理者最后仍有权决定是接受还是拒绝这一方案。

（五）电子会议法

电子会议法是将专家会议法与尖端的电子计算机相结合的一种决策方法。通常多达50人围坐在一张马蹄形的桌子旁。这张桌子上除了一系列的计算机终端外别无他物。将问题显示给决策参与者，将他们自己的回答打在计算机屏幕上。个人评价和票数统计都投影在会议室的屏幕上。电子会议的主要优点是匿名、诚实和快速。决策参与者不能透露姓名地打出自己所要表达的任何信息，一敲键盘即显示在屏幕上，使所有人都能看到。它使人们充分地表达他们的想法而不会受到惩罚，它消除了闲聊和讨论偏题，且不必担心打断别人的"讲话"。专家们声称电子会议所用的时间要不了传统的面对面会议所用的时间的一半。

六、领导决策的民主化、科学化、有效性

决策是领导者管理能力的重要内容，也是领导职能的主要内容。组织领导层的决策与一个组织的前途和命运休戚相关。决策的民主化、科学化是社会发展的客观要求和有效决策形成的重要保证。

（一）决策的民主化

1. 决策民主化的原因

现代经济社会中，决策民主化被提到了前所未有的高度，这主要取决于以下两点。

1）决策民主化是调动员工积极性的必由之路

调动员工积极性的方法很多，除了利益原则外，民主参与决策是尊重员工，发挥员工潜能，提供自我实现机会的有效途径，是调动员工积极性的关键。

2）决策民主化是组织决策的未来趋势

在知识经济时代和全球一体化趋势的影响下，跨国公司规模越来越大，无国籍企业数量越来越多，企业内部员工之间的文化差异或文化习惯冲突日趋突出，决策民主化的重要性也为人们所重视。

2. 领导决策民主化的特征

1）决策观念的民主化

决策观念的民主化的关键是领导者思维方法和观念的更新。管理机制和模式创新，核心在于思维方法和观念的创新。创新思维有利于打破僵化的、陈腐的、落后的旧观念，建立一系列适应社会主义市场经济和知识经济发展的新观念。改革发展的实践呼唤领导决策观念的变革和创新。领导者要认清世界发展的新趋势，从传统思想观念中解放出来，建立走向知识经济的新观念和加入国际竞争的意识。

2）决策体制的合理化

决策体制的合理化要求做好以下三项基础性工作。

第一，建立科学的信息系统。当一个决策任务提出之后，决策人首先需要了解有关信息，如

何把有用的信息组织起来,为其他决策环节服务、建立科学的决策信息服务系统,专门承担信息的获取、加工、传输和储存功能,是完善决策体制的重要环节。

第二,建立合理的参谋系统。当决策者掌握了必要的基本的情报信息后,需要对有关信息进行分析和处理,以形成基本的问题判断,提出各自解决问题的方案,并对各种方案进行分析论证。

第三,建立合理的决断系统。谋略工作完成后,继而需要决断,即选择和确认最终的解决方法。现代社会生活的高度复杂性决定了现代决策活动实行高度的功能分化,并在此功能分化的基础上重新组建相应的决策体制。围绕信息、谋略、决断这三项决策活动中的基础性功能,建立起三种相应的系统,协调好彼此之间的相互关系,是健全与完善决策体制的重要内容。

3)决策研究的公开化

现代管理的发展,往往强调吸收更多的人参与决策过程,以广泛地吸收各方面的意见,使决策方案更加完善。这就要求决策研究,一方面要重视组织内部员工的民主参与,另一方面,也重视参谋咨询机构的作用。

(二)决策的科学化

决策的科学化是组织发展的内在要求,是社会发展进步的必然趋势,也是领导有效决策的根本。

1. 决策科学化的必要性

1)组织超大规模发展的需要

现代科学技术发展和全球一体化的趋势,使现代社会组织呈现出日益扩大的趋势。其表现为跨国公司、无国籍企业等一系列超大型组织的出现。而且,随着知识经济时代的来临和国际竞争的加剧,这一类超大型组织还会不断增加或扩大。这种超大型组织的突出特点是:规模庞大、功能综合、信息量大、结构复杂。可以想象,单凭领导者个人的经验要领导好这样复杂的组织是不现实的,必须利用科学的理论和方法进行科学决策才是明智的选择。

2)决策科学化是现代经济社会发展多变性的需要

现代科学技术的发展社会处于日新月异的发展变化之中,集中表现在两个方面:一方面,现代科技的发展十分迅速;另一方面,从科技发明到产品生产和社会应用的周期越来越短。现代社会发展的这种多变性,使现代领导者时时刻刻都可能面临层出不穷的新问题。突发性事件的概率明显提高,非程序化决策的重要性日趋增加。显然,领导者必须由经验决策上升到科学决策。

2. 决策科学化的特征

1)决策思想科学化

领导者是否按照科学思想进行决策,是决策科学化的决定性因素,因为领导者在决策过程中居于举足轻重的地位。决策思想科学化包括:合理的决策标准;有效的信息系统;系统的决策观念。

2)决策程序科学化

决策程序科学化的主要含义有两个:一是,决策程序是一个科学系统,其每一个步骤都有科学含义,相互之间又是相互联系的;二是,有一整套科学技能做保障,使每一个步骤达到科学化。

3）决策方法的科学化

决策方法科学化涉及两类相互区别、相互补充的软技术和硬技术。决策的软技术主要是依靠大量专家的知识、经验、智慧，运用社会学、心理学等理论做出判断。决策的硬技术主要是依靠熟悉模型、电子计算机技术等技术手段，运用定量分析、系统分析等方法做出科学的判断。这两种方法各有所长、各有所短，在具体决策中应根据实际情况相互结合，灵活运用。

（三）决策的有效性

1. 选准决策目标

有效的决策必须具有明确的目标，但事物的复杂性往往使得决策的目标不限于一个，如何选准目标，尤其是组织的战略目标，是提高决策水平的关键。战略决策注重于组织的长远发展，对组织的生存有着至关重要的影响。

2. 提高执行者对决策的认可水平

执行者对决策的认可水平关系到决策的执行效果，可通过以下方法提高对决策的认可水平：一是，通过一定的程序和步骤使决策执行者能够参与决策的制订；二是，说明决策执行结果对组织和执行者的利益关系；三是，执行者参与执行过程中信息反馈和决策的修订，并享有执行决策必须具备的权利。

3. 发挥外脑的作用

为保证决策的合理性和正确性，应充分发挥外脑的作用。

1）发挥智囊团的作用

智囊团是一种在组织系统中独立于决策者之外，但要站在决策人立场上进行研究的决策参与团体，它在研究和论证决策方案时，能够从科学的角度出发指出对方应该怎么办，怎么办最合理或最符合课题交办组织的真正利益。因此，应当允许智囊团违背课题交办人的偏好，提出不同的意见，进行反面的和批判性的论证，并提出其他的政策方案。

2）发挥思想库的作用

思想库是在决策者的关系上，比智囊团显得更超脱、更独立，甚至与决策人之间没有课题交办关系的决策参与团体。这种决策参与团体往往不就现实中的具体问题发表意见，不搞对策研究和方案论证，而是对某些影响组织未来长远发展的深层次的战略性问题进行思考。人们可能一时看不到思考这些问题的现实功用，但正是对这些问题的探讨才会对企业长远发展产生决定性影响。

4. 善于运用逆反意见

不同意见对决策的有效性意义重大，运用逆反意见有利于领导者提高决策水平。第一，不同意见实质上提出了更多的可供选择的方案；第二，不同意见之间的争论能使各个方案的利弊得以充分显示，有利于取长补短、深化思路；第三，不同意见的存在，可以提高决策的可靠性；第四，不同意见的讨论，是领导者避免受人愚弄或左右的最有效的措施。善于汲取不同意见进行决策的领导者，能够抓住问题的核心，促进决策行为科学化。

第四节 领导艺术

一、领导的用人艺术

用人艺术是充分发挥人的体力、智力、能力和潜力为组织服务的一种特殊的管理艺术。领导工作归根到底是做人的工作,如何用好人,对组织目标的实现十分关键。领导的用人艺术,要求领导者实现从识人、用人向育人转变,唯有这样,才能显示领导者对人才的重视,同时也能使下属在组织工作中尽情施展自身的才华,进而增强下属自信心和对组织的忠诚度。

(一)识人

如果说人才好比"千里马"的话,那么知人善任的领导者就是"伯乐"。领导者如果没有慧眼,就找不到可用之才,也就没有人愿意跟随,因此,识人是培养领导力的第一件事。领导者应用公平、客观的态度去评估人,提拔有才能的人,根据"适材适位"的原则将人才安置到相应的岗位上,实现人才所长与岗位所需的最佳结合。领导者的科学识人法主要表现在以下几个方面。

1. 从整体上来看人

要求把人各个方面的表现、情况综合起来判断,切忌以偏概全。

2. 要用历史的眼光看人

不仅要看人的一时一事,更要看他的过去和现在的全部的工作与表现。

3. 要用发展的眼光看人

人都是在实践中不断变化和发展的,不能把人"看死",更要看到人的潜能和发展前途。

4. 要在实践中看人

重在人的表现,要听其言而观其行,不能只听其言而信其行。

(二)用人

优秀的领导者必须有对人才的合理分配和调度的领导艺术,做到人尽其才、物尽其用。领导者的用人技巧主要表现在以下几个方面。

1. 扬长避短,优势互补

正所谓"三个臭皮匠,顶个诸葛亮",垃圾没准就是放错位的宝贝。在一个组织内,每个人的特长、优势各有不同,作为领导者应充分发挥每一个人的长处以弥补个体的不足。

2. 充分信任,用人不疑

俗话说:"带人如带兵,带兵要带心"。在必要的约束与监督下,领导者信任下属,放手让下属去做事,能更好地发挥其能动性与创造力。领导者投之以桃,下属报之以李,两者之间更易建立起信任的纽带,有利于组织凝聚力的增强。

3. 用当其时，把握人才的最佳状态

人随着年龄和精力的变化，其特长有可能增长，也有可能衰退。作为优秀的领导者，应该了解人的特长的衰变性，讲究用当其时，在人才的特长上升阶段和峰值期予以重用，以便充分发挥他们的特长。

4. 坚持开放、宽泛的人才观

常言道："英雄不问出处"。领导者选拔人才，要不拘一格、不计前嫌，敢于任用与自己意见相左，有矛盾冲突的人。知识经济时代，知识更新速度越来越快，人才资源也就越丰富，正可谓"三百六十行，行行出状元"。卓越的领导者要善于重用有能力、爱学习、有业绩的年轻人，坚持"养用结合"。同时，还要善于发掘意志坚强、临危不乱、开拓创新、勇往直前的人。

除了以上技巧，领导者在用人的时候还必须注意以下几类事项。

1）不能单以文凭去判断人

文凭不代表水平，职称不代表称职，学历也不代表能力。

2）不能嫉贤妒能

领导者敢于重用比自己能力强的下属，善于借助下属的能力来提升自己的业绩。领导者如果害怕下属的才能影响到自己的权威而采取压制手段的话，必然会扼杀他人的才能，从而影响组织绩效的提高。

3）避免任人唯亲

常言道："亲兄弟，明算账"。组织中的任人唯亲必然会打破了组织的公平与公正原则，影响了组织的内部团结，造成真正有才能的人才流失。

4）切忌求全责备

"金无足赤，人无完人"，任何人都会有缺点，都有可能犯错误。如果领导者过于吹毛求疵，只看缺点，死揪错误的话，是难以实现人尽其才的。

【拓展阅读5-4】

管理者要敢于用有瑕疵的人

话说在唐僧取得真经后，有一天到如来家做客，两人在谈管理者如何择人的时候，说了这样一番话：

如来：众所周知，你当年的成功，离不开三个得力的徒弟——孙悟空、猪八戒和沙僧。那么，你最喜欢哪个徒弟呢？

唐僧：毫无疑问，是二徒弟猪八戒。猪八戒最大的优点就是可爱，这个团队有了他，也就有了不少欢声笑语。有很多人误以为猪八戒懒惰，其实不然。猪八戒每次打扫马厩或者收拾包裹，都是一丝不苟，挑不出什么错儿来。但是他也有瑕疵，就是为人过于小气，而且，他在职场上还有一个缺点，就是喜欢睡懒觉，所以大家才会觉得他很懒。

如来：原来如此。有人说，作为一个管理者，必须知人善用。而且，手下队伍要精简，下属的个人能力要强。对此，你是怎么看的？还有，在你的三个徒弟当中，猪八戒的个人能力是最差的，对待工作又不负责，你为什么不找一个精明能干的人顶替他呢？

唐僧：的确。如果比个人技术，猪八戒无疑是我队伍里面最差的一个。但是，当一个团队由

最好的人员组合起来后,也不见得就能最大限度地发挥队伍的整体作用。一个强大的队伍,成员必须有不同的特点和分工。只要留心观察我们取经的过程,就能发现,为这个团队通风报信的人往往是猪八戒。此外,猪八戒还有个优点,就是"打不过就跑",你想啊,本来打不过人家,还非得碰得满身伤痕,不免有些傻气。不如保存一点实力,养精蓄锐,最后整合团队的资源去挑战对手,这一点,猪八戒十分明智。这个特点也只有猪八戒才有。我记得以前有个将军,他就爱用怕死的士兵放哨。别人不解。他说,假如用勇猛的士兵放哨站岗,碰到敌人一定会战死,而胆怯的士兵则会跑回营中报信。因此,这个士兵的缺点,正是他担任哨兵的优点。而且,猪八戒这个人的脸皮非常厚,从来不怕指责。一件事情做不好,大家都可以把责任推到他头上,这样节省了我处理内部矛盾的时间。此外,正因为猪八戒能力差,其余的人员就会有一种信心,因为他们自以为能力高过猪八戒,在职场才会拼命地做出业绩来。还有,猪八戒喜欢溜须拍马。有些话,明眼人一听就知道他是阿谀奉承,但是,一个管理者不可避免地要对夸奖他的手下产生好感,甚至依赖他。而且,几乎每个管理者身边都会有猪八戒这样的下属存在。因为管理者在一个比较高的位置上,还要放低身份和自尊,去听取下属的批评和接受下属的指责,这个时候,就必须有一个会说管理者好话的人在身边,要不工作无法开展。

(三) 育人

在信息时代,知识更新快,竞争来自于多个领域,对综合素质的人才需求越来越大,因此,组织必须加强人才培养的力度。领导者的育人途径主要有以下几个。

第一,领导者应为下属提供展示才能的舞台,创造成功的机会。

第二,领导者尽可能给下属安排一些富有挑战性的工作,鼓励创新,以激励下属潜能的发挥。

第三,领导者应在适当的时候,让下属知道,领导者始终在支持他们的工作,以增强下属的自信心和对组织的忠诚度。

第四,领导者应参考"3Q"育人模式,提高下属的能力和素质。包括IQ(智商)指人的思维能力方面、EQ(情商)指人的情绪管理能力高低的数量指标、TQ(team quotient,团队商数)指人的团队运作能力的数量指标。领导者对组织成员的能力素质培养要求,应根据不同的管理层级,采取不同的"3Q"育人模式。

①基层员工的育人方式:"3Q"+学习能力+沟通能力。
②基层管理者的育人方式:"3Q"+应变能力+责任心。
③中层管理者的育人方式:"3Q"+协调能力+执行力。
④高层管理者的育人方式:"3Q"+远见卓识+文化塑造。

二、领导的授权艺术

作为组织的领导者不可能事事亲力亲为,因此,领导者必须根据工作的需要,在职权范围内授予下属处理特定事务的权力,让下属各尽所能,充分发挥他们的才能为组织工作做贡献。授权是领导者对下属信任与支持的体现,也是提高工作效率和效能的重要途径。

（一）授权的必要性

1. 有利于领导者对大局的判断和掌控

通过授权,可是将领导者从烦琐的日常性事务中解脱出来,领导者才能腾出时间和精力去规划全局、处理大事,为组织创造佳绩。

2. 有利于提高工作效率

领导者把权力授予自己的下属,一方面可以使领导者的智慧和能力得到延伸和放大;另一方面也可以增强下属的荣誉感和责任心,激发下属的工作热情,调动下属的积极性和创造性,从而提高工作效率。

3. 有利于发挥下属的专长且弥补领导者的不足

任何领导者都不是全才,应当尽量把自己不擅长的工作交给有这方面专长的下属去做,以弥补自己的不足,从而提高工作质量。

4. 有利于培养和选拔接班人

培养下属最有效的办法,就是让他们在实践中获得足够的锻炼机会。授权可以为下属创造和提供更多的在实践中锻炼和展示自己的机会,使他们增长才干,尽快成长起来。

（二）授权的要点与技巧

1. 选择合适的授权对象

领导者凭借自身对人才识别的洞察力,将权力授给品行端正,工作积极,敢于付出,敢于承担,具备真才实学的人。

2. 责权明确且不重复授权

正所谓"一个和尚挑水吃,两个和尚抬水吃,三个和尚没水吃",重复授权容易导致责权不清,既没人承担责任,也无从追究责任。因此,合理的授权必须让被授权者清楚该做什么,不该做什么,在什么时限内完成。同时必须坚持权责统一的原则,以必要的责任约束下属的权力行为,以确保授权的有效性。

3. 授权内容合理

大权集中、小权分散,权力该集中的就集中,该分散的就分散。领导者应防止过度授权,以免权力过于分散,避免因授权不科学给组织带来损失。该领导者掌控的权力绝不能授予下属,否则,领导者容易被架空,导致局面失控。

4. 依据能力大小适当授权

下属能力的高低直接决定授权目标能否实现。因此,授权前应对被授权者的能力进行考核,根据个人的才能和特长进行适度的授权。能者宜重,庸者宜轻。对能干的下属,所授任务太轻,会使下属产生"英雄无用武之地"的想法;对平庸的下属,所授任务过重,容易使下属产生对立、反抗的情绪。因此,领导者不能授予超越下属能力的权力,否则,不仅任务无法完成,下属也会有思想负担。

5. 分步骤、逐级授权

领导者应给下属一个成长的过程,随着下属的工作效能和工作经验的增长,由轻而重地逐步授权。此外,现代领导体制都是采用逐级领导负责制,具有明显的层次性。因此,授权不能随便跨越层级,领导者的授权对象只应该且只能是自己的直接下属,不能越级授权,否则就会引起组织系统的紊乱。同时,授予下属的权力应当在领导者自身的职权范围内,而不能把别人的权力授给自己的下属,否则就会导致更大的混乱。

6. 授权后的适度监督

领导者在向下属授权以后,切忌疏于监督,不要以为分权之后就"万事大吉",坐等下属汇报成果。而是应该检查下属用权方向是否正确、用权方法是否科学、是否存有越权的现象等。更应时刻纵观全局计划进程,对可能出现的局部偏差进行协调,对被授权的下属实行必要的监督和控制。

三、领导的激励艺术

管理注重以人为本。由于人在心理、需求和行为等方面的表现因人而异,且组织面对的外部环境复杂多变。领导有效性的一个重要表现就是如何运用各种手段对组织成员进行激励。

(一)激励的作用

激励在组织管理中的作用尤为重要,主要表现在以下几个方面。

1. 激励能够为组织吸引并留住优秀人才

组织可以通过各种优惠政策、快捷的晋升途径、丰厚的福利待遇等有效的激励手段,把组织需要的各种人才吸引过来,并长期为组织做贡献。

2. 激励可以开发人的潜在能力并发挥人的聪明才智

哈佛大学的威廉·詹姆斯在对员工激励的研究中发现。在没有任何激励的情况下,人的能力只发挥了20%~30%,即保证不被解雇就心满意足。但是,如果得到充分激励的话,人的能力的发挥就能提高到80%~90%。由此可见,人蕴含着巨大的潜能,组织成员能力的大小,与是否激励有着必然的关系。

3. 激励能够调动和提高人工作的自觉性、主动性、创造性

研究表明,激励能增强员工对工作价值的认识,感受到工作的重要性和自身的责任感,从而,积极主动、富有创造性地完成本职工作。

4. 激励能够造就良性的竞争环境

有竞争,就会有压力。而合理的激励手段,能造就良性的竞争环境,有利于组织成员将压力转变为努力工作的动力。

(二)激励艺术

激励在组织管理中作用的发挥,取决于领导者的激励艺术水平,激励艺术主要包括以下几个方面的内容。

1. 树立合理的激励目标

组织激励的目的往往是为了达到特定的组织目标,因此,目标应尽可能合理、准确,以利于组织绩效的衡量。目标既不能过高,也不能过低。过高容易降低员工的期望值,影响积极性;过低则达不到激励的效果。

2. 物质激励与精神激励有机结合

因人而异,每个人对工作的态度和要求是不同的。有的人觉得奖品、薪水、福利、休假等物质补偿比较实际;而有的人则对自尊、地位、威望、称赞、成就感等精神奖励期望较高。好的激励应该是物质激励与精神激励有机结合,满足员工的合理要求,以激发员工的成就感、自豪感、使激励效果倍增。

3. 宽严相济、奖惩得当

有效的激励,离不开必要的约束,因此,组织管理过程中,对待组织成员的行为应该做到有功则奖,有过则罚,奖罚分明,以奖为主。除此之外,还要把握好奖惩标准,坚持"适度"原则。过于优厚的奖励,会使人感到得来轻巧,会提高"胃口",从而产生骄傲自满情绪,失去进一步提高的努力;过于吝啬的奖励,会使人觉得付出与回报不对等,从而产生不被重视、不公平的感觉,起不到应有的激励效果。过分严厉的惩罚,容易导致人的破罐子破摔的心理,失去上进的信心和对公司的认同,甚至产生怠工或破坏的情绪;惩罚过轻则可能使人产生无所谓的心理,轻视错误的严重性,不但不思悔改,还极有可能犯同样的错误。

4. 把握好激励的时机和频率

"雪中送炭"和"雨后送伞"的效果是不一样的。激励既不能太超前,又不能太拖延,必须抓住恰当的时机。激励超前容易使人觉得无足轻重;激励拖延则可能让人觉得多此一举。超前与拖延都难以发挥激励应有的作用,激励也就失去了意义。只有及时的激励,才能将人们的激情推向高潮,使其创造力连续有效地发挥出来。除了时机的把握,还要根据工作的内容和性质、激励对象的素质、劳动条件等因素选择合适的激励频率。一般而言,在目标不明确、任务复杂艰巨、员工素质低、工作环境差的情形下,应该提高激励频率,以保证员工的工作积极性;反之,则应降低激励频率。

5. 合理利用竞争

高明的领导者通过对管理人员岗位公开招募的方式,实行竞争上岗,并加强对全员的目标管理,以实现优胜劣汰。这种利用竞争压力的手段可以使那些安于现状、表现平庸的员工感受到危机,从而产生积极性和进取心,以提高组织绩效。

【拓展阅读 5-5】

竞争可以让下属动起来

据说挪威人喜欢吃沙丁鱼,尤其是活的沙丁鱼,但大多数沙丁鱼在运输中常因缺氧窒息而死,因此,市场上活的沙丁鱼很少,价格也就自然要比死的沙丁鱼高出许多,所以,渔民总是千方百计使沙丁鱼活着回到渔港。

渔民们在想了很多办法都不可行之后,尝试着在装满沙丁鱼的鱼槽里放进一条以鱼为主要食物的鲶鱼。出乎渔民们意料的是,鲶鱼进入鱼槽后,由于环境陌生,便四处游动,而沙丁鱼见了可能会吃掉自己的鲶鱼变得十分紧张,四处躲避。这样,沙丁鱼缺氧的问题就迎刃而解了,死亡数量也就大大减少了。

这就是著名的"鲶鱼效应"的由来。

6. 善用翁格玛丽效应

翁格玛丽效应是心理学中的术语,指对受教育者进行积极的心理暗示,从而使受教育者认识自我,挖掘潜能,增强信心。翁格玛丽效应在管理中的应用,要求领导者为下属做一个远景规划,并进行正面的引导和积极的心理暗示,使下属感受到领导者对员工的信任和期望,从而化压力为动力,快速适应岗位需要。而当下属在工作中出现失误时,更需要利用翁格玛丽效应进行激励。

7. 懂得情感投资

受人滴水之恩,当以涌泉相报。情感投资主要表现在领导者以亲和的方式对下属工作与生活表示诚挚的关心,对下属给予充分的信任,增强与下属之间的感情联系和思想沟通,以此形成融洽的工作氛围,并建立相互信赖的感情关系。通过情感投资可以使员工的自尊得到满足,从而增加员工的工作热情,激发他们的主动性与创造性。

8. 注重公平、公正的原则

古人云:"其身正,不令而行;其身不正,虽令不从。"因此,领导者应为每位下属的发展提供公平的机会和条件,让下属在公平的基础上展开竞争。领导者要客观公正地评价下属,论功行赏。特别是下属关注的奖金分配等问题,公平显得尤为重要。如果让组织成员感觉躲躲藏藏,存有猫腻的话,会让他们产生不公平的感觉,从而降低工作的积极性,影响组织绩效的提高。

四、领导的人际沟通艺术

人是社会性的"动物",交往与沟通是人类所特有的一种精神需要。人只有通过彼此间相互交往和沟通,才能增进思想感情,产生亲密合作关系。作为组织的领导者,如果能满足员工精神上的需要,员工就心情愉快,干劲倍增。因此,人际沟通技能对领导者显得尤为重要。领导者的人际沟通艺术主要体现在以下几个方面。

(一)领导者的语言沟通艺术

领导者与下属的沟通过程中,往往需要通过语言对犯错误的下属进行批评,对员工的积极行为进行赞美和鼓励,还要让下属心服口服。

1. 批评的艺术

1) 善用"赞美"式的批评

良药未必苦口,批评也要讲究方法。不顾对方心里的感受,直截了当、劈头盖脸就对下属来一通冷言恶语,容易伤害下属的自尊心,引起逆反心理。因此,学会"赞美"式的批评,和风细雨地指出别人的错误与缺点,往往起到事半功倍的效果。

2)学会"三明治"式批评法

所谓"三明治"式批评,就是厚厚的两层表扬,中间一层薄薄的批评。采用此种方式进行批评,被批评者不会感觉太丢面子,心理上容易接受,不会对领导者产生反感,从而减少因被激怒而引发冲突。

3)批评应注意场合与对象

批评时,最好不要有第三者在场,否则会增加下属的心理负担,达不到批评的目的。另外,不同的人对批评会产生不同的反应。有的人认识错误,努力改进;有人会丧失自信,心灰意冷;还有的人会恼羞成怒,寻求报复。因此,领导者应根据批评对象个性特征的不同,采取不同的批评方式。

4)批评要有针对性就事论事

批评的目的是为了鞭策员工,激发员工的潜能。因此,批评主要是针对员工所犯的错误或达不到标准的业绩,而不能对员工胡乱地攻击。

5)批评应当到位、及时

批评主要在于指出下属的缺点,并让他们知错就改。批评虽"忠言逆耳",显得不近人情,过重的批评可能废掉一个人,但合理、恰当的批评也可能成就一个人。另外,批评还应及时,不能拖延。如果时过境迁再翻旧账,容易给人"秋后算账"的感觉。拖延批评还可能使错误重犯,因此,批评到位、及时,显得尤为重要。

2. 赞扬的艺术

组织中兢兢业业工作的每一个人都非常希望自己的努力能够得到领导的认可,也很在乎上司对自己的评价,视上司的赞扬为最好的奖赏。领导者的赞扬是下属工作的精神动力,可以激励下属更加努力的工作,因此,懂得如何赞扬下属,是领导者必备的技艺。

1)赞扬要有明确的指代和理由

领导者赞扬下属时,如果能以事实为依据,并说出切实理由,可以使下属感受到领导者的真诚。相反,空穴来风、毫无缘由的赞扬,则会让下属感到突兀,缺少诚意。

2)赞扬要求态度诚恳

赞扬下属时,不能说一些不带任何感情的大话、套话,避免空洞、刻板的公式化的赞扬,以免令人产生言不由衷之感。

3)赞扬必须对事不对人

赞扬下属时要求就事论事,哪件事做得对,哪个方面值得赞扬,应当说得具体明确,让下属由衷地体会到自己受领导的关注与重视,便于产生情感的共鸣。

4)及时赞扬,语气明确

对下属好的表现,领导者应及时给予赞扬,趁热打铁才能产生积极效应。而迟到的赞扬则失去了原有的意义,难以激起下属的兴奋感和工作的热情。

5)赞扬要求实事求是,措辞得当

正所谓:"誉人不增其美"。领导者在对下属的优点与成就进行表扬时,应当恰如其分如实反映,既不夸大,也不缩小。

6)赞美下属要独到

领导者要善于发现下属的独到之处,根据下属在性格特点、文化修养、心理需求、个人经历等方面表现的不同之处,给予下属恰如其分的赞美。

3. 说服的艺术

领导者的管理过程,就是通过沟通,说服下属接受并支持领导者的工作意图和方案,使下级不管是在思想上还是在行动上,都追随领导者。可见,领导者若要让下属真正心服口服,善于运用说服艺术显得尤为关键。

1)说服要设身处地

领导者在说服下属时,如果仅从公司或者自身的角度出发,而忽略下属的想法的话,很容易遭到下属的"拒绝"。唯有设身处地站在下属的角度换位思考,为下属着想,才会让下属倍觉受领导重视,劝说自然也就容易多了。

2)说服要动之以情

领导者的说服工作,从根本上来说就是对下属情感征服的过程。领导者在说服下属时,必须与下属讲明利益得失,用真情打动下属的心,使下属感受到领导者的真心实意,明白领导者是在为自己的切身利益着想,以实现下属对领导者的心悦诚服。

3)说服的语言要求独到

一个受下属拥戴的领导者,必须要有丰富的知识和深厚的文化修养。在说服下属的过程中,言谈中不要求句句至理名言,但至少要有些真知灼见,唯有娓娓道来、循循教诲才能更好地说服下属。

4)说服要善于以柔克刚

领导者在说服下属时,切忌以权压人,以免适得其反,遭到下属的反抗。因此,高明的领导者通常采用以柔克刚的方式,对下属礼让三分,行事低调,不摆领导架子,从而使下属产生愧疚之感,自然也就容易被领导者的宽容气度所折服。

5)说服要以理服人

常言道:"有理走遍天下、无理寸步难行"。领导者在说服下属时,要对下属讲事实,摆道理,通过"晓之以理"的方式使下属领悟其中的道理,从而接受领导者的劝说。

6)说服要适度褒扬

领导者在说服下属时,要适时肯定下属的一些优点和长处,善于给下属"戴高帽",使下属甘愿按照领导者的意图行事。

(二)领导者的倾听艺术

领导过程是双向沟通的过程。一方面,领导者在实施指挥协调的职能时,需要把自己的感受和决策意图等信息传递给下属;另一方面,领导者也必须了解下属的反应、感受和困难。因此,倾听是有效沟通的关键,是沟通制胜的一项重要法宝。善于倾听对领导者的领导工作尤为重要。

1. 倾听的作用

1)倾听能激发下属的工作热情

耐心倾听下属的意见,能让下属产生被尊重和被欣赏的感觉,由此激发下属的工作热情。

2)倾听能赢得下属的拥戴和信任

领导者认真、专注的倾听,这种诚恳谦逊的态度表明了对下属的重视与尊重,使下属产生信

3）倾听有助于指导

领导者通过有效倾听,可以更具体地了解每个人的思想动态,方便领导者有针对性地给予恰当的指导,以保证团队取得高绩效。

4）倾听有助于学习

每个人身上都有自己的闪光点,作为领导者要懂得利用倾听学习他人的长处,以获取更多有用的信息。

5）倾听有助于化解矛盾

领导者耐心倾听下属发牢骚,有利于缓和下属激动的情绪,以化解矛盾和冲突。

2. 倾听的艺术

1）表示得当

领导者在倾听时应该与下属进行目光交流,通过眼神和表情表明自己在认真的倾听,并向下属传递"欣赏、认可"的信息。

2）及时应答

领导者在倾听时适时地发出"哦"、"嗯"的应答声,以激起下属进一步讲话的兴趣,从而获取更多的有用信息。

3）适时提问

领导者在倾听时,如果想对某些方面多了解一些,可以通过提问的方式,暗示对这方面的内容感兴趣,同时也启发下属提出自己的观点和看法,以把握谈话的主动权。

4）显示耐心

即使对下属所谈毫无兴趣,也不要急于插话和打断,至少要等对方讲话有了停顿或者告一段落,再表明自己的想法。

5）听弦外之音

倾听时,通过察言观色,捉摸出对方没有明确说出来的"言下之意",以便更好地满足下属的需要。

6）控制情绪,不感情用事

正所谓"忠言逆耳",领导者在听到自己不感兴趣、反感,甚至厌恶的事情时,要控制好自己的情绪,保持冷静的态度,让下属畅所欲言,以保持沟通的顺畅。

五、领导者的人际协调艺术

领导工作归根结底就是做人的工作,而人与人之间由于兴趣、立场、价值观等不同又结成各种人际关系。在组织中,领导者要善于协调人际关系,包括协调与上级之间的关系;协调与下级之间的关系;协调与同级之间的关系。

与上级的关系协调,主要表现在遇事多向上级请示汇报,不要自作主张。如果在工作中,与上级产生矛盾冲突,不要企图依靠"顶"或"躲"的方式应对,要么请与自己关系较好的同事出面协调;要么主动沟通,是误会就必须解释清楚,做错了要勇于承认,并获取领导的谅解。

与下级的关系协调,主要指当下属在一些涉及个人利益的问题上对组织或者领导者有意见时,领导者不能以敷衍了事的方式去对待下属,而是应该通过谈心、交心等方式来消除彼此间的误解。对能解决的问题一定要尽快解决,一时解决不了的问题,也必须向下属讲明原因,争取下属的理解。

与外部同级部门的关系协调,主要表现在争让之间。对外争让应有度,该争的争,该让的让。大事要争,小事要让;不能凡事必争,也不能遇事皆让。该争不争,就会丧失原则;该让不让,就会影响全局。

因此,作为一个领导者,不仅要明确协调对象和协调方式,还要掌握一些相应的协调技巧。领导者的协调艺术主要有以下几点。

1. 平衡协调,学会"弹钢琴"

成功的领导者好比出色的钢琴家,不仅懂得"抓中心",而且还善于协调平衡,使得组织上下各权力要素之间相互配合、相互促进。

1) 胸怀大志,手抓小事

作为一个领导者,既要有做大事的胸怀与志向,又要有从小事做起的务实精神。

2) 善于处理轻重缓急的关系

凡事都有个轻重缓急,作为领导者,要善于抓主要矛盾,集中力量把最重要、最紧急的事情先处理完。

3) 教会下属提高自己的速度

日常工作中,通过有意训练和团队协作,提高下属的办事能力和工作速度,以实现工作效率的提高。

2. 正确应用"冷处理"与"热处理"

作为一个优秀的领导者,在领导过程中要善于掌握火候,把握分寸,恰到好处地处理面临的所有问题。领导者要因人、因时、因事不同,采用不同的处理对策。该"冷处理"的问题,领导者应引而不发,视而不见,稍后再办。而要"热处理"的问题,领导者则应触机而发,及时补救。

3. 协调整体与局部的关系

整体与局部相互依存,领导者经常会面临整体与局部利益的矛盾冲突问题。因此,领导者在解决这类问题时,一定要把握好度,既要统率全局,又要照顾局部。

4. 正确使用疏导与堵塞的方法

领导者在领导过程中,应根据问题的性质、时间、条件等情况不同,采用疏导与堵塞两种工作方法。通常情况下,应以疏导为主,堵塞为辅,二者结合,相辅相成。

5. 掌握好紧迫与松弛的界限

领导者在工作中应该张弛有度。一方面,在下属的心理承受范围内,适度地给下属制造一些紧迫感,以提高工作效率。另一方面,为了缓和与下属的关系,也应该适当地给下属一些放松。无论是"紧迫"还是"放松"都要把握好度,不要适得其反。

6. 正确对待并妥善处理抱怨

"人生不如意事十之八九",作为领导,不可能事事做到尽善尽美、面面俱到,因一时疏忽招致下属对领导的不满与抱怨是再正常不过的事情。领导者不能对下属的抱怨充耳不闻,更不能对有抱怨的下属存在偏见。相反,应该正确地对待这些抱怨,安抚下属的情绪,找出自己管理上的不足,以便改进自己的工作,从而提高组织绩效。领导者积极应对下属的抱怨,具体表现在以下几个方面。

(1) 约个时间,私下面对面交谈。
(2) 先使下属的情绪平静下来。
(3) 注意自己的肢体语言,通过声调、表情和动作向下属传递友善的信息。
(4) 将问题定在一个特定的范围内,不要把负面情绪扩散。
(5) 耐心地倾听下属的心声,了解事情的前因后果。
(6) 换位思考,站在下属的角度去思考问题。
(7) 说出自己替下属解决问题的方法。
(8) 有可能的话,在自己的职权范围内,先给下属一个承诺。
(9) 做好追踪善后的工作。
(10) 必要时应向上级反映情况。

六、领导的时间艺术

领导者要做时间的主人,要科学地组织管理工作,合理地分层授权,把大量的工作分给副手、助手、下属去做,以摆脱烦琐事务的纠缠,用节省下来的时间做真正应该由自己做的事。所以,领导者应该做到以下几个方面。

(一) 定期分析,不断改进和管理好自己的时间

领导者应该学会主宰自己的时间,而不是被时间所主宰。领导者可以通过记录自己的时间,分析自己所用的时间哪些是无效的,及时加以改进,以更好地利用时间。领导者的主要任务是研究目标方针,谋划企业的发展战略,而不是限于具体的事务之中。

(二) 将时间"打包",互不干扰

一般来说,专心才能做好事情。在固定的时间段,只集中精力干一件事,即把时间"打包",这样往往有利于领导者节约时间、提高工作效率。

(三) 把握开会的时间,提高开会效率

开会是交流信息的一种有效方式。领导者离不开开会,但开会也要讲究艺术。

1. 讲求经济效益

为了节省时间、提高效率,召开会议时一定要注意分清会议性质。

2. 控制会议规模和时间

可参加可不参加的就不参加、可列席可不列席的就不列席,可用小会解决问题的不召开大会,只需要一小时的会议绝不开两小时。

3. 检查会议内容

议题不明确的会不开,议题多的会不开,准备不充分的会不开。

领导者作为组长的管理者,其对时间的管理与普通人对时间的管理是不同的概念。领导者

的时间管理包含着丰富的领导艺术,需要在工作实践中不断探索、总结。

七、领导的决策艺术

决策艺术是领导者基于丰富的知识与工作经验之上的、非规范化的、富有创造性的各种领导决策技能技巧的总和。决策艺术的要点有以下几点。

(一)要集思广益,戒主观武断

领导者对下属提出的正面的、反面的、高明的、平常的建议和策略,都应该认真听取。由于领导者的知识和经验是有限的,适用范围也是有限的,而其处理的问题又是无限的,故在决策中要戒主观武断。

(二)要刚柔相济,戒一成不变

"刚"指领导者原则上的坚定、决策上的果断、行动上的开拓等;"柔"指策略上的灵活、作风上的民主、待人上的谦和等。刚柔并济就是把外在的强制性管理和激发员工的积极性、主动性有机结合在一起。

(三)要标新立异,戒墨守成规

决策艺术的生命力在于它的创造性。创造性思维必须有新意,敢于想前人所未想、做前人所未做的事。决策时要尽量以新取胜,做到人无我有、人有我新、人新我特、人特我再创新。

(四)要权衡利弊,戒好大喜功

领导者做任何决策,都要权衡利弊。两利相较取其大,两弊相较取其小,做到不以小利害大利,不以小局害大局,不以眼前害长远。

(五)要顺势而断,戒逆理而为

"势"是指情势、发展趋势和其他客观条件。顺势而断即在决断时要顺应和利用事物的发展规律。

(六)要是非分明,戒模棱两可

在现实生活中,有的领导者是非不明并非水平不行,而是因为私心太重,怕担责任。

(七)要断之在独,戒疑虑重重

领导者在决策时,很重要的一点就是要有自己的见解,能够凭借自己的知识与经验,通过自己缜密的思考,做出独立的决断。领导者应尽量避免:在决策时看起来想得很周到,各种细枝末节都考虑到了,然而在翻来覆去的考虑当中把重点、有决定意义的东西都忽略了;在决策时顾虑太多,犹豫不决,导致错失良机。

（八）要顾大抓本，戒琐碎过细

领导者必须有超脱的风度，不要什么事情都要抓、都想管。

（九）要深思熟虑，戒草率匆忙

领导者要尽量做到对所决策的事情有透彻的了解，把利弊得失都考虑清楚，然后再做决断；同时处理问题时要冷静，要考虑周密，不要急躁，不要盲目蛮干。

★ 复习思考题

1. 领导的作用有哪些？请举例说明。
2. 领导权力是怎样获得的？
3. 简述领导与管理之间的区别。
4. 什么是领导特质？领导学研究为我们提供了有关特质的哪些信息？
5. 菲德勒权变理论的主要观点是什么？该理论对领导者有什么启示？
6. 简述领导决策的程序。
7. 根据所学的理论知识，论述怎样才能提高领导者的领导效率。
8. 简述领导者的用人艺术。

【案例分析 5-1】

真实的任正非：告诉你一个真实的华为

华为是一家怎样的企业？随便拉来一个路人，可能都能说上两句："可赚钱了！""薪水高，清洁工年薪都几十万！""管理很严格，员工都不用睡觉。"……

至于华为创始人任正非，就更显神秘了：任正非靠东拼西凑的两万元启动资金，用了 30 年时间，带领华为发展成一家年（2017 年）营业额达 785.108 亿美元的巨擘；两次登上美国《时代周刊》杂志全球 100 位最具影响力人物榜单……

如此具传奇色彩的一位大人物，竟然从未接受过媒体的公开采访，并且一直坚持不让华为上市，不接受资本入场。再加上西方媒体时不时抛出的任正非"红色背景"论调，令这个 70 岁老人的身上被贴上了更多神化标签，"推崇毛泽东思想的""爱搞军事管理""头狼""充满危机感、没有一刻肯停下脚步的管理之神"，等等。

对这些或真或假的传言、评论和批评，华为从来没有主动公开证实、否认或驳斥。任正非及其治下的华为依然按照自己的节奏做生产"打粮食"，分配股权激励员工，开放分享寻求扩张共赢……

1. 真实的任正非

任正非不是那种气场强大的演讲者，也不会乱抛些冷幽默套近乎。面上的皱纹述说着早年艰苦的经历，一笑起来偏又显得分外和蔼可亲。

任正非没有借这次机会向记者大谈当年创业的艰辛，企业遭遇危机时的运筹帷幄等的"威水史"。看得出,早已"功成名就"的任正非并不愿意谈论自己,无论记者的问题如何触及个人,他总是将之引导到企业管理上,顺带着澄清公众对华为的某些误解。

他说:"我们不怕批判,不怕反对,但是不要曲解我的意思。"

用这样的方式,任正非成功地在很短时间内给媒体勾画了一个真实的华为,却满足不了公众对他本人的好奇心,只知道这是一个仍不服老的华为管理者,但绝不恋栈权位。任正非承诺:所有家人永远不会成为华为的接班人,为避免外界的、内部的、舆论的猜测,搞乱了公司。

尽管如此,我们仍尝试从一些华为内部人士口中,描绘出更丰满、更真实的华为"管理之神"。

2. 华为人眼中的任正非

(1) 技术部张先生。负责技术工作的张先生其实与任正非没有太多的交集,但他是从公司制度上欣赏任正非。"华为是一所'黄埔军校',任正非以一个'校长'的身份出现在员工当中。"

(2) 海外事业部 Recheal。Recheal 喜欢用"大器"来形容这位大老板,她觉得华为员工对任正非都存在一定的个人崇拜,虽然还不能用"思想家"这个高度来形容任正非,但她认为任正非确实在用思想魅力管理公司,每次华为有新的变革时,任正非都会用极具感染力的语言说清楚为什么要这样做。

从一个很现实的角度来看,任正非给华为员工的福利也令包括她在内的很多员工满意。

(3) 司机。华为车队的司机都有一些共同特征:沉稳、礼貌、自信,当问到任正非,他只说一句话:"这人太牛了!"

思考题

1. 一个领导者对一个企业的发展起到了什么作用?
2. 任正非属于哪一种领导风格?请结合相关资料进行详细分析。

【案例分析 5-2】

马云的领导艺术

马云说:"小企业成功靠精明;中等企业成功靠管理;大企业成功靠的是诚信。"但我相信马云的成功不仅仅是这其中的某一面,而更是多种因素的结合,今天我们着重分析一下马云的领导艺术。

一、靠智慧、胸怀、眼光——领导有效控制企业的法宝

1. 靠智慧控制

在阿里巴巴公司,人们之所以去听谁的,不是因为这个人是 CEO,是什么长相,是什么主任,而是因为他说得对。这就要求一个企业领导要有过人的智慧驾驭企业,而不是手中有多少股票。马云拥有的股份大概也只有10%左右的比例,这不足以控股阿里巴巴。从第一天开始,马云就没想过用控股的方式控制阿里巴巴。事实上,阿里巴巴也不允许任何一个股东或者任何一方投资者控制它。马云说:"我觉得这个公司需要把股权分散,管理和控制一家公司是靠智慧。"马云不仅没有控股阿里巴巴,甚至还是一个 IT 外行,也就是说连在技术上也没有控制这家

公司。可是,马云的公司却还是连续四年被《福布斯》评为全球最佳B2B网站。马云的管理团队也成了哈佛MBA案例。马云告诉记者:"我虽没控股,但我控制了阿里巴巴这个团队。其实,我也没有控制团队。但是我永远相信一点,就是不要让别人光为你干活,要将他们团结起来。这就是智慧的力量,它远胜于知识本身。"

2. 靠胸怀控制

马云认为,作为一个一把手,有70%的人相信你的时候,你已经很幸福了,你不要为那30%的人耿耿于怀,心胸要宽点。因为这是个社会学概念。如同老话:"6个人中一定有人杰,7个人中一定有混蛋。"马云要的是,每个人为一个共同的目标和理想去干活。他讨厌强行让员工为他工作。他说,再有本事的企业领袖,也别指望你的员工会全听你的,这很不现实。就拿他今天讲的这个话题来说,如果大家听了以后全都同意他的看法,那他讲的一定是废话。

3. 靠眼光控制

在公司管理的过程中,要想真正领导这个团队就必须要有独到的眼光,必须比人家看得远、胸怀比别人大。所以马云花很多时间参加各种论坛,全世界跑。看硅谷的变化、看欧洲的变化、看日本的变化、看竞争者、看投资者、看客户。马云一年365天,在杭州的时间很少,而在国内外四处跑的时间反而很多。他说,读万卷书还要行万里路。一个企业家老是窝在家里,他就会自大,就会狭隘,这对他的事业发展是十分不利的。

二、当名好老师——领导者实现企业目标的职责

1. 健康的价值观

马云说,他见过世界上许多成功的企业,发现在那些成功的CEO的办公桌前总是挂着自己最喜欢的人的照片,背后也都是挂着企业团队、个人朋友等支持、帮助过自己的人的照片。这些企业家的成功,是因为他们面对微笑,天天开心,因为他们拥有企业成长的最稳固的靠山。相反,那些失败的企业,整个屋子里都充满铜臭味。马云认为,当一个企业领导人满脑子都是美元、人民币的时候,他说话时肯定是满嘴铜臭味,他的企业也不会走得远。

2. 树立、培养职工积极的价值观

谁都知道现在的阿里巴巴公司,有一个汇聚世界精英的团队。但是,平时在用人上,"精英"却不是首选,甚至连第二都排不上。阿里巴巴选的是对公司的价值观有认同感的人。但凡进公司就有一个月的专门培训,从第一天起,他们说的就是共同的价值观、团队精神。他们告诉刚来的员工,所有的人都是平凡的人,平凡的人在一起,做不平凡的事。阿里巴巴在平时的考核中,对业绩很好,价值观特别差,也就是每年销售可以卖得特别高,但是不讲究团队精神,不讲究质量服务的职工,阿里巴巴会毫不手软地"杀掉"。在马云的眼中,创办一家伟大的公司比上市更为重要。

3. 做好本职工作

平时马云就爱去帮助别人。和其他老师一样,他希望自己的学生成为全校最好的学生,在社会上真正有用,并超过他。事实上,每位员工来公司的时候,第一堂课就是马云为他们上的。在阿里巴巴管理学院,马云在那里为他们上课,教的不是理论,而是学校里学不到的企业实战案例。马云说:"当老师很有意思。你如果把你自己懂的东西跟别人分享,那是无上的幸福。"马云提倡,凡事要从小做起。在中国,很多企业刚开张时,人还没几个,就在一个高档写字楼,租下了一个很大的办公室。这样,新招的员工看到这架子,就会觉得,这家公司肯定不错,好好在这里发展,会出人头地的。马云分析说,"这就给新员工对公司过高的心理期望值。其实,刚办的企

业要发展,本身肯定有许多的困难,而新来的人却是冲着你的'好',你的'规模'来的,对面临的困难总是估计不足。于是,久而久之,这家公司的人又会变得越来越少,最后,撑不下去。就目前的阿里巴巴,可以说并不缺钱,但大多数分公司的办公地点,却都在居民楼的单元房里。不仅是福州,就是东京、纽约,都有能力租当地最好的办公地点,但阿里巴巴没有。为什么?他们要让所有的员工知道,来阿里巴巴,就是要把阿里巴巴分公司的办公室从小单元房搬到当地最高级的写字楼。"

4. 重人用人

马云认为,一个企业最大的财富之一就是员工。因此他提出"把钱存在员工身上"的理念。阿里巴巴公司可能是当今中国互联网企业中员工人数最多的公司。马云说:"我们认为与其把钱存在银行,不如把钱投在员工身上,我们坚信员工不成长,企业是不会成长的。"马云解释说:每个人都有潜力。你信不信100米跑13秒的你,如果后面是老虎在追,你100米能跑出11秒。这就是潜能,是一个企业领导需要去挖掘的工作。所以,当马云在回答记者"你认为这世上缺乏人才吗?"的问题时,就十分肯定地说:"不!"

★ 思考

1. 领导的艺术具体包括哪些艺术?每一种领导艺术的具体内容是什么?
2. 这些领导艺术在马云管理企业、领导企业上是怎样具体体现的?
3. 通过本次的案例学习,结合当下实际,你有怎样的收获?

第六章 人事

【本章学习目标】
1. 理解人力资本和人力资源的含义；
2. 了解人力资源规划的内容；
3. 了解人力资源管理过程的组成部分及其相关知识；
4. 了解人力资源规划流程；
5. 了解招聘程序；
6. 了解各种培训模式；
7. 熟悉绩效管理流程。

人事或人事管理，在现代管理学中称之为人力资源管理，为了方便起见，本文将人事管理与人力资源管理等同起来使用。21世纪是一个全球化和知识经济占主导地位的时代，经济已由以自然经济资源为主转向为以人力资源、智力资源为主。伴随着全球化进程的加快，我国的经济发展与世界的联系愈加紧密，人才的作用愈加凸现，人力资源管理备受当代管理工作者和学者的重视。

第一节 人事概论

一、人力资源的定义

什么是人力资源呢？国内外学者从广义和狭义两个方面给予了定义。广义上，把人力资源等同于智力正常的全部人口。狭义上，认为人力资源是具有智力劳动能力或体力劳动能力并通过劳动能力创造财富、推动社会发展的那部分人口。我们在这里把人力资源界定为：一个国家或地区范围内人口总量中所蕴含的劳动能力的总和。

二、人力资源管理的定义

人力资源管理是通过人员规划、工作分析、招聘与筛选、绩效管理、薪酬管理和职业发展规划等管理活动，力图在组织和组织成员间建立起良好的人际关系，求得组织目标和组织成员目标的一致，提高组织成员的积极性和创造性，以有效实现组织目标的过程。人力资源管理这一定义包括四层含义。

（1）人力资源管理是为组织战略目标的实现服务的，人力资源管理的各种活动紧紧围绕组织战略目标开展。

（2）人力资源管理的基本活动包括人力资源规划、工作分析、招聘与筛选、绩效管理、薪酬管理、培训及职业发展规划。

（3）人力资源管理是一个循序渐进的提高过程，力求在前期人力资源管理实践基础之上总结经验和教训，并根据战略的调整寻求新的发展过程。

（4）人力资源管理是通过建立一个人力资源规划、开发、利用与管理的系统，以实现组织目标和提高组织的竞争力。

企业所需能力结构图如图6-1所示。

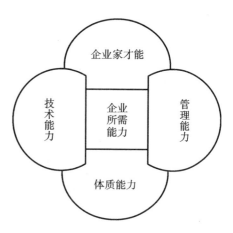

图 6-1　企业所需能力结构图

三、人力资源管理的内容

1. 职务分析与设计

对企业各个工作职位的性质、结构、责任、流程，以及胜任该职位工作人员的素质、知识、技能等，在调查分析所获取相关信息的基础上，编写出职务说明书和岗位规范等人事管理文件。

2. 人力资源规划

把企业人力资源战略转化为中长期目标、计划和政策措施，包括对人力资源现状分析、未来人员供需预测与平衡，确保企业在需要时能获得所需要的人力资源。

3. 员工招聘与选拔

根据人力资源规划和工作分析的要求，为企业招聘、选拔所需要人力资源并录用、安排到一定岗位上。

4. 绩效考评

对员工在一定时间内对企业的贡献和工作中取得的绩效进行考核和评价，及时做出反馈，以便提高和改善员工的工作绩效，并为员工培训、晋升、计酬等人事决策提供依据。

5. 薪酬管理

薪酬管理包括对基本薪酬、绩效薪酬、奖金、津贴以及福利等薪酬结构的设计与管理，以激励员工更加努力地为企业工作。

6. 员工激励

采用激励理论和方法，对员工的各种需要予以不同程度的满足或限制，引起员工心理状况的变化，以激发员工向企业所期望的目标而努力。

7. 培训与开发

通过培训提高员工个人、群体和整个企业的知识、能力、工作态度和工作绩效，进一步开发员工的智力潜能,以提高人力资源的贡献率。

8. 职业生涯规划

鼓励和关心员工的个人发展,帮助员工制订个人发展规划,以进一步激发员工的积极性、创造性。

9. 人力资源会计

与财务部门合作,建立人力资源会计体系,开展人力资源投资成本与产出效益的核算工作,为人力资源管理与决策提供依据。

10. 劳动关系管理

协调和改善企业与员工之间的劳动关系,进行企业文化建设,营造和谐的劳动关系和良好的工作氛围,保障企业经营活动的正常开展。

四、人力资源管理系统构成

一般人力资源管理系统主要包括以下几个方面的职能活动:工作分析、人力资源规划、招聘与录用、培训与开发、绩效管理、薪酬管理、员工关系等。其中,工作分析和人力资源规划是人力资源的基础性工作。

招聘与录用是人力资源管理的经常性工作。如果把一个规模基本不变(或维持)的组织比喻成游泳池,该组织中的人力资源比喻成游泳池里的水,我们知道,水可能会蒸发(员工的退休和自然死亡等),也可能会渗漏(员工的非正常流失),也可能由于水质不符合要求而被换掉(辞退员工等),这些,都需要给游泳池不停地注入新的活水(招聘与录用)。对于那些成长(扩张)或衰亡(缩小)的组织而言,招聘与辞退是很正常的事情。

在人员补充到位后,往往需要对新进员工进行培训,使他们能更好、更快地适应组织,适应岗位,即缩短两者的磨合期。当然,培训不局限于对新员工进行,相反,现实里的组织很多时候培训都是针对已经在岗的人员。对在岗人员的培训包括技能、知识、态度等方面的培训,也可能是对核心员工的培训,管理人员的培训。培训与开发其实不是一个概念,如果说培训瞄准的是现在,那么,开发主要瞄准的是未来,培训主要体现在组织对员工的职业生涯规划与管理上。

绩效管理是为了提升(个人和组织的)业绩,主要通过对绩效记录,收集信息,并在反馈的基础上分析、诊断绩效,对绩效进行辅导和改善,最终实现组织目标的一个系统过程。薪酬管理主要是围绕组织的战略目标,以岗位的价值判断为基础,结合薪酬调查,根据绩效的现实,给出相应的薪酬结构的过程。

第二节 人力资源规划

人力资源管理最基本的一项职能就是根据组织发展需要制订好人力资源规划。同时,要实现企业人力资源目标就要有一套切实可行的人力资源规划作为保证。人力资源规划,从静态上来讲,是指一定时期人力资源的开发、培训和发展的计划;从动态上来说,它是一个过程,在这个过程中,通过对未来组织任务和环境进行预测,从而为完成组织任务和满足环境要求而提供合适的人员。

一、职务分析和说明

（一）工作分析

工作分析又称职务分析,是指对某一特定的工作做出明确的规定,并确定完成这一工作需要什么样的行为过程。工作分析的主要任务是对现有的工作进行分析,从而为其他的人力资源对管理实现(比如甄选、培训、绩效评价及薪酬管理等)收集信息。

1. 工作分析的内容

工作分析的内容包括职务描述和职务说明书两大部分组成。通常用6W1H的工作分析公式进行工作分析。

（1）who:谁来完成这项工作?
（2）what:这项工作具体做什么事情?
（3）when:工作时间的安排?
（4）where:工作地点在哪里?
（5）why:工作的意义是什么?
（6）for who:为谁服务?
（7）how:如何工作的?

2. 职务分析的一般步骤

工作分析是一项技术性报强的工作,需要做周密的准备,同时,还需要具有与企业人事管理活动相匹配的科学的、合理的操作程序。工作分析主要包括这样几个核心阶段:准备阶段、计划阶段、分析阶段、描述阶段、运用阶段、运行控制。

1）第一阶段:准备阶段
本阶段主要解决以下几个问题。
（1）建立工作分析小组。
（2）明确工作分析的总目标、总任务。
（3）明确工作分析的目的。
（4）明确分析对象。
（5）建立良好的工作关系。除此外,还应做好员工的心理准备工作,建立起友好的合作关系。

2）第二阶段：计划阶段
分析人员为使研究工作迅速有效,应制订一个执行计划。同时,要求管理部门提供有关的信息。这一阶段包括以下几项内容。
（1）选择信息来源。信息来源的选择应注意以下几点。
①不同层次的信息提供者提供的信息存在不同程度的差别;
②工作分析人员应站在公正的角度听取不同的信息,不要事先存有偏见;
③使用各种职业信息文件时要结合实际,不可照搬照抄。

(2) 选择收集信息的方法和分析信用运用的系统。信息收集的方法和分析信息适用的系统由工作分析人员根据企业的实际需要运用。由于分析人员有了分析前的计划,对可省略和重复之处已了解,因此可以节省很多时间。但分析人员必须确认这种计划仅仅是预定性质,以后必须将其和单位各部门实际情况相验证,才可避免出现错误。

3) 第三阶段:分析阶段

该阶段包括信息的收集、分析、综合三个相关活动,是整个工作分析过程的核心部分。分析的项目通常包括工作名称、雇佣员工数目、工作单位、职责、工作知识、智力要求、熟练程度及精确度、机械设备工具、经验、教育与训练经历、身体要求、工作环境、工作时间、与其他工作的关系、工作人员特性、选任方法等。总之,凡是与工作有关的资料均在分析的范围之内,分析人员可根据不同目的全部予以分析,也可选择其中必要的项目予以分析。

4) 第四阶段:描述阶段

该阶段是指在研究分析一组工作时,为完成工作分析,分析人员必须将获得的信息加以整理并写出报告,形成工作描述和工作说明书。

5) 第五阶段:运用阶段

此阶段是对工作分析的验证,只有通过实际的检验,工作分析才具有可行性和有效性,才能不断适应外部环境的变化,从而不断地完善工作分析的运行程序。

6) 第六阶段:运行控制

控制活动贯穿着工作分析的始终,是一个不断调整的过程。随着时间的推移,任何事物都在变化,工作也不例外。企业的生产经营活动是不断变化的,这些变化会直接或间接地引起组织分工协作体制发生相应的调整,从而相应地引起工作的变化。因此,一项工作要有效果,就必须因人制宜地做出修改。另外,工作分析文件的适用性只有通过反馈才能得到确认,并根据获得的反馈修改其中不适用的部分。所以,控制活动是工作分析中的一项长期的重要活动。

(1) 职务分析的作用。职务分析是制订人力资源规划、进行各类人才供求预测的重要前提;职务分析是确保组织进行人员招聘、员工考评、晋升以及制订合理的薪酬制度等人力资源管理基本工作顺利进行的重要依据;职务分析是优化工作环境、改善劳动条件、提高员工积极性的必要条件;职务分析是组织制订其工作规范的基础。

(2) 职务分析的方法。职务分析的方法有访谈、观察法、问卷法、工作实践法、典型事例法。

访谈法:由研究者对员工及其上司进行访问交谈。该法适合于对专业性强的工作进行分析。

观察法:是指在工作现场运用感觉器官或其他工具,观察员工的实际工作过程、行为、内容、特点、性质、工具、环境等,并用文字或图形的形式记录下来以收集工作信息的一种方法。观察法主要用来收集强调人工技能的那些工作信息,如搬运工、操作员、文秘等工作。它也可以帮助工作分析人员确定体力与脑力任务之间的相互关系。

问卷法:研究者事先设计好与工作有关的若干问题,由员工及其上司各自回答,最终以书面形式表明他们的态度。

工作实践法:研究者通过直接参加某项工作,从而深入细致地体验了解、分析工作的特点和要求以达到职务分析的目的。

典型事例法:专家向对某一职务各方面情况比较了解的人员进行调查,要求他们描述该职务半年到一年内能观察到并能反映其绩效的一系列典型事例以获得工作信息,从而达到分析的目的。

二、评估现有的人力资源

一个企业的人力资源配备合理与否直接影响着该企业的生存与发展。一般来说,我们把职务分析得到的对人力资源各方面要求与企业人力资源现状横向结合起来,以评价一个企业的人力资源配置合理与否。

我们从以下几个方面对企业人力资源进行评估。

第一,对企业内部人力资源的现有数量进行分析。目的在于探明企业内现有的人力资源数量,并将其与企业中人力资源的需求数量进行比较,以判断企业最优的人力资源数量。

第二,对企业内部人力资源的素质即质量进行分析。包括对专业知识素质、道德素质、心理素质等的分析。

第三,企业内部人力资源的结构分析。主要是分析企业内人力资源的构成,包括性别构成、年龄构成、专业技术构成、学历构成等。

第四,企业内部人力资源系统的协调性分析。人力资源管理的目的是为了创造一种良好的组织气氛及协调的人际关系,从而帮助员工实现自我价值并完成组织目标。

三、制订人力资源计划

1. 人力资源计划的含义

人力资源计划就是人力资源管理部门根据企业的发展规划,对企业未来人力资源的需要和供给状况进行分析,从而对职务编制、人员配置、招聘和选择、教育培训、考评激励、人力资源管理政策等内容进行职能性规划。

人力资源计划的主要内容包括:人力资源总计划、职责编制计划、人员配置计划、人员需求计划、人员供给计划、教育培训计划和人力资源管理政策调整计划等方面。

2. 人力资源计划的作用

第一,只有制订人力资源计划,才能进行人员的招聘、选择、训练、安置和发展,使组织内人力资源的数量和质量得到保证,以便为达到组织目标确定所需要的最适当的人力资源及其结构。

第二,人力资源计划可以预测供求差异并进行不断的调整,以确保组织生产经营中人力资源需求与供给的平衡。

第三,人力资源计划为检查各项人力资源活动以及活动的效果提供了依据,并可作为人力资源的具体体现。

第四,人力资源计划有利于控制组织的人工成本。人工成本最大的部分就是工资。人力资源计划的目的是在满足企业未来劳动力和技术的需要的基础上减少不必要的人员浪费。减少不必要的人员,就可以减少不必要的工资支出,即减少人工成本。

第五,人力资源计划有助于调动员工的积极性。只有在存在人力资源计划的条件下,员工才可以看到自己的发展前景,从而积极地努力争取。因此,人力资源计划有助于员工的职业生涯规划和发展。

3. 制订人力资源计划的步骤

第一，建立目标。任何一项活动都有它的目标，也只有有了明确的目标，组织的活动才能顺利进行。

第二，从组织内、外部情况入手，通过调查研究以取得人力资源计划所需要的信息。通过对市场和竞争的分析了解组织所面临的机会和威胁。通过对资源的分析了解组织的优势和劣势。核查组织现有人力资源状况就是要通过弄清组织中现有人员的数量、质量、结构以及人员分布状况，为将来规划工作做准备。

第三，预测组织人力资源需求。根据职务说明书和人员配置计划，在收集到的数据、资料的基础上，使用预测的方法来预测组织中员工需求类型、数量、到岗时间等。

第四，确定人力资源供给计划，包括内部供给和外部供给。人力资源供给计划是人力资源需求的对策性计划。确定组织在各时间点上人员的拥有量以及在各时间点上组织内部各类人员的可供给量，即组织内部人员的供给；然后明确哪些职务要从组织外部补充，以及外部可供给的数量和质量。

第五，制订人力资源管理调整计划。要明确指出人力资源政策的调整原因、调整步骤和调整范围等。包括招聘政策、绩效政策、薪酬与福利政策、激励政策、职业生涯政策、员工管理政策等。

第六，编制人力资源管理费用预算。其中主要包括招聘、配置、培训、福利费用的预算等。

第七，形成完整的人力资源计划。将前面通过统计、分析得到的结论加以综合、编排，从而形成一份完整的人力资源计划。

第三节　招聘与录用

【案例 6-1】

找工作

当你面临毕业找工作时，你从报纸上看到几则招聘广告：某实业有限公司招聘一名市场部经理，年薪 50 万元；某大公司招聘若干推销员，年薪 3 万元；一中外合资企业招聘一位低级管理人员，要求管理专业本科生，懂外语，年薪 2 万元；某大型商场招聘若干营业员，要求高中以上文化程度，月收入约 800 元。

★ 思考题

你对每一则广告的反应是什么？你会去哪一家应聘？为什么？

一、招聘的定义

招聘是指组织及时寻找、吸引并鼓励符合要求的人到本组织中工作的过程。组织需要招聘员工可能基于以下几种情况：新设立一个组织；组织扩张；调整不合理的人员结构；员工因故离职而出现的职位空缺等。

二、招聘的方式

1. 内、外部招聘的优、缺点

内部招聘和外部招聘是企业获得人力资源（特别是管理人才）的两条途径。有些企业倾向于内部招聘，而外部招聘则成为另外一些企业的主要途径。企业是采取内部招聘还是采取外部招聘，要根据企业的具体情况而定，两者各有优缺点。

1) 内部招聘的优、缺点

（1）内部招聘的优点。

①能健全完善内部的竞争机制。企业所有员工都知道通过自己的辛勤努力，一定可以获得晋升，那么，就会产生强烈的竞争意识。

②能调动企业员工的积极性。内部招聘政策会对员工产生极大的激励作用，他们会积极地丰富自己，去符合工作的要求。

③申请人熟悉情况，能尽快进入角色。因为申请人来自企业内部，他们对企业的特点、文化都非常熟悉，获得晋升后，能很快进入工作角色。

④能节省评价费用。与外部申请人相比，企业对内部申请人的了解显然要多一些。因此，可以省去许多用来评价申请人的活动。

⑤保持企业政策的连续执行。企业在稳定发展的时期，特别需要政策的一贯执行。内部的申请人由于对企业活动有着较深刻的了解，便于保持政策的一贯性。

（2）内部招聘的缺点。

①很难摆脱原有各种关系的制约。错综复杂的各种关系，尤其是在一些规模较大的企业，往往会制约工作的开展。

②不能接受外界的经营思想，缺乏创新意识。员工会排挤来自外部的人员以及排斥外部人员的思想，整个组织由于得不到新鲜的思想，因而缺乏创新意识。

③容易出现论资排辈的现象。如果员工认为只要自己的年资积累到一定程度自然就会得到晋升，那么，企业内就会出现论资排辈的情况。员工的思想消极，生产效率低下。

④瘸子效应。随着企业规模的扩大，客观上要求有更高水平的人员来经营企业，如果现有的人力资源状况无法达到要求的水平，此时企业还执行内部招聘政策，人员能力同工作要求的差距越来越大，企业就无法正常运行。

2) 外部招聘的优、缺点

（1）外部招聘的优点。

①能够接受外部新的思想，调整企业的知识结构，增强创新。外部招聘所获得的人员往往会带来新的知识，新的处理工作的方法。在一定程度上会对现在的、想当然的方法提出一些改进意见，为整个组织注入活力。

②节省培训费用。由于外部招聘倾向于有相关经验的申请人，这些申请人只需要简单的上岗培训，就能很快适应工作。而内部招聘则需要对候选人进行长期的培训，有时成本是极高的。

③外部招聘政策能够给内部造成竞争压力。目前的竞争上岗就是为了给内部人员造成就业压力。当员工意识到来自外部的压力很强烈时，就会努力表现，这也是外部招聘的波及效果。

(2) 外部招聘的缺点。

①招聘的费用偏高。尤其是对那些职位较高的人员,招聘往往要通过职业介绍所或猎头公司,招聘的费用是很高的。

②外聘人员缺乏对企业的忠诚。由于外聘人员认为自己同企业仅仅是雇佣关系而已,因此,这类人的流动性也相对较高。

③进入角色的时间较长。对一种文化的适应需要很长一段时间,因此,外聘人员往往很难同整个组织融为一体,真正进入角色的时间也就延长了。

为填补空缺而招聘与为工作需要而招聘是两种截然不同的思想。只有当企业内出现诸如员工的意外死亡、突然离职或退休时,企业内出现职位空缺,企业才开始考虑招聘。这种思想显然单纯是为了填补工作空缺。而为工作需要招聘,则是企业不断考察工作与现有工作者之间是否匹配,如果现有工作者的能力水平已不能满足工作的要求,虽然他还没有到退休的年龄,但从企业工作的角度来考虑,需要招聘更适合的人选。如果说填补空缺的思想导致的是零散的、断续的活动,那么为工作而招聘则是一个连续的过程。人力资源部门不断对工作进行分析,对人与工作的适应性进行考察,并随时提出招聘建议。此外,在招聘中,很多企业为了能够吸引申请人,在招聘材料中倾向于夸大其词,例如夸大企业实际状况,许下无法实现的诺言等。也确有许多申请人为其所吸引,待进入企业后,发现想象与现实差距太大,无法安心工作。这实际上涉及另一种招聘理念,即招聘中的伦理。招聘的目的是为企业招聘到高质量的人才,因此必须注意招聘的道德和规范,坦诚地对待每一位申请人,以此来换取申请人对企业的信任以及新招聘到的员工与企业的长期合作。目前,有些企业已经开始改变过去的观念,向申请人现实地展示工作。

2. 招聘途径

了解了招聘过程之后,要考虑用什么方法进行招聘。招聘分内部招聘和外部招聘,在招聘方法的选择上,应根据这两种不同来源设计专门的方法。目前内部招聘主要采用的方法是工作竞标法。这种方法是把要招聘的岗位以及能力要求登在布告栏或内部的刊物上,员工在得到招聘信息后,通过对自己能力的衡量,提出应聘要求。例如,在摩托罗拉公司内部报纸《大家庭》上,经常可以看到公司内部的招聘启事。这是一种非常公开、公正的方法。员工比照招聘标准,发现自己的不足,从而不断丰富自己,为未来的机会做准备。如果公司内形成这样一种氛围,那么,内部招聘活动所预期的激励作用就达到了。

根据外部来源的不同,外部招聘的方法主要有以下几种。

(1) 报纸广告。据调查,国外的报纸招聘广告已占所登广告数量的1/4。在我国的新闻媒介中,人才招聘广告也开始占有越来越多的份额,而且这种招聘形式也是效果最好的一类。在利用报纸广告进行招聘时,需要注意报纸的读者群、报纸的覆盖面、报纸广告的投入产出率等因素。

(2) 职业介绍所。

(3) 校园招聘。越来越多的国外大公司倾向于从国内的大专院校直接招聘所需的人员。这样做的一个原因是,他们认为,这些大学生已经具备了充分的理论知识,他们有朝气,敢于面对挑战,同那些有工作经验的人相比,他们在工作时,反而不会受到过去经验的束缚,能够大胆创新。

（4）熟人推荐。对特别重要的工作岗位，或对一个地区的情况不太熟悉时，往往希望能够通过熟人推荐。

三、招聘计划步骤

招聘工作是一项严肃而重要的工作，其基础工作是人力资源管理中的职务分析。广义的招聘过程包括以下几个步骤。

1. 制订招聘计划

首先必须根据本组织目前的人力资源分布情况及未来某时期内组织目标的变化（比如上新的生产线，或者开发新产品，或者由单一经营变为多元经营），来分析从何时起本组织将会出现人力资源的缺口，是数量上的缺口还是层次上需要提升，这些缺口分布在哪些部门，数量分布如何，层次分布是怎样的？然后根据对未来情况的预测和对目前情况的调查制订一个完整的招聘计划。正如计划为管理指明方向一样，一个完整的招聘计划往往能起到事半功倍的良好效果。完整的招聘计划应包括招聘的时间、地点、欲招聘人员的类型、数量、条件，具体职位的具体要求、任务以及应聘后的职务标准、薪资等。

2. 建立专门招聘小组

对于许多企业来说，招聘工作是周期性或临时性的工作，因此应该有专人来负责此项工作，在每次招聘时成立一个专门的临时招聘小组。招聘小组的组成是否合理将决定招聘工作是否有效。该小组一般应由招聘单位的人事主管以及用人部门的相关人员组成。专业技术人员的招聘还必须有有关专家参加，如果是招聘高级管理人才，一般还应有心理专家等相关方面的专家参加，以保证全面而科学地考察应聘人员的综合素质及专项素质。招聘工作开始前应对有关人员进行培训，使其掌握政策、标准以及有关技巧，并明确职责分工，协同工作。

3. 确立招聘渠道

根据欲招聘人员的类别、层次以及数量，确定相应的招聘渠道。一般可以通过有关媒介发布招聘信息，或去人才交流机构招聘，或者直接到大中专院校招聘应届毕业生。

4. 甄别录用

一般的筛选录用过程是：根据招聘要求，审核应聘者的有关材料，根据从应聘材料中获得的初步信息安排各种测试，有笔试、面试、心理测试等，再经高级主管面试，最后经过体检、背景调查等环节，对合格的应聘人员办理录用手续。在一些高级人员的招聘过程中，往往还要对应聘者进行个性特征、心理健康水平、管理能力，以及计算机水平进行模拟测试等，以期全面、公正、科学、有效地录用到合适的人才。

5. 对新进员工进行上岗培训

上岗培训：一方面包括向新员工介绍企业、企业的职能、任务和人员等情况；另一方面是使新员工适应工作，包括学习、工作所需要的知识和能力，执行任务采取的合适态度，适应本单位的准则和价值观念。

6. 工作评估

很多人可能认为将人才招聘进来就意味着招聘工作的结束，其实这是一种狭隘甚至是错误的观点。人员招聘进来以后,应对整个招聘工作进行检查、评估,以便及时总结经验,纠正不足。评估结果要形成文字材料,供下次参考。此外,在新录用人员试用一段时间后,要调查其工作绩效,将实际工作表现与招聘时对其能力所做的测试结果做比较,确定相关程度,以判断招聘过程中所使用的测试方法的信度和效度,为测试方法的选择和评价提供科学的依据。

四、人员的挑选

在人员的招募与选拔过程中,必须重视对人员进行测试。人员测试是指采用心理学、社会学等方法对人员进行测试和试验,其目的是为了保证公司、企业所引进的人员的素质和水平。一项研究表明,规模越大的公司,越倾向于采用测试来选拔人力资源,决定雇佣与否和提升的可能性。

人员测试的内容主要有以下几项。

1. 智力测验

智力测验是用来衡量一个人的智商程度。需要注意的是,对成年人的智力测试必须采用一定的素材和器具,来判断他处于某一种情况下的智商是多少,然后通过计算得出平均智力水平。

2. 性格和能力测试

性格测试是测试员工学习和发展的可能性,它和能力测试一起可以说明哪一种人经过公司训练之后,是从事这项工作的最佳人选。能力测试中最重要的一环是对人员的心理承受能力、心理素质、动作能力进行测试。

3. 人格与兴趣测试

人格测试用来衡量应征者在稳定性、内省性、激励性等方面的一些基本状况。人格测试一般都是影射性的,通过对受测者一些表面现象的理解来把握他们的心理状态。兴趣试验主要是测试员工的兴趣、爱好,以帮助组织进行工作方面的选择。

4. 成就测试

成就测验用来了解人员在以往学习、工作中所取得的成绩。对于企业来说,成就测验可帮助企业从若干个众多的应征者中选择较为优秀的一个。

五、招聘的原则

要保证企业能够选拔到真正高素质的人才,招聘过程中就应遵循一定的原则。

第一,人员招聘必须坚持计划性原则,必须以人员招聘计划为指导来进行人员的招聘。

第二,人员招聘必须坚持贯彻任人唯贤、择优录用的原则。

第三,招聘过程中,应坚持公平、公开、机会平等的原则。

第四,最小支出原则。在员工选拔过程中,同其他一切活动一样,都应该坚持最小支出和最低成本的原则。

第四节 培训与开发

一、培训的概念

员工培训就是向新员工或现有员工传授其完成本职工作所必需的相关知识、技能、价值观念以及行为规范的过程,是由企业安排的对本企业员工所进行的有计划有步骤的培养和训练。

二、培训的目的、作用和意义

(一) 培训的目的

培训的目的指通过培训使组织中的员工获得适应其所在岗位现在和未来需要的必要的知识和技能。通过培训,达到补充知识、发展能力、提高技能、转变观念、提高素质、交流信息、加强协作的目的,从而全面提高员工的素质,增强员工为组织做贡献的能力。

(二) 培训的作用和意义

(1) 通过员工知识与技能的培训,增强他们适应岗位的能力。人既不是天生就会做很多事情,也不是天生就知道如何运用自己的潜能。要使员工发挥潜能、胜任岗位工作,就必须对其进行培训。

(2) 培训有助于统一思想,强化组织成员对组织价值观的认同。每个组织都有自己的文化、价值观念、行为准则,员工只有了解并接受本组织的文化理念,才能在其中有效地工作。

(3) 培训有助于员工自我发展目标的实现,从而有利于员工队伍的稳定。

(4) 培训有助于开发员工的潜能,使组织现有的人力资源得到充分的利用。

三、培训的原则

员工培训的原则,一般包括以下几个方面。

1. 激励原则

要将人员培训与人员晋升、薪酬相结合,有效地激励被培训者,以便更好地达到培训效果。

2. 因材施教原则

针对每个人员的实际技能、岗位和个人发展意愿等开展员工培训工作。培训的方式、方法应适应个人的特点和能力。

3. 实践原则

培训要想真正实现其目标,就不能仅仅依靠简单的教,应坚持实践原则,为受训者提供实践操作的机会,使他们在实践中体会,从实际操作中提高能力。尤其是一些涉及工作技能的培训,对实施的条件要求更高。通过实践检验,才能够切实提高培训的效果,从而实现组织与个人的双赢。同时,通过员工的亲身参与,能够发现培训过程中存在的偏差及问题,便于为下一次培训提供改进措施。

4. 理论联系实际、学用一致原则

员工培训的直接目的是改变员工的态度、提高员工的素质和工作技能,使员工更好地与工作相适应,因此培训必须做到理论联系实际,切实做到学用一致。培训要有明确的针对性,要紧紧围绕培训目标,从实际工作需要出发,与岗位要求相联系;同时,要做到培训与使用不脱节,组织发展需要什么,员工缺少什么理论与技术,培训就要及时、准确地跟进,予以体现和实施。

5. 明确培训目标原则

目标管理是管理的有效手段之一。培训作为人力资源管理活动中重要的一环也必须遵守这一原则。为受训人员设置明确的、有一定难度的培训目标,可以有效增强培训效果。培训目标的确定必须合理、适中,太难或太容易都会失去培训的价值,所以,培训目标的设置要与每个人的具体工作相联系,使受训者了解培训的目标源于工作,又高于工作,是自我提高和发展的高层次延续。

四、培训的种类

1. 新进员工入职教育

对于组织新吸收的员工来说,无论是谁,都面临了一个新的环境,有了新的心情,就要求他们要摒弃某些理念、价值观,并尽快熟悉新的组织、适应新的环境。组织在这段时间里,就要帮助新员工建立与同事和工作团队的关系,形成符合实际的期望和积极的态度,消除新员工因不确定而产生的焦虑。新员工培训包括:上岗前培训和上岗时培训。上岗前培训的主要目的是消除新员工上岗前的不安,使之具有在组织内生活的愿望。上岗前培训通常采用文字资料、影音资料、现场实习相结合的教育方式。上岗时培训,是让员工明白组织的劳动条件、工会、劳动协作、就业规划、社会保险、劳动保险、退休金、养老等各方面的制度。还要让员工在有关部门参观见习特别工种,做内部工种的比较观察,并根据员工的具体情况和愿望分配岗位。

2. 在岗培训

根据培训的目的,在岗培训可分为以下几种形式。

1)转岗培训

转岗培训是指对已被批准转换岗位的员工进行培训,旨在使其达到新岗位要求。员工转岗的原因有组织方面和个人方面的原因。转岗培训的方式有以下几种:与新员工一起参加拟转岗的入职培训;接受现场的一对一指导;外出参加培训;接受企业的定向培训。

2)晋升培训

晋升培训是指对拟晋升人员或后备人员进行的培训,使其达到更高一级岗位要求的培训。晋升培训以员工职业发展规划为依据,具有培训时间长、内容广、多种培训方法并用的特点。

3)岗位资格培训

许多岗位需要通过考试取得相应资格才能上岗,通常这些资格只在一定的年限内有用。未获得资格证或资格证已到期的员工需要再接受培训并参加资格考试以得到上岗资格。

4) 更新知识、学习新技能培训

由于组织内外环境的变化和知识、技能的更新,组织需要对企业员工进行培训。

3. 外派培训

组织可以选派具有一定资格的员工到高校深造学习、出国进修或参加短期培训班学习、参加研讨会或到国内外优秀企业考察学习,从而提高组织员工的能力、素质。

五、培训的方法

1. 在职培训与脱产培训

1) 在职培训

在职培训是指通过聘请有经验的人员或专职教师指导员工边学习边工作的培训方式。它主要包括教练法、助理制、工作轮调等。在职培训的优点是:第一,节约训练成本;第二,学员能迅速得到工作绩效的反馈,实践性强。在职培训的缺点是:虽然在职培训不发生直接成本,但可能存在一些潜在风险,如可能会损坏机器设备、生产出不合格产品、浪费原材料等。

2) 脱产培训

有选择地让部分员工在一段时间内离开原工作岗位,进行专门的业务学习的培训方式,称为脱产培训。其形式有选送员工到正规院校或国外进修、派员工参加专业机构组织的短期培训、开办业余学校等。这种方式的培训花费较高,但收益也较明显。

2. 传统与现代培训方法

1) 讲授法

讲授法也称课堂教学法,是由培训讲师借助一定形式(以语言为主)向学员传授课程内容的方法。该方法的优点是:在时间、资金、人力上都很经济,成本较低;适用于理念性知识的培训。该方法的缺点是:单向信息沟通,学员比较被动,参与程度低;缺少实践机会,反馈效果差;效果在很大程度上取决于培训讲师的演讲水平。

2) 视听教学法

该方法是指把要讲授或示范的内容做成幻灯片、电影、录像等声像资料,通过现代视听技术对学员进行培训。这种方法主要运用人的视听感官向学员传授知识或技能。该方法的优点如下:运用视觉与听觉的感知方式,直观鲜明;可形象地说明一些难以用语言或文字描述的特殊情况;可重播。该方法的缺点是:制作和购买的成本高;内容易过时;适合本组织员工特点的教材也不易选择;易受教材和场所等硬件资源的制约等。该方法很少单独使用,往往与其他方法结合在一起使用。

3) 讨论法

讨论法是通过学员之间的讨论来解决疑难问题。一般而言,先由讲师介绍一些基本概念与原理,然后由学员根据教师提供的有关材料讨论并回答问题。该方法并不注重知识的传播,其重点在于意识的培养和灵感的激发。这种方法的优点是:学员参与程度高,学习兴趣浓厚;鼓励学员积极思考,促进能力开发;能提高学员口头表达能力和与他人交流的能力。其缺点是:不利于学员系统地掌握知识和技能。

4) 案例法

案例法是通过向培训对象提供相关的背景材料,让其进行分析并提出合适的解决方法。在对特定案例的分析、辩论中,提高学员发现问题、分析问题及解决问题的能力。该方法费用低,反馈效果好,但占用的时间较多,对培训讲师及学员双方的要求都比较高。

5) 角色扮演法

角色扮演法就是给学员创造一个接近真实情况的培训情境,由学员扮演其中的某一角色,以角色的身份去处理各种问题和矛盾,由此增强其对所扮演角色的感受,并培养和训练其解决问题的能力。该方法提供机会让学员实践其所学,并通过自己实际操作加深对技能的理解和掌握,实践性非常突出,效果明显;费用相对较低,多用于人际关系能力的培养。该方法的缺点是:强调个体,不重视集体,不利于学员团队精神、集体意识的培养;操作复杂。

6) 观摩范例法

该方法是指由培训讲师进行现场演示,学员观察并模仿的一种方法。它结合成人学习的特点,经济实用,适用于操作性知识的学习。此方法存在监督性较差的缺点。

7) 网络培训法

网络培训法是以多媒体和互联网技术为媒介,依靠单机、局域网或互联网提供的交互式环境进行员工培训。这种方法使用灵活,符合分散式学习的新趋势,节省学员集中培训的时间与费用;信息量大,尤其适用于新知识、新理念的传递。其最大的缺点是需要投入大量成本进行建设,需要技术支撑,中小企业难以承担。

8) 虚拟现实

虚拟现实是指通过使用专业设备和观看计算机屏幕上的虚拟模型,向受训者提供三维学习的方式,受训者可以感受模拟的环境,并同各种虚拟的要素进行沟通,同时还可利用技术来刺激受训者的多重知觉。例如,可以通过可视界面、可真实传递触觉的手套、踏板或运动平台来创造一个虚拟环境。利用各种装置,将受训者的运动指令输入电脑。这些装置可以让受训者产生身临其境的感觉(即到达某种特定的环境)。受训者获得的知觉信息的数量、对环境传感器的控制力以及受训者对环境的适应能力都会影响到这种身临其境的感觉。该方法的优点在于它可使员工在安全的环境情况下进行危险性操作。研究表明,当工作任务较为复杂或需要广泛运用视觉提示时,虚拟现实培训最有成效。虚拟现实的另一优点是可以让受训者进行连续性学习。发展虚拟现实培训的障碍在于劣质设备会影响人们身临其境的真实感(如触觉反馈不佳,感觉和行动反应的时间间隔不合理)。由于受训者的感觉被歪曲,因此有时他们可能会产生模拟病(如恶心、头痛等)。

第五节 绩效管理

一、绩效管理

绩效是指经过考评的工作行为、工作表现及工作结果。对组织而言,绩效就是任务在数量、质量及效率等方面的完成情况;对员工而言,绩效是对自己工作状况的评价。绩效具有多因性、多维性与动态性的特征。

绩效管理是一种为了实现组织的战略目标,并确保员工的工作行为和工作质量能够与组织目标保持一致,通过管理者和个人的沟通并运用人力资源管理的知识、技术和方法,制订绩效计划，进行绩效沟通、绩效考评、绩效反馈与改进，以促进员工绩效持续提高并最终实现企业目标的管理过程。绩效管理是一个完整的系统，这个系统包括几个重要的构件：目标与计划、辅导与训练、评价与检查、回报与反馈。

二、绩效评估的作用

绩效评估是绩效管理过程中最重要的组成部分。人力资源管理中的绩效评估是指采用一定的方法，对企业内部人力资源管理活动的成绩和效果进行评估，它不仅包括对企业员工个人工作活动的考评，也包括对企业在规划、选拔、培训、开发人力资源等方面所付出代价的考评。绩效评估在人力资源管理中占据重要的地位。绩效评估的作用体现在以下几个方面。

1. 绩效评估为最佳决策提供了重要的参考依据

绩效评估的首要目标是为组织目标的实现提供支持，特别是在制订重要的决策时，绩效评估可以使管理者及其下属在制订初始计划过程中及时纠偏，减少工作失误，为最佳决策提供重要的参考依据。

2. 绩效评估为组织发展提供了重要的支持

绩效评估的另一个重要目标是提高员工的业绩，引导员工努力的方向，使其能够跟上组织的变化和发展。绩效评估提供的相关的信息资料可以作为激励或处分员工、提升或降级、职务调动以及进一步培训的依据，这是绩效评估最主要的作用。

3. 绩效评估为员工提供了一面有益的"镜子"

绩效评估使员工有机会了解自己的优缺点，以及其他人对自己工作情况的评价，是一面有益的"镜子"。特别是当这种评价比较客观时，员工可以在上级的帮助下有效发挥自己的潜能，顺利执行自己的职业生涯计划。

4. 绩效评估为确定员工的工作报酬提供依据

绩效评估的结果为确定员工的实际工作报酬提供了决策依据。实际工作报酬必须与员工的实际能力和贡献相结合，这是组织分配制度的一条基本原则。为了鼓励员工出成绩，组织必须设计和执行一个公正合理的绩效评估系统，对那些最富有成效的员工和小组给予明确的加薪奖励。

5. 绩效评估为员工潜能的评价以及相关人事调整提供了依据

绩效评估中对能力的考评是指通过考察员工在一定时间内的工作业绩，评估他们的现实能力和发展潜力，看其是否符合现任职务所具备的素质和能力要求，是否具有担任更重要工作的潜能。组织必须根据员工在工作中的实际表现，对组织的人事安排进行必要的调整。应该把能力不足的员工安排到其力所能及的岗位上，而对潜能较强的员工应提供更多的晋升机会，对另一些能力较为平衡的员工则可保持其现在的职位。当然，反映员工过去业绩的评价要与描述将来潜力的评价区分开来，为此，组织需要创设更为科学的绩效评估体系，为组织制订包括降职、提升或维持现状等人事调整计划提供科学的依据。

三、绩效评估的内容

对员工的工作业绩进行考评，需要依据一定的考评标准，遵循一定的考评程序，运用一定的考评方法来进行。有人说：德才兼备是贤臣、圣人，可遇不可求；有才无德是佞臣、小人，要控制使用；有德无才是忠臣、贤人，可交付事情而非事业；无德无才是庸臣、庸人，确无可用之处。因此，组织在进行员工考评时应该从以下几个方面加以考虑。

德，包括思想政治、工作作风、社会道德及职业道德水平等方面。古今中外，德的考核始终是首要因素，尤其对执掌权力的各级领导，更应重视对"德"的考评。

能，是指员工从事工作的能力，包括体能、学识、智能等内容。能力是考评的重点和难点。

勤，是指员工的积极性和工作中的表现，包括出勤、纪律性、干劲、责任心、主动性等。积极性决定着人的能力发挥的程度。只有将积极性和能力结合起来考评，才能发现员工的潜力。

绩，是指员工的工作效率及效果，包括员工完成工作的数量、质量、成本费用以及为组织做出的其他贡献。绩效是组织对员工的最终期望，当然要作为考评的基本内容。

四、评估方法

1. 分级法

分级法即按被考评员工每人绩效的优劣程度，通过比较，确定每人的相对等级或名次。分级法又称为排序法，即排出全体被考评员工的绩效优劣顺序。排列方向由最优排至最劣，或反之由最劣排至最优均可。排序比较可以依循某个单一的特定绩效维度（如产品质量、服务态度等）进行，但更常见的是对每人的整体工作状况进行比较。

按照分级程序的不同，分级法又有四种。

1）简单分级法

它是指在全体考评员工中挑选出绩效最出色的一个列于序首，再找出次优的列于第二名，依此类推，直到最差的一个列于序尾。

2）交替分级法

与简单分级法的程序不同，此法先拣软处下手，即首先找出最优者，然后跳回去找出对比鲜明的最劣者；下一步则找出次优者，接着找出次劣者；循此程序，由易渐难，绩效中等者较为接近，必须仔细辨别，直至全部排完为止。

3）范例对比法

此法通常从五个维度进行考评，即品德、智力、领导能力、对职务的贡献和体格。每一维度又分为优、良、中、次、劣五个等级。就每一维度的每一等级，先选出一名适当的员工作为范例。实施考评，将每位被考评的员工和这些范例逐一对照，按他们与各相应范例的近似程度来给他们评出等级分。最后各维度分数的总和，便作为被考评员工的绩效等级分类。

4）强制正态分布法

强制正态分布法大多为企业在评估绩效结果时所采用。该方法就是按事物的"两头小、中间大"的正态分布规律，先确定好各等级在被评价员工总数所占的比例，然后按照每个员工绩效的优劣程度，强制列入其中的一定等级。

2. 评定量表法

评定量表法是考评中常用的一种方法。它根据工作分析，将被考评岗位的工作内容划分为相互独立的几个模块，在每个模块中用明确的语言描述完成该模块工作需要达到的工作标准。同时，将标准分为几个等级选项，如"优、良、合格、不合格"等，考评人根据被考评人的实际工作表现,对每个模块的完成情况进行评估。总成绩便为该员工的考评成绩。

评定量表法使得考评者可以连续的方式标明员工的表现。由于其简易性,这一方法使用得最普遍。在图表为每项职责确定的等级中,考评人只需在他认为适当的级别上打上标记。更详细的考核评价可以填写在每个被考评因素旁边的用于书写评价的空格里。

评定量表法有其明显的缺陷。首先,这一方法常常将不同的特征或要素组合在一起,而考评人只能选择一个方格来画钩。其次,在这些等级表中,有时使用的说明性文字容易使不同考评者产生不同的理解。例如,主动性和合作精神这些标准就容易导致不同的理解,特别是与"出色""一般""较差"这些考评文字同时出现时,更容易导致五花八门的理解。由于设计起来比较容易,各种各样的考评分级方式在许多考评表中被广泛采用。但是由于上述原因,对于那些过分依赖这些考评表的考评人来说,这种多样性往往使他们更容易出错。评定量表示例见表6-1。

表 6-1 评定量表示例

评估对象姓名:_____ 职务:_____ 评估日期:_____
工作单位:_____ 评估人:_____

评估等级因素	不满意 明显不适合本岗位工作	一般 勉强可在本岗位上工作	良好 符合本岗位工作的基本要求	优秀 明显在本岗位标准和基本要求之上	杰出 明显且始终表现突出
工作质量 指工作的精确性和彻底性,产品的外观及验收情况					
工作数量 指产量和贡献					
必需的监督和管理 指需要给予劝告、指导和纠正的程度					
出勤 指出勤的经常性、可靠性和随时性					
维护 指保护设备的现实表现					

评估人:_____ (评语写在背面)
评估对象本人意见:_____
评估时间:_____ 经手人签字:_____

3. 目标考评法

目标考评法是根据被考评人完成工作目标的情况来进行考评的一种考评方式。在开始工作之前,考评人和被考评人应该对需要完成的工作内容、时间期限、考评的标准达成一致。在时间期限结束时,考评人根据被考评人的工作状况及原先制订的考评标准来进行考评。目标管理考评制度以三个假定为根据。

一是,如果在计划与设立各种目标和确定衡量标准的过程中,让员工也参与其中,那么就可以增强员工对组织的认同感和工作的积极性。

二是,如果所确定的各种目标十分清楚和准确,那么员工就会更好地工作以实现理想的结果。

三是,工作表现的各种目标应该是可衡量的,并且应该直接针对各种结果。

4. 情景模拟法

该方法是指将识别对象置于一个模拟的工作环境之中,运用多种评价技术,观察候选对象的工作能力,从而决定该对象是否适合于某项工作的一种鉴别、选拔管理人才的方法。运用情景模拟法可以评价的项目有组织与计划能力、决策能力、创造力、应急能力、学习能力、口头与文字表达能力等。情景模拟法针对不同层次的管理人员的职务要求和必备能力,设计了不同的评价技法,适应不同组织的状况和管理层次的需要,具有针对性。常用的工作模拟试验有工作表演、无领导的小组讨论等。

5. 关键事件法

此法需要对每一待考评员工建立一本"考评日记",由考察人与知情的人(通常为被考评者直属上级)随时记载。需要说明的是:所记载的事件应该既有好事,也有不好的事;所记载的必须是较突出的、与工作绩效直接相关的事,而不是一般的、琐细的生活细节方面的事;所记载的应是具体的事件与行为,不是对某种品质的评判(如"此人是认真负责的")。最后还应指出,事件的记录本身不是评语,只是素材的积累,但有了这些具体事实做根据,经归纳、整理,便可得出可信的考评结论。从这些素材中不难得出被考评者的长处与不足,在对此人进行反馈时,不但因有具体事实做支持而易于被接受,而且还可以充实那些抽象的评语,并加深被考评者对评语的理解,有利于以后工作的改进,因而培训功能较强。

6. 行为锚定法

此法实质上是把评定量表法与关键事件法结合起来,兼具两者之长。它为每一职务的各考评维度都设计出一个评分量表,并有一些典型的行为描述性说明词与量表上的一定刻度(评分标准)相对应和联系(即所谓锚定),在被考评者的实际表现评分时作为参考依据。

例如,顾客购买围巾,原以为是以羊毛为原料的,实则不是,要求退货。销售员表现出以下的工作行为,每一种工作行为都对应一定分值。

①始则不理,继而拒绝、争吵、大骂。
②谎称过期,无法退换。
③顾客退换的商品已被损毁,在顾客坚持下退货。
④用理性的方式接待了几位顾客,让顾客满意而归。
⑤圆满地处理顾客的退换要求,让其深受感动,当即又购买其他商品。

这些典型说明词的数量毕竟有限（一般不会多于 10 条），不可能涵盖所有的员工的实际表现，一般很难做到被考评者的实际表现恰好与说明词所描述的完全吻合，但有了量表上的这些典型行为锚定点，考评者给分时便有了分寸感。这些代表从最劣绩效的到最典型绩效的、有具体行为描述的锚定说明词，不但使被考评者能较深刻而信服地了解自身的现状，还可找到具体的改进目标。

复习思考题

1. 请联系实际谈一谈，如果你是某公司的 HR，你将如何开展工作？
2. 员工招聘的程序是什么？
3. 你认为招聘内部资源是有效的，还是无效的？为什么？
4. 简述常见的评估方法。
5. 简述人力资源规划流程。
6. 简述各种培训模式。
7. 简述绩效管理流程。

【案例分析 6-1】

领导要求安排关系户工作出发，你会怎么做？

某公司是民营企业，其大客户的采购部马总，希望安排其侄女大四学生吴某到该公司上班。公司总经理王先生让人力资源部的刘经理协调处理这个事情，务必安排一个合适的岗位，并核定合理工资。刘经理和各部门沟通，大家都不想要刚毕业的女大学生，觉得没有什么经验。同时部门的负责人也担心，部门安排一个关系户不好管理。刘经理感觉很头疼，老板的交代肯定要去做。

思考与讨论

如果你是刘经理，从人力资源的角度出发，你会怎么做？

【案例分析 6-2】

T 公司的绩效管理

T 公司总部会议室，赵总经理正认真听取关于上年度公司绩效考核执行情况的汇报，其中有两项决策让他左右为难。一是经过年度考核成绩排序，成绩排在最后的几名却是在公司干活最多的人。这些人是否按照原先的考核方案降职和降薪，下一阶段考核方案如何调整才能更加有效？另一个是人力资源部提出上一套人力资源管理软件来提高统计工作效率的建议，但一套软件能否真正起到支持绩效提高的效果？

T 公司成立仅 4 年，为了更好地进行各级人员的评价和激励，T 公司在引入市场化的用人机制的同时，建立了一套绩效管理制度。对这套方案，用人力资源部经理的话来说，细化传统的德、能、勤、绩几项指标，同时突出工作业绩的一套考核办法。其设计的重点是将德、能、勤、绩几个方面内容细化延展成考量的10项指标,并把每个指标都量化出5个等级,同时定性描述等级定义,考核时只需将被考核人实际行为与描述相对应,就可按照对应成绩累计相加得出考核成绩。

但考核中却发现了一个奇怪的现象:原先工作比较出色和积极的职工考核成绩却常常排在多数人后面,一些工作业绩并不出色的人和错误很少的人却都排在前面。还有就是一些管理干部对考核结果大排队的方法不理解和有抵触心理。但是综合各方面情况,目前的绩效考核还是取得了一定的成果,各部门都能够很好地完成,唯一需要确定的是对考核排序在最后的人员如何落实处罚措施,另外对这些人降职和降薪无疑会伤害一批像他们一样认真工作的人,但是不落实却容易破坏考核制度的严肃性和连续性。另一个问题是,在本次考核中,统计成绩工具比较原始,考核成绩统计工作量太大,人力资源部就三个人,却要统计总部200多人的考核成绩,平均每个人有14份表格,统计、计算、平均、排序发布,最后还要和这些人分别谈话,在整个考核的一个半月中,人力资源部几乎都在做这个事情,其他事情都耽搁了。

赵总经理决定亲自请车辆设备部、财务部的负责人到办公室深入了解一些实际情况。

车辆设备部李经理、财务部王经理,来到了总经理办公室,当总经理简要地说明了原因之后,车辆设备部李经理首先快人快语回答道:我认为本次考核方案需要尽快调整,因为它不能真实反映我们的实际工作,例如我们车辆设备部主要负责公司电力机车设备的维护管理工作,只有20个人,却管理着公司总共近60台电力机车,为了确保它们安全无故障地行驶在600公里的铁路线上,我们主要工作就是按计划到基层各个点上检查和抽查设备维护的情况。在日常工作中,我们不能有一次违规和失误,因为任何一次失误都是致命的,也是造成重大损失的,但是在考核业绩中有允许出现"工作业绩差的情况",因此我们的考核就是合格和不合格之说,不存在分数等级多少。

财务部王经理紧接着说道:我们财务部门的工作基本上都是按照规范和标准来完成的,平常填报表和记账等都要求万无一失,这些如何体现出创新的最好一级标准?如果我们没有这项内容,评估我们是按照最高成绩打分还是按照最低成绩打分?还有一个问题,我认为应该重视,在本次考核中我们沿用了传统的民主评议的方式,我对部门内部人员评估没有意见,但是让部门外其他人员打分是否恰当?因为我们财务工作经常得罪人,让被得罪的人评估我们财务,这样公正吗?

★ 思考

T公司的问题到底在哪里?考核内容指标体系如何设计才能适应不同性质岗位的要求?公司是否同意人力资源部门提出购买软件方案?能否有一个最有效的方法解决目前的问题?

第七章 协调

【本章学习目标】
1. 了解协调和管理沟通的含义与特点；
2. 熟悉协调与沟通的类型，掌握管理沟通的基本过程；
3. 了解沟通的作用与协调的原则，熟悉组织沟通类型；
4. 了解人际沟通与组织沟通的障碍与策略；
5. 了解有效协调的方法。

第一节 协调概述

一、协调的含义

协调是管理的重要职能，是管理过程中引导组织之间、人员之间建立相互协作和主动配合的良好关系，有效地利用各种资源各种关系，形成组织活力，社会合力，达到组织目标，取得组织绩效的活动过程。善于协调还是不善于协调，往往会使同样的权力产生不同的权力效益。协调是正确处理组织内外各种关系，为组织正常运转创造良好的条件和环境，促进组织目标的实现。也是为了完成计划和实现目标，对各项工作及各位人员的活动进行调节，使之同步，互为依托。因此，从一定意义上来说，管理者的任务就是协调关系。协调如同"润滑剂"，是组织凝聚力的源泉之一。

二、协调的管理职能

1. 协调奋斗目标

不同部门、单位、人员的工作目标出现矛盾冲突，必然导致行动的差异和组织活动的不协调。因此，协调好不同部门、单位和人员之间的工作目标，就成了协调工作的重要内容。

2. 协调工作计划

计划不周或主客观情况的重大变化，是导致计划执行受阻和工作出现脱节的重要原因。因此，根据实际情况特别是重大情况变化，调整工作计划和资源分配，是协调工作的重要内容。

3. 协调职权关系

各部门、单位、职位之间职权划分不清,任务分配不明,是造成工作中相互推诿、矛盾冲突的重要原因。因此,协调各层级、各部门、各职位之间的职权关系,消除相互之间的矛盾冲突,也是协调工作的重要内容。

4. 协调政策措施

政策措施不统一,互相打架,是造成组织活动不协调的重要原因,消除政策措施方面的矛盾和冲突,也是协调工作的重要内容。

5. 协调思想认识

在组织管理过程中,不同部门、单位、人员对同一问题认识不一致,观点、意见不相同,往往导致行动上的差异和整个组织活动的不协调。因此,协调不同部门、单位、人员的思想认识,统一大家对某个问题的基本看法,成了协调组织活动的前提条件和协调工作的重要内容。

三、协调的类型

(1) 从协调的对象来看,可以将协调划分为对事的协调与对人的协调。

(2) 从协调的范围来看,协调有内部协调与外部协调之分。

(3) 从协调的内容来看,协调有认识性协调与利益性协调之分。组织中各个具体的执行主体,由于各自的知识水平、能力结构、心理素质、价值观念等的不同,对同一目标,可能产生不同角度、不同程度的理解,并通过一定的态度、情绪、作用反映出来。有时,这种不同认识会直接影响到组织行为的和谐齐整,需要进行协调。认识性协调的成效主要取决于合情合理的、耐心细致的思想教育和循循善诱的工作方法。

行为能产生一定的行为后果,总会以直接或间接的方式涉及执行主体的物质利益需求,充分调动执行主体的工作积极性,提高工作效率,是协调的根本目的。所以,必须正确处理组织与个人利益的关系、长远利益与眼前利益的关系、全局利益与局部利益的关系。

(4) 从协调的性质来看,可以将协调分为促进式协调与纠偏式协调。在组织中,由于某些部门或个人成绩突出,使得各部门在工作进展上拉开差距,这种不平衡是新生事物的必然表现,代表着事物向前发展的方向。这时,领导的协调就必须旗帜鲜明地支持先进,积极地采取各种方式、各种手段来鞭策后进,通过积极的促进来达到新的平衡,但不能为了强调平衡而因循守旧。在工作过程中,某些部门或个人从局部的利益出发来考虑问题、处理问题,违反组织规范,破坏整体利益,给全局工作造成损失。对此,领导的协调就必须做到是非分明,认真负责,果断勇敢,彻底消除这些破坏性的消极因素,通过严肃的纠偏来维护正常的秩序,绝不能无原则地调和矛盾,姑息迁就。

(5) 从协调的方式来看,可以将协调分为合作式协调与应变式协调。每个组织都有若干个职能部门,每个职能部门都有明确的岗位职责,但这种职能分工并非画地为牢,各个机构并非各自为政,而是形成一个有机的整体,各职能部门服从于整体的目标。因此,不仅需要纵向层级的树型沟通,而且还要横向的、彼此贯通的辐射沟通。它们需要多个部门的齐抓共管,共同合作,需要有机地进行协调。

在组织具体的决策过程中,有可能某些决策先天不足,但在决策范围内又无法验证自身缺陷,一旦付诸实践,就显现出不合理;亦有一些决策原本是正确的,但由于实践的各要素发生了变化,为了适应变化,决策必须相应地进行调整、修正,这就需要进行应变性协调。

(6) 从协调的途径来看,可以将协调分为会议协调与非会议协调。会议协调是经常使用的一种协调方式,可以具体通过座谈会、讨论会、汇报会等形式进行。会议协调都是正式的,而非会议协调既可以是正式的,也可以是非正式的。非会议协调方式很多,可以因人因事制宜。非会议协调可以通过人员的个别交谈、内部媒体或网络媒介进行。

四、协调的原则

协调是为了完成计划和实现目标,对各项工作及各位人员的活动进行调节,使之同步,互为依托。由于各个部门和各个工作人员的条件各不相同,因而在活动中的矛盾冲突及不和谐在所难免,就会导致效率下降乃至破坏目标实现。协调的目的就是要减少矛盾,把内耗降到最低。

(一) 全员参与的原则

会员必须了解自己的目标、计划以及与其他人员的工作关系,树立与他人配合工作是自己的职责而不是额外负担的观念,从而自觉、主动地搞好协调。

(二) 有效沟通的原则

沟通是进行协调的基本手段。所谓有效沟通,一是指要有效能,即能够达到所要达到的目标,二是指有效率,即能够迅速实现协调的目的。有效沟通的原则主要有以下几点。

(1) 沟通目的要清晰,对通过沟通希望解决什么问题必须心中有数。
(2) 信息表达应当清晰无误。
(3) 注意沟通的技巧,比如语言的恰当运用、说话分寸的掌握和时机的选择,善于倾听沟通对象的发言等。
(4) 对信息沟通的效果进行追踪检查,及时反馈。

(三) 及时协调的原则

在制订工作计划时就应该考虑各项工作会有什么协调关系,并提前拟订方案和措施。在执行计划过程中管理者应对可能发生的问题保持警觉,一旦发现就以适当的方式迅速处理,不要等问题变大了再采取行动。

(四) 连续性原则

连续性原则是指要根据工作的开展而不断协调。

(五) 直接接触的原则

直接接触的原则有以下两点。

一是,管理者在协调各个部门或各个人员的工作关系时,一般情况下应与被协调者直接见面,这样不仅可以保证信息准确,而且可以在深入解决思想上的问题和现实问题的基础上妥善协调,特别是在关键问题上,直接接触使协调更加确定,避免节外生枝而延误时机。

二是，尽可能使几方被协调者直接见面，这样既可以使意见摆到桌面上来，又可以使当事者进行情感上的交流，而情感沟通往往比认识协调更具有意义。

第二节 协调的内容与要求

一、协调的内容

（一）组织目标的协调

目标是管理活动要达到的成果，也是管理的职能顺利展开的基础。具体包括个人目标与组织目标的协调、局部目标与整体目标的协调、局部目标之间的相互协调、组织目标与外部环境的相互协调等。实现目标协调的条件是：要适应外部环境，要考虑外部环境诸因素对目标的影响，比如国家政策、公众需求、客户意见等；要从组织的资源状况出发，要考虑到资源的有限性和组织的资源潜力；要从组织成员的思想观念、价值观念和个人目标出发，最大限度地满足成员的要求，尽可能使个人目标与组织目标保持一致。

对于企业经营管理者来说，协调能力主要由以下几个方面构成。

1. 有效的人际沟通能力

有效的人际沟通能力，是指企业经营管理者通过各种语言或其他媒介向他人传达某种信息，以有效地使他人获得理解，促进经营管理活动顺利进行。企业经营管理者在经营管理活动中必须及时向下属、同层次人员、上级或其他人员传达信息。要使对方理解其信息，促进双方的协调就必须进行有效沟通。

2. 高超的员工激励能力

企业经营管理者要善于利用各种手段激励员工，以激发员工的积极性、主动性和创造性。对此，企业经营管理者必须把握以下几个方面：一是企业经营管理者对其下属的不同需要和价值取向必须具有敏感性；二是企业经营管理者必须努力增加下属员工"努力工作可以产生好绩效"的期望；三是企业经营管理者必须保证下属员工感到组织的公平对待；四是企业经营管理者要善于鼓励下属员工设立具体的有挑战性的现实合理的绩效目标。

3. 良好的人际交往能力

良好的人际交往能力，是指企业经营管理者在人际交往中以各种技能来建立良好的人际关系，即"为我所用"的能力。比如如何与下属或上司建立良好的同事关系等。企业经营管理者的人际交往能力是有效经营管理的前提条件。作为人际交往能力的重要部分，积极倾听、有效反馈、训导、解决冲突和谈判都是企业经营管理者所应具备的技能。

组织目标的协调第一个要注意防止布利丹效应。布利丹效应是指在决策中犹豫不决、难作决定的现象。因此要求决策者、企业经营者学会避免布利丹效应。该效应源于法国巴黎经济学院哲学家布利丹一个关于驴的故事，这个故事形成的成语"布利丹驴"，被人们用来喻指那些优柔寡断的人。布利丹驴面临的正是经济学家所说的选择问题。经济学家所说的选择是：人的欲望是无限的,用于满足欲望的资源是有限的。所以,要决定用什么资源去满足那些欲望,这就是资源配置问题,但做出选择并不是一件容易的事。

【拓展阅读 7-1】

布利丹效应

布利丹是一个寓言故事家,他用一个饿死在两堆草料之中的小毛驴为例子,形象比喻管理者往往会出现决断的失误和执行不力、执行无效率的问题。布利丹有一头聪明的小驴子,有一天它去觅食,突然发现两堆相距十英尺(1 英尺=0.304 8 米)的草料,在它左边是一大堆的干草,在它右边是散发着芳香、滴着露珠的嫩草,小毛驴特别高兴,它先奔向大堆的干草,但是想到"我在吃干草的时候,那边的嫩草如果被别的毛驴吃了,我岂不是尝不着新鲜的,不是很可惜吗?我先去吃那边的嫩草好了。"来到滴着露珠、散发着芳香的嫩草旁边刚要吃,又想到"这嫩草确实很好吃,可太少了,吃嫩草的时候,那边大堆的干草要是被别的毛驴吃掉,那岂不是要挨饿吗?我还是先去吃干草。"于是它放弃了嫩草又跑到干草堆,刚想吃干草要是又跑去吃嫩草,刚想吃嫩草又跑去吃干草,小毛驴最后饿死在途中。布利丹小毛驴大概有三个失误:第一个是决策无序;第二个就是不善于把握机遇;第三个就是出现了情绪化,情绪化会使人失去理智,不能客观、长远地看问题。要防止布利丹效应中小毛驴出现的失误,一是要防止管理无序化;二是要善于把握机遇;三是在决策和执行当中要注意避免情绪化。

组织目标协调当中还需要克服的副效应是关注费雷比定律,造成领导无效率的根本原因就是领导者往往用自己最主要的精力去干次要的事。费雷比是美国的战略管理专家,他总结了管理的经验,提出费雷比规律,就是领导要善于把握机遇而且要善于抓重点。强调在管理当中领导者要用最主要的精力去干最重要的事。

(二) 人际资源的协调

人际资源的协调,是领导者把组织当中人和人之间的关系作为一种重要的资源进行整合的管理过程和管理能力。因为组织当中都是由人组成的,每个人都有不同的利益。只要人参与组织当中,利益必然会带进来,只要组织存在着,组织的冲突和矛盾必然会存在。实际上,组织中的领导者每天都是在产生矛盾和解决矛盾的过程中去发展组织、协调组织目标的。人际资源协调的重点是下行协调和上行协调。

1. 下行协调

组织目标定了,需要管理者协调组织目标,带领下属去实现组织目标,即下行协调。

1) 调动下属的积极性

下行协调的第一点是调动下属的积极性。怎样把大家的积极性、资源整合起来?约翰法则在人和人之间的关系结构中,不是把非凡的人集合在一起,这个组织就是有效的,而是使平凡的人干不平凡的事业,这个组织才是有效的。按照管理的"二八律"来讲,管理中,"八"这个部分,就是大多数属于中上等的人。为什么要把大多数人的资源整合起来,去实现组织目标呢?因为"八"这部分人在不断的自我完善、自我发展过程中,他们会为组织奉献更大的资源和能力。作为领导者,就要整合这部分人的资源,为组织目标的实施奉献他们的力量。

那么究竟要从哪些方面调动积极性呢？有两个方面：一方面是强调人本化管理，以人为本，来开发人才资源。要珍视人才的四个价值，即自身价值、使用价值、有效价值和存在价值。这四个价值是社会的直接价值，作为领导者就把人的这四个直接价值资源协调整合起来，去创造间接价值。什么是间接价值？是社会的财富，社会的物质价值。领导就是起这个媒介作用，把人这种自然的资源的价值整合、协调、挖掘出来，让他创造间接的社会价值、社会财富。另一方面是善于激励管理，调动下属积极性。

2）正确处理一把手和副手的关系

下行协调的第二点是正确处理一把手和副手的关系，正职和副职的关系，推而广之是上级和下级的关系问题。正确处理一把手和副手的关系要注意以下三点。

（1）全面了解副手，支持副手的工作。首先是要对副手的能力、经验、精力、学识，甚至他的管理风格、个性、家庭都要有所熟知。其次是多沟通。一把手有什么打算，想干什么，听到什么反映，要及时与副手沟通，达到相互理解、谅解。再次是多提醒。比如副手有什么缺点或者听到对副手不好的反映，及时提个醒，引起他的注意，免得出现大的失误。最后是不在背后对副手论长道短，以免伤感情，可以开诚布公地讨论。

（2）防止一把手综合征。第一个表现是越俎代庖；第二个表现是过分认真。干下级的活，叫越俎代庖。事无巨细，老是具体地抓事务，作为一把手要把自己从技术层转移到运作层、战略层。

（3）要注意因人制宜，化解矛盾。在正确处理一把手和副手的关系中，强调因人制宜，化解矛盾，强调领导要有洞察力，要发现矛盾什么时候起来的，因何起来的？要及时泄洪、排沙，雨过才能天晴。

2. 上行协调

上行协调主要是与上级关系的一种沟通协调，上级领导和你是组织关系、工作关系、同事关系。上级领导的支持，是不可或缺的资源，所以一定要上行协调。恰到好处的上行协调需要做好两个方面的工作。

1）要当好下属

当好下属，有六个方面的要求。

（1）对工作负责，追求卓越。对自己职责范围内的工作要有很强的事业心、责任感，自觉地、积极地、主动地去做，力争拿出成效。

（2）准确领会上级工作的意图。就是很清楚领导的目标。如果不清楚，就要请示，否则无法执行任务、实现目标。

（3）调整工作思路，配合领导工作。就是面对领导所遇到的困境，所面对的压力，所遇到的难点、焦点，应很清楚。调整优先工作次序，使自己的目标融入组织的目标，融入领导的目标，配合领导完成。

（4）爽快地接受指令，诚恳地接受指正。爽快地接受指令是指对领导临时交办你的任务，一旦承担下来，就要有头有尾，尽职尽责，尽力去做，讲信用，让领导放心。诚恳地接受指正，是指在工作中会出现一些差错、过失，这时候不能推卸责任，要勇于承担责任，也别急着把矛盾上交。

（5）事前请示，事后报告。事前请示，是希望在工作中得到领导对你的支持；事后报告是工作任务完成了,要完整地进行汇报,以便让领导全面掌握情况。

当意见不同时,采取老板定律,强调按照组织理论执行。组织一旦做出决策,你就要不折不扣地执行,有不同意见,可以保留,可以反映。按照组织理论,下级必须服从上级,这是管理原则。

2) 正确处理正职和副职的关系

摆正角色位置。在工作中副职是多数,正职是少数,作为副职是参谋助手,他的功能是辅佐、辅助。所以要摆正角色位置,做到有主见,不固执;多揽事,但不争权;尽职而不争功;行权而不越位;分担、分忧,维护正职的威信。

发挥副职的作用。作为参谋助手,想问题、办事情一定要从班子的全局出发,既要坚持原则,又要负起职责;在维护班子决策制订和决策执行方面,要发挥重要的影响作用,要有主见但不固执。

三、协调的方法

为了有效地进行协调,必须针对造成执行行为受阻的不同原因采取不同的方法。

1. 信息沟通法

在执行过程中,有些执行行为的受阻不一致是由于信息不畅造成的,如果能及时向执行部门或个人有效地沟通必要的信息或及时地进行信息反馈,各种矛盾就有可能迎刃而解。具体方法有谈心法、开座谈会法。

2. 利益调节法

在执行过程中,有时执行行为受阻是因为与执行行为有关的各方存在着利益上的矛盾。如果这些利益上的矛盾得不到解决,执行过程中的行为冲突仍然在所难免。相反,如果能对以上各方的利益进行有效的调节,消除它们之间的利益矛盾,就可以实现执行行为的统一,使之步调一致。具体方法有"中间数"法、冷处理与热处理法、求同存异法。

3. 行政命令法

行政命令法是指通过对与执行有关的各方采用必要的行政命令来实现协调的一种方法。有些矛盾一时无法解决,而消除此矛盾又迫在眉睫,这时,采用行政命令也不失为一种重要的方法。具体方法有主体合流法、当面表态法。

四、协调的形式

协调工作的形式多种多样,主要介绍如下几种。

(一) 会议协调

为了保证企业内外各不相同的部门之间,在技术力量、财政力量、贸易力量等方面达到平衡,保证企业的统一领导和力量的集中,使各部门在统一目标下自觉合作,必须经常开好各类协调会议,这也是发挥集体力量,鼓舞士气的一种重要方法,会议的类型有以下几种。

1. 信息交流会议

这是一种典型的专业人员的会议,通过交流各个不同部门的工作状况和业务信息,使大家减少会后在工作之间可能发生的问题。

2. 表明态度会议

这是一种商讨、决定问题的会议。与会者对上级决定的政策、方案、规划和下达的任务,表明态度、感觉和意见,对以往类似问题执行中的经验、教训,提出意见,这种会议对沟通上下级之间感情,密切关系起到重要作用。

3. 解决问题会议

这是会同有关人员共同讨论解决某项专题的会议。目的是使与会人员能够统一思想,共同协商解决问题。

4. 培训会议

培训会议旨在传达指令、增进了解、从事训练,并对即将执行的政策、计划、方案、程序进行解释。

(二)现场协调

现场协调是一种快速有效的协调方式。把有关人员带到问题的现场,请当事人自己讲述产生问题的原因和解决问题的办法,同时允许有关部门提要求。使当事人有一种"压力感",感到自己部门确实没有做好工作。使其他部门也愿意"帮一把",或出些点子,这样有利于统一认识,使问题尽快解决。对一些"扯皮太久",群众意见大的问题,就可以采取现场协调方式来解决。

(三)结构协调

结构协调就是通过调整组织机构、完善职责分工等办法来进行协调的方法。对待那些处于部门与部门之间、单位与单位之间的"结合部"的问题,以及诸如由于分工不清、职责不明所造成的问题,应当采取结构协调的措施。"结合部"的问题可以分为两种。一种是"协同型"问题,就是新某项工作有关的各部门都有责任,又都无全部责任,需要有关部门通过分工和协作关系的明确共同努力来完成。另一种是"传递型"问题,它需要协调的是上下工序和管理业务流程中的业务衔接问题。可以通过把问题划给联系最密切的部门去解决,并相应扩大其职权范围。

第三节 协调中的沟通

一、沟通与协调的关系

(一)沟通是达到协调管理的一个工具、桥梁、方法

具体来讲,沟通是人和人之间传达思想转移信息的过程。人们通过沟通来获得他人思想、

感情、见解、价值观。人们通过这种思想的桥梁,可以彼此分享感情和知识,达到增进了解、消除误会的目的。

(二)协调沟通在现代管理当中都占有非常重要的地位和作用

管理中大量的工作是在进行协调沟通,比如谈判、座谈、面试、发邮件、发传真、发文件,或者对下属进行批评表扬,通过沟通来达到协调,来达到管理的目的。凡是在管理中出现问题、矛盾或不协调,大部分原因是沟通不畅而引起的。

二、管理沟通的含义与特性

(一)管理沟通的含义

"沟通"一词源于拉丁文 communis,意为共同化,英文表示为 communication,在《美国传统双解词典》中的解释为:"交流、交换思想、消息或信息",即沟通是人与人之间传递信息、指令、感情或观念的过程。

管理沟通是指社会组织及其管理者为了实现组织目标,在履行管理职责,实现管理职能过程中的有计划的、规范性的职务沟通活动和过程。换言之,管理沟通是管理者履行管理职责,实现管理职能的基本活动方式,它以组织目标为主导,以管理职责、管理职能为基础,以计划性、规范性、职务活动性为基本特征。

(二)管理沟通的特性

管理沟通的特性有以下几点。

一是,从管理沟通的性质来看。虽然管理沟通是一种沟通,并且也一定是管理活动中的沟通,但正如沟通发生在任何其他情况下都会形成相应的沟通类型或形式一样,发生在管理活动中的沟通,必然会是一种独特类型或形式的沟通。这种类型的沟通是管理者在履行管理职责的过程中,为了有效地实现管理职能而进行的一种职务沟通活动。因此,管理沟通不仅是与管理有联系,其实它本身就是管理的内容。

二是,从管理沟通的内容来看。作为管理活动的内容的沟通有别于任何随意的、私人的、无计划的、非规范的沟通。尽管管理沟通也可能是信息、思想、观点、感情、意见等内容的交流,但这些交流却与组织目标、任务和要求等密切相关。管理沟通的任何内容的实施和展开都是受组织目标导引的一种有计划的自觉的规范性的活动和过程。

三是,就管理沟通的形式来看。管理沟通虽然也表现为诸如人际沟通、组织沟通、网络沟通等,但它更应该包括现代组织信息活动与交流的一般管理要求和现代管理方式在内。这意味着管理沟通不仅是一种活动,同时也是一种制度或体制。具体来说,就是组织结构的选择和组织制度、体制的建设要成为为了有效沟通和有利于组织特定管理沟通要求的形式或模式。

此外,就其必要性来说,管理沟通是管理活动的本质要求。一般来讲,就是组织大家共同完成某个任务,实现某种目标的活动过程。这个过程以持续的、复杂的、大量的沟通活动为基础,因此,管理沟通是管理者的基本职责之一,是管理行为的基本构成要素。不仅如此,管理沟通作为一种新兴的现代管理理念,在当代文化管理、软管理、学习型组织、团队合作、忠诚、共赢、共同成长和复杂系统建构与运作等一系列新兴的管理理论与理念的支撑下,已经凸显为整个管理的核心内容。

【案例 7-1】

失败的上下级沟通

小贝是一个典型的北方姑娘,在她身上可以明显感受到北方人的热情和直率,她喜欢坦诚,有什么说什么,总是愿意把自己的想法说出来和大家一起讨论,正是因为这个特点,她在上学期间很受老师和同学的欢迎。今年,小贝从西安某大学的人力资源管理专业毕业,她认为,经过四年的学习,自己不但掌握了扎实的人力资源管理专业知识,而且具备了较强的人际沟通技能,因此她对自己的未来有很高的期望。为了实现自己的梦想,她毅然只身去S市求职。

经过将近一个月的反复投简历和面试,在权衡了多种因素的情况下,小贝最终选定了S市的一家金融企业,她之所以选择这份工作,是因为目前该公司规模适中,发展速度较快,最重要的是该公司的人力资源管理工作还处于尝试阶段,如果小贝加入,她将是公司专门负责人力资源管理的第一个人,因此她认为自己施展能力的空间比较大。

但是到公司实习一个星期后,小贝就陷入了困境。原来该公司是一个典型的中小型企业,充满了各种裙带关系,缺乏必要的管理理念,更不用说人力资源管理理念,在老板的眼里,只有业绩最重要,公司只要能赚钱,其他的一切都无所谓。但是,小贝认为,越是这样,就越有自己发挥能力的空间,因此,在到公司的第五天,小贝拿着自己的建议书走向了直接上级的办公室。

"王经理,我到公司已经快一个星期了,我有一些想法想和您谈谈,您有时间吗?"小贝走到经理办公桌前说。

"来来来,小贝,本来早就应该和你谈谈了,只是最近一直在见客户,就把这件事忘了。"

"王经理,对于一个企业尤其是处于上升阶段的企业来说,要持续让企业发展,必须在管理上狠下功夫。我来公司已经快一个星期了,据我目前对公司的了解,我认为公司主要的问题在于:职责界定不清;雇员的自主权力太小,致使员工觉得公司对他们缺乏信任;员工薪酬结构和水平的制定随意性较强,缺乏科学合理的基础,因此薪酬的公平性和激励性都较低。"小贝按照自己事先所列的提纲开始逐条向王经理叙述。

王经理微微皱了一下眉头说:"你说的这些问题我们公司确实存在,但是你必须承认一个事实——我们公司在盈利,这就说明我们公司目前实行的体制有它的合理性。"

"可是,眼前的发展并不等于将来也可以发展,许多中小企业都是败在管理上。"

"好了,那你有具体方案吗?"

"目前还没有,这些还只是我的一点想法而已,但是如果能得到您的支持,我想方案只是时间的问题。"

"那你先回去做方案,把你的材料放在这儿,我先看看,然后给你答复。"说完,王经理的注意力又回到了业绩报告上。

小贝此时真切地感受到了不被认可的失落,她似乎已经预测到了自己第一次提建议的结局。

果然,小贝的建议书如石沉大海,王经理好像完全不记得建议书的事。小贝陷入了困惑之中,她不知道自己是应该继续和上级沟通,还是干脆放弃这份工作,另找一个发展空间。

三、沟通的作用与过程

(一) 沟通的作用

沟通不仅是一个人获得他人思想、感情、见解、价值观的一种途径,而且是一种重要的、有效的影响他人的工具和改变他人的手段。在以人为本的管理中,沟通的地位越发重要,管理者所做的每一件事都需要信息沟通。

管理沟通有以下四个方面的作用。

1. 收集信息,使决策能更加合理和有效

沟通的过程实际上就是信息双向交流的过程,主管人员需要根据信息做出决策。任何组织的决策过程,都是把信息转变为行动的过程。准确可靠而迅速地收集、处理、传递和使用信息是决策的基础。

2. 改善人际关系,稳定员工的思想情绪,统一组织行动

沟通是人际交往的重要组成部分,它可以解除人们内心的紧张等不良情绪,使人感到愉悦。在相互沟通中,人们可以增进了解,改善关系,减少不必要的冲突。

3. 通过多种途径来激励员工

沟通就是要使组织成员明确目标是什么、如何实现目标、如何改进等。在目标设置和实现过程中,信息的持续反馈和沟通对员工都有激励作用。

4. 控制组织成员的行为

组织的规则、章程、政策等是组织每一个成员都必须遵守的,对成员的行为具有控制作用。成员可通过不同形式的沟通来了解、领会这些规则、章程、政策,因此,沟通对组织成员的行为具有控制作用。

(二) 沟通的形态

沟通有以下五种形态。

五种沟通形态图如图 7-1 所示。

1. 链式

链式沟通的信息传递遵循正式的命令系统,往往以逐级传递的方式进行。在组织中,最常见的应用莫过于直线式上下级间的信息传送。这种结构传送的通路十分清晰,不存在分支通路;但对位于两端的成员而言,这种方式,信息经过的层次越多,花费的时间越多,信息失真的可能性也越大。因此,上级的指示经过各管理层的层层"诠释"与"理解",下级的反馈经过各中层的"提取"和"归纳",往往都易出现偏差。

2. 轮式

轮式网络结构呈现一种发散式的方式,位于交汇点处的人员往往占据着举足轻重的地位,网络中所有的人员通过他才能与别人进行信息沟通。通常,该结构的核心人员由该群体中的领

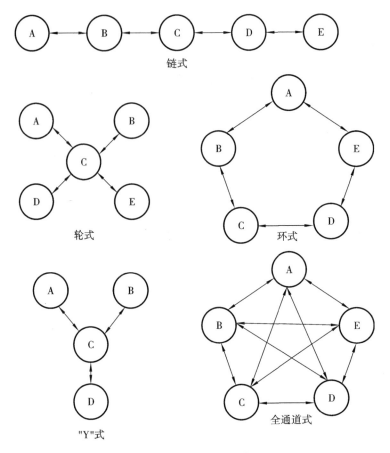

图 7-1 五种沟通形态图

导者担任,所有成员都可以第一时间与领导者取得沟通,因而决策的效率较高。并且,由于信息经过的传送环节比链式要少,因此,传送的时间也大大缩短。但是这种结果过度强调了领导者的作用,可能会导致整个群体的士气比较低落。

3. 环式(分权)

在环式结构中,所有成员都仅与相邻的两人保持沟通。相对而言,这种结构中的每个成员所处的地位相当,成员的士气与满意度都较高。但非相邻成员的沟通,必须通过多级的中转,传送的速度以及信息的可靠性都会随之降低。当群体中人数较多时,这种方式的效率会变得非常低。

4. "Y"式

"Y"式结构类似于轮式与链式结构的结合,即位于节点上的成员掌握的信息相对于其他成员而言较多,占有比较重要的地位,一些成员必须经由他才能与群体中的其他成员联络,另一些成员则按照类似链式的层层传递方式,进行沟通。

5. 全通道式

群体中的每个成员都可以自由地与其他成员进行沟通,而不需要经过任何中间环节。群体中没有中心人物,各成员地位平等,群体士气很高。并且,由于沟通的通路选择多,成员可以在第一时间直接与目标接受方沟通信息,因而信息的传送快速而有效。这种自由充分的沟通方式特别适合于解决需要群策群力的复杂问题。

(二) 沟通的基本过程

信息沟通必须具备四个要素:信息的发送者、信息的接收者、所传递的信息内容、信息沟通渠道。图7-2描述了沟通的过程。

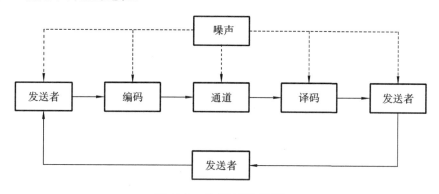

图 7-2　沟通过程模型

沟通过程由发送者开始,发送者首先将头脑中的思想进行编码,形成信息,然后通过传递信息的媒介物——通道发送给接收者。接收者在接收信息之前,必须先将其翻译成可以理解的形式,即译码。发送者进行编码和接收者进行译码都要受到个人的知识、经验、文化背景和社会系统的影响。沟通的最后一环是反馈,是指接收者把信息返回给发送者,并对信息是否被理解进行检查,以纠正可能发生的某些偏差。整个沟通过程都有可能受到噪声的影响。所谓噪声是指信息传递过程中的干扰因素,包括内部的和外部的,它可能在沟通过程的任何环节上造成信息的失真,从而影响沟通的有效性。

管理沟通遵循沟通的过程模型,是管理者在履行管理职责的过程中,将管理内容通过各种方式和渠道发送给被管理者,被管理者在接收信息后,经过加工提炼,又将自己理解的管理内容发送给管理者,如此往复,达成共识,以实现管理目标的达成。在这个过程中,管理者的管理风格会影响沟通的往复,权威型的管理者倾向于单向沟通,民主型的管理者倾向于双向沟通,组织的制度、体制和文化会影响信息交流的过程,从而影响沟通的效果。

【案例 7-2】

沟通中的角色问题

英国著名的维多利亚女王与其丈夫相亲相爱,感情和谐。但是维多利亚女王乃是一国之王,成天忙于公务,出入于社交场合,而她的丈夫阿尔伯特却和她相反,对政治不太关心,对社交活动也没有多大的兴趣,因此两人有时也闹别扭。有一天,维多利亚女王去参加社交活动,阿尔伯特没有去,已是夜深了,女王才回到寝宫,只见房门紧闭着。女王走上前去敲门。房内,阿尔伯特问:"是谁?"

女王回答:"英国女王。"门没有开。女王再次敲门。

房内的阿尔伯特问:"是谁?"

女王回答:"英国女王。"门还是没开。女王徘徊了半晌,又上前敲门。房内的阿尔伯特仍然问:"是谁?"

女士温柔地回答:"你的妻子英国女王,阿尔伯特。"这时,门开了,丈夫阿尔伯特伸出热情的双手把女士拉了进去。

作为女王的丈夫阿尔伯特,一开始他就知道敲门的人是自己的妻子,他的两次发问实是明知故问。为什么维多利亚前两次敲门都遭到了拒绝,而最后一次丈夫开了门并热情有加呢?

四、沟通的类型

(一)人际沟通

1. 人际沟通的定义

人际沟通是人与人之间在共同活动中彼此交流思想、感情和知识等信息的过程。它是沟通的一种主要形式。人际沟通主要是通过言语、副言语、表情、手势、体态以及社会距离等来实现的,是信息的双向流动过程。

2. 人际沟通的特点

第一,在人际沟通中,沟通双方都有各自的动机、目的和立场,都设想和判定自己发出的信息会得到什么样的回答。因此,沟通的双方都处于积极主动的状态,在沟通过程中发生的不是简单的信息运动,而是信息的积极交流和理解。

第二,人际沟通借助言语和非言语两类符号,这两类符号往往被同时使用。二者可能一致,也可能矛盾。

第三,人际沟通是一种动态系统,沟通的双方都处于不断的相互作用中,刺激与反应互为因果,如乙的言语是对甲的言语的反应,同时也是对甲的刺激。

第四,在人际沟通中,沟通的双方应有统一的或近似的编码系统和译码系统。这不仅指双方应有相同的词汇和语法体系,而且要对语义有相同的理解。语义在很大程度上依赖于沟通情境和社会背景。沟通场合以及沟通者的社会、政治、宗教、职业和地位等的差异都会对语义的理解产生影响。

3. 人际沟通的功能

1)心理功能

心理学认为人是一种社会的动物,人与他人相处就像需要食物、水、住所等一样重要。如果人与其他人失去了相处的机会与接触方式,就会产生一些症状,如产生幻觉、丧失运动机能、变得心理失调等。我们平常可与其他人闲聊琐事,即使是一些不重要的话,但我们却能因此满足了彼此互动的需求而感到愉快与满意。

2)社会功能

人际关系提供了社会功能,且借助社会功能我们可以发展和维持与他人之间的关系。我们必须经由他人的沟通来了解他人。因沟通,关系得以发展、改变或者维系下去。因此,在与某人做第一次的交谈后,可能会决定和此人保持距离或是接近他或是远离他。

3）决策功能

我们时时刻刻都在做决策,不论接下来是否要去看电视,明天要穿哪一套衣服,或者该给对方一个微笑与否,都是在做决策。但有时可能是靠自己就能决定的,有时候却是和别人商量后一起做的决定。而沟通满足了决策过程中的两个功能：一是沟通促进资讯交换；二是沟通能影响他人。而正确和适时的资讯是做有效决策的前提。有时是经由自己的观察,有时是从阅读得来的资讯,有时是从传播媒体得来的资讯,但也有时是经由与他人沟通而获得的资讯。借助沟通来影响他人的决策也很常见,如和朋友去买衣服,他的询问意见与你的传达意见之间的互动就可能会影响到结果。

（二）组织沟通

1. 组织沟通的定义

组织沟通就是在组织结构环境下的知识、信息以及情感的交流过程,它涉及战略控制及如何在创造力和约束力之间达到一种平衡。

组织沟通具有明确的目的性,即影响组织中每个人的行为,使之与实现组织的整体目标相适应,并最终实现组织目标。作为日常管理活动,组织沟通按照预先设定的方式,沿着既定的轨道、方向和顺序进行。

2. 组织沟通的类型

1）组织中的纵向沟通

这是组织内规章制度所规定的沟通方式,遵循组织结构的设置路径。根据沟通的方向,又可分为自上而下与自下而上的沟通方式。

自上而下的沟通方式,又称下行沟通,是指从较高的组织层次向较低的组织层次进行的沟通。通常,这种方式用于上级向下级传达组织目标、规章制度、工作程序,或者向下属指派工作任务、提供下级工作绩效的反馈、指出工作中需要注意的问题等。但这种沟通过于强调自上而下的等级差别,容易影响士气,造成下级参与意识减少,同时由于下级的抵触、曲解等因素会使传递的信息减少和歪曲。在实际工作中,常常辅以上行沟通的方式,以弥补其不足。

相反,自下而上的沟通方式,又称上行沟通,则是指从较低的组织层次向较高的组织层次进行的沟通。通过这种沟通方式,员工向上级提供反馈,汇报工作进度,并告知当前存在的问题。但是如果信息的上传经过多个层次,往往也会使信息的许多细节在传递过程中丢失。上级应鼓励下级积极向上反映情况,只有上行沟通渠道通畅,上级才能掌握全面情况,做出符合实际的决策。上级应通过多种渠道如与下属座谈、设立意见箱、建立定期的汇报制度等确保上行沟通通畅。

2）组织中的横向沟通

组织横向沟通是指沟通信息在层级结构的同一水平上的流动,也称水平沟通。横向沟通经常发生在工作群体内部成员之间、两个工作群体之间、不同部门的成员之间以及直线部门的员工之间。横向沟通的宗旨在于为组织协调与合作提供一条直接的渠道,使组织内不同部门间能够信息共享、相互协作,消除内部冲突,化解成员之间的矛盾,提高士气,增加员工满意度。由于水平沟通通常能节省时间、促进合作,因而保持信息的水平沟通,是组织沟通的一个重要手段。

3）组织中的非正式沟通

纵向沟通和横向沟通都属于组织中的正式沟通，它们是通过组织中的正式渠道来进行的。在组织中，除了正式沟通之外，还存在大量的非正式沟通，这种无须经由管理层批准或认可，不受等级结构限制的交流往往比正式沟通更需要引起关注。这种非正式沟通方式最典型的表现形式就是"小道消息"。由于小道消息的传递都是非正式的，比较难以查询信息来源，组织中的每个人都有可能成为小道消息的发送者和接收者。

与正式沟通相比，非正式沟通具有信息交流速度快、效率较高、能够满足员工情感需要和不确定性等特点。但由于信息来源的不确定性，夸大真实信息，散布谣言、传播员工抵触情绪等因素充斥其间，会对组织造成一定的消极影响，因此，在组织沟通中，管理者需要重视非正式沟通的负面影响。

（三）网络沟通

1. 网络沟通的概念

网络沟通涉及管理沟通的外部技术环境，是随着信息技术、多媒体技术、网络技术等的不断发展而日益丰富，特别是20世纪70年代以来出现个人计算机后，组织广泛应用计算机系统协助解决组织的内部问题，至20世纪80年代中后期形成的一种崭新的沟通方式。网络沟通的主要形式有电子邮件、网络电话、网络传真、网络新闻发布和网络聊天工具（如 BBS、MSN、QQ、手机微信）等。

2. 网络沟通的优点

网络沟通是一个集成性的名称，包括了全部通过网络完成的、以解决管理问题为目的的沟通形式。网络沟通具有以下特点。

1）沟通便利，节约成本

人们只要把计算机连通到网络上，就可以进行沟通，与传统书面沟通相比，既节约了大量的成本，又大大提高了便捷性，具有很高的性价比。

2）沟通信息立体、直观

人们可以利用 MSN、QQ、手机微信等工具进行语音、文字乃至视频聊天，可以通过视觉、听觉等进行同一时间、不同空间的信息交流，使信息沟通的方式立体、直观、全面。

3）超时间性和超地域性

通过互联网，一台计算机可以将任何时间、任何地点需要沟通的双方联系起来，不受时间、空间的限制，让人感觉地球真的是一个"村"，这比以往任何沟通工具都更快捷方便。

4）沟通双方互动性高

由于不受时间和空间的限制，沟通双方可以通过网络，在同一时间、不同空间直接进行面对面的信息交流；也可以在不同时间、不同空间进行留言互动。

3. 网络沟通的不足

尽管网络沟通有着过去沟通工具不可比拟的特点，但也存在着一些问题，主要体现在以下几点。

1）横向沟通扩张，纵向沟通弱化

网络超越时空限制，可在横向层面认识很多人，也可以使很多人认识你，因此，人们可以利用网络扩大人际关系交往面。但由于人的精力是有限的,人际横向沟通的快速扩张,会大大弱化人与人之间的纵向沟通,使人与人之间的交往流于表面而不深入。

2）网络语言流行,口头沟通受限

随着信息技术的不断发展,20世纪八九十年代出生的"网上一代",网络语言盛行,与父辈之间越来越缺乏口头沟通,甚至一些年轻人沉溺于网络,在现实中缺乏正常的人际沟通能力,出现了各种心理问题。

3）传统价值观和道德观受到挑战

网络在给人们的工作、生活和社会交往带来极大便利的同时,也产生了很多社会问题。比如,上网时间的过多、与异性相识的便利,对婚姻造成极大威胁;网上暴力游戏、色情电影以及色情服务等,对传统道德观的冲击很大。

4）合理的个人隐私权受到前所未有的挑战

在传统社会中,个人隐私容易保密,但在网络时代,人们的生活、娱乐、工作、交往都会留下数字化的痕迹。如个人详细信息要求在论坛注册或在聊天记录里反映,有时甚至被"人肉"搜索而公开;一些不法分子甚至还会利用网络获取他人的隐私,进行伪造、勒索等违法活动。

五、沟通障碍与改善策略

（一）人际沟通的障碍

人际沟通过程中,各种噪声的干扰构成了对组织成员有效沟通的挑战,信息从发出到传递、接收、反馈整个过程中失真,主要根源于人际因素、文化因素和组织结构因素所带来的威胁。

1. 人际因素障碍

人际因素障碍是指沟通中个体认知差异和个体间的关系所造成的沟通障碍。个体认知差异与个人人格特质、个体的知觉错误有关。个人人格特质会造成低适应、低社交、低责任心、低合作性以及低心智开放;而个体的知觉错误会导致高期望效应、知觉定式、晕轮效应、投射效应以及选择性知觉等,个体的各种知觉错误都会影响沟通中的信息发出到传递、接收、理解等过程。个体间的关系主要指双方的信任关系,这直接构成了有效沟通的可依赖性,双方的相似程度与信息的可靠性和准确性也有直接关系。

2. 文化因素障碍

文化是人类各种行为背后的驱动力,文化的差异会造成人际沟通的障碍。人际沟通中不同的个体会受到来自不同国家、地区、行业、组织、性别、人种乃至工作团体之间不同文化内涵的影响,不同文化的差异通过自我意识与空间、交流与语言、衣着与打扮、食品与饮食习惯、时间与时间意识、各种不同的季节观念、人们的各种关系、价值观与规范、信仰与态度、思维过程与学习、工作习惯与实践等方面表现出来。如中国人看重"关系",强调亲情、乡情;而德国人看重个人专长和绩效,强调工作任务的明确性。在沟通中,这种不同文化会带来人际沟通的障碍。

3. 组织结构因素障碍

组织结构因素包括地位差别、信息传递链、团体规模和空间约束四个方面。研究表明:地位差别是沟通中的一个重要障碍,地位的高低对沟通的方向和频率有很大的影响;一般而言,信息通过的等级越多,到达目的地的时间也越长,信息失真则越大,即信息传递链越长,从上到下或从下到上的信息沟通越困难;当组织团体规模越大时,组织结构的层级和幅度会增加,人与人之间的沟通就会相应地变得较为困难;组织的空间约束不利于员工之间的交流,限制了员工的沟通。一般来说,两人之间的距离越短,人们交往的频率也就越高。

(二)人际沟通的改善策略

1. 克服认知差异

为了克服认知和语言上的差异,发送者在发送信息时,需要使发送的信息清楚明白,尽量使不同接收者都能够理解。这就要求信息发送者在发送信息前,了解信息接收者的背景、文化程度、工作性质甚至性格特点,尽量设身处地地从接收者的角度看待问题,以缩小人际沟通中双方认知上的差异。为了克服语言上的差异,要求在人际沟通中,接收者确认或重复信息要点,以确保接收到的信息与发送的信息一致。接收者可对不清楚的信息提出疑问或加以澄清,以保证信息在传递过程中没有发生变异。

2. 抑制情绪化反应

情绪化反应是指愤怒、爱、戒备、憎恨、嫉妒、恐惧、窘迫等情绪体验,这些情绪会影响信息在传递过程中的受损或失真。处理情绪因素的最简单方法就是暂停沟通,等待情绪恢复到正常。在管理沟通中,管理者需要注意控制自己的情绪变化,同时也要关注和预期员工情绪的变化,并做好处理的准备。

3. 获取沟通的信任

人际沟通中,沟通一方是否接受另一方发送的信息,认同发送者的观点和行为,很大程度上取决于沟通双方的信任。而信任不是一朝一夕产生的,而是沟通双方在长期的工作、学习过程中,在沟通的特定环境下建立起来的。这就要求人们在人际关系中,注重建立双方相互尊重平等、诚实可信的关系,以提高人际沟通的可信度。

4. 保持积极倾听和建设性反馈

积极倾听不是被动地听,而是集中精力对信息进行主动搜寻。在积极倾听中,信息的发送者要根据接收者接受信息的反馈,调整和寻找易于被接收者接受的信息。这里,"倾听"是关键,"反馈"是必然。

(三)组织沟通的障碍与策略

1. 组织沟通障碍

与人际沟通一样,组织沟通过程中各种噪声也会干扰组织沟通的有效性,除了人际因素、文化因素和组织结构因素这些一般因素外,正式的沟通渠道、组织的权力结构、工作专门化以及"信息所有权"这些特有因素也会影响组织沟通的有效性。组织沟通障碍通常体现在如下几个方面。

1) 管理者的沟通风格与情境不一致

管理者沟通风格有命令式、指导式、支持式、授权式,任务的性质又因时间要求、复杂程度的不同而表现得不尽相同,二者的不同组合会带来不同的沟通效果,如果匹配不当,沟通效果便会难以如人所愿。

2）接收者沟通技能方面的差异

对于员工而言,沟通技能之一是理解力。由于员工在组织内部工作的时间长短不一,员工的理解力也存在个体差异,因此,员工的沟通技能也存在着差异。对一个新员工采取简单的命令方式进行沟通,可能造成员工误解信息或对信息一知半解,致使沟通失败。

3）沟通各方心理活动的制约

在下行沟通中,管理者往往注重向下发号施令,仅仅关注自己想传达的内容,而无视员工是否接收到了信息、是否理解了信息,不希望从员工那里得到任何反馈。而在上行沟通中,员工会因为利益、管理者官僚作风等因素,选择一些管理者愿意接受的信息,使信息失真。

4）不善倾听

组织沟通中,管理者与员工都急于表现自己,以达到邀功请赏的目的。于是,更多的人习惯于"说话"而不是"倾听",在别人说话时,还会常常打断别人的话题,说一些无关痛痒的话。

5）草率评判

很多时候,信息接收方在与对方交谈时,不是试图去理解对方的意思,而是试图进行评判,或进行推论和引申。有时,在没有充分理解信息的情况下就妄下结论,在内心表示赞同或否定,这样的沟通效果可想而知。

6）封闭式企业文化

一般情况下,一个组织中的沟通渠道,下行渠道较为畅通,而上行渠道多数却不够畅通,因此,组织中多数员工是没有机会发出大量信息的。即使有员工发出信息,但由于组织内部的沟通机制不健全,员工发出的信息,要么需要费很大的周折才能到达管理层,要么石沉大海、音讯全无。

7）部门本位主义

由于不同部门的目标与任务不一样,这就势必造成不同部门的员工与部门经理,会为了自身部门的利益,强调本部门的业绩,不会从组织整体的角度看待本部门在组织中的地位和作用,以及相应的利益,从而影响组织沟通协调的效果。

【扩展阅读 7-2】

倾听的艺术

倾听是了解别人的重要途径,为了让倾听有良好的效果,我们有必要了解一下倾听的艺术。倾听自己,学会发现:清空所有的先入之见,倾听自己内心的声音,发现新的自我。倾听你我,发掘共鸣:发现我中有你,你中有我,就能听到真实的声音。倾听众人共存之道:倾听对方的意见是共存共荣的途径。谭小芳老师认为,实践倾听的五大行为准则包括:

（1）准备共鸣、准备对话时,首先要放下所有的主观意识和偏见。
（2）肯定对方:集中精力观察对方的言行,肯定对方的重要性。
（3）节制说话:要先去了解,再被理解。懂得节制说话,才能学会倾听。
（4）保持谦虚的态度:即使对方的想法有悖于自己,仍然要谦虚地去感受对方的情感。
（5）全身地响应:倾听时一定要用全身来传达自己在注意倾听的自然状态。

实际上,有效的倾听是可以通过学习而获得的技巧。认识自己的倾听行为将有助于你成为一名高效率的倾听者。按照影响倾听效率的行为特征，倾听可以分为四种层次。一个人从层次一成为层次四倾听者的过程，就是其倾听能力、交流效率不断提高的过程。下面是对倾听四个层次的描述。

第一层次，心不在焉地听。

倾听者心不在焉，几乎没有注意说话人所说的话，心里考虑着其他毫无关联的事情，或内心只是一味地想着辩驳。这种倾听者感兴趣的不是听，而是说，倾听者正迫不及待地想要说话。这种层次上的倾听，往往导致人际关系的破裂，是一种极其危险的倾听方式。

第二层次，被动消极地听。

倾听者被动消极地听所说的字词和内容，常常错过了讲话者通过表情、眼神等体态语言所表达的意思。这种层次上的倾听，常常导致误解、错误的举动，失去真正交流的机会。另外，倾听者经常通过点头示意来表示正在倾听，讲话者会误以为所说的话被完全听懂了。

第三层次，主动积极地听。

倾听者主动积极地听对方所说的话，能够专心地注意对方，能够聆听对方的话语内容。这种层次的倾听，常常能够激发对方的注意，但是很难引起对方的共鸣。

第四层次，同理心地听。

同理心积极主动地倾听，这不是一般的"听"，而是用心去"听"，这是一个优秀倾听者的典型特征。这种倾听者在讲话者的信息中寻找感兴趣的部分，他们认为这是获取有用信息的契机。这种倾听者不急于做出判断，而是感同身受对方的情感。他们能够设身处地看待事物，总结已经传递的信息，质疑或是权衡所听到的话，有意识地注意非语言线索，询问而不是辩解质疑讲话者。他们的宗旨是带着理解和尊重积极主动地倾听。这种感情注入的倾听方式在形成良好人际关系方面起着极其重要的作用。

事实上，大概60%的人只能做到第一层次的倾听，30%的人能够做到第二层次的倾听，15%的人能够做到第三层次的倾听，达到第四层次水平上的倾听只有5%的人能做到。我们每个人都应该重视倾听，提高自身的倾听技巧，学会做一个优秀的倾听者。作为优秀的倾听者，通过对朋友或者员工所说的内容表示感兴趣，不断地创建一种积极、双赢的过程。

倾听不是被动地接受，而是一种主动行为。当你感觉到对方正在不着边际地说话时，可以用机智的提问来把话题引回到主题上来。倾听者不是机械地"竖起耳朵"，在听的过程中脑子要转，不但要跟上倾诉者的故事、思想内涵，还要跟得上对方的情感深度，在适当的时机提问、解释，使得会谈能够步步深入下去。

倾听，是一个渴望成功的人必须掌握的技能。从小事做起，注意细节，就会成功。无论是企业的中高层经理、职场人士或是刚刚走出校门的大学生，尤其要注重倾听技巧的修炼，这样你对自己的工作更能够游刃有余，收获更多宝贵的经验，从而更加稳妥地迈向成功!

2. 组织沟通改善策略

1) 管理者与员工共享重要信息

管理者与员工共享重要信息是管理纵向沟通的有效方法。在传统组织中，下行沟通的致命弱点是具有单向性，自上而下，让员工完全处于被动接受信息的地位；而上行沟通中，员工信息传递的渠道往往不畅通，管理者与员工的诉求有时不一致，都可能造成双方沟通的失败。管理者与员工共享重要信息，能够营造上下级沟通的良好氛围，通过"共享信息"，让管理者与员工对完成工作任务的干扰和障碍有着比较一致的认识,形成"授权"与"反馈"的局面,从而调动员工的工作积极性,改善沟通低效的状态。

2) 进行团队对话

团队对话被认为是现代组织内横向沟通的重要形式。团队是两个或两个以上相互作用和协调,以便完成组织预定的某项特别目标的单位。美国著名的管理学教授斯蒂芬·P.罗宾斯认为,团队是为了实现某一目标而由相互协作的个体所组成的正式群体。

进行有效的团队对话,首先,要建立团队沟通规范,排除障碍。沟通规范就是形成清楚的惯例,如轮流发言、积极倾听、通过提问帮助别人厘清思路等;避免对发言者评头论足、对话题不感兴趣、开小差、感情用事等不良习惯。其次,促使成员参与沟通,使每个成员都得到说话的机会,保持成员平衡心理等,创造一个更有利于平等沟通的氛围。最后,成功引发团队沟通话题,进行合作性分析等。

3) 积极倾听

在沟通中,言谈是最直接和最重要、最常见的一种沟通途径,有效的言谈沟通很大程度上取决于倾听。有人发现,具有良好倾听技能的人往往可以在工作中自如地与他人沟通。组织中成员的倾听能力是保证有效沟通的必要条件,作为个体,要想在组织中获得成功,倾听是基本要求。

在组织沟通的过程中,除了要掌握有效倾听的基本技巧外,还要注意顺利转换倾听者与说话者的角色。对于在课堂上听讲的学生来说,可能比较容易形成一个有效的倾听模式。因此,此时的沟通完全是单向的,教师在讲,学生在听。在大多数组织活动中,听者与说者的角色在不断地转换。积极的倾听者能够使从说者到听者,以及从听者再回到说者,角色转换十分流畅。从倾听的角度而言,听者全神贯注地听说者所要表达的内容,即使有机会也不去想自己接下来要说的话。有研究表明,成功的经理人大多是很好的倾听者。

✦ 复习思考题

1. 协调的含义是什么?如何理解协调与管理职能的关系。
2. 沟通方式的类型有哪些?
3. 协调的原则是什么?
4. 沟通的障碍有哪些?
5. 有效的协调方法有哪些?

【案例分析 7-1】

遇到居功自傲的员工怎么办?

汪大伟正和下属李明春谈话,这是对李明春迟到和缺勤的第二次警告。李明春争辩道,在同事中,他做的工作最多。汪大伟知道李明春是一名很好的员工,但不能容忍他违反公司的制度。

汪大伟:"小李,知道今天早上为什么叫你来吗?上个月我们讨论过你的问题,我认为你正在努力改进。但在检查月度报告时,我发现你迟到了四次,并且多休了两天病假。这说明你根本没把我们的谈话当回事。小李,你的工作业绩很好,但态度不佳。我再也不能容忍这种行为了。"

李明春:"我知道我们上个月谈过,我也努力准时上班,但最近交通非常拥堵。工作的时候我是十分投入的,你应该多注意我的工作效率,与我们组的老王比,我的工作量要大得多。"

汪大伟:"现在不谈老王的事,只谈你。"

李明春:"不,应该谈谈老王和其他几个同事的事。我比大多数同事做得好,却在这里受批评,你不公平。"

汪大伟:"小李,我承认你的工作很出色,但公司的制度也很重要。你平均每个月迟到4~5次,太不应该了。我该怎样处置你呢?我真的不愿意使用正式的警告,你知道那意味着什么。"

李明春:"是的,我了解正式警告,以后会更加注意。但我认为自己比别人工作努力,应得到回报。"

汪大伟:"如果没有这些问题,你出色的业绩会得到回报的。如果你想挣得更多的钱或被提升,就应按时上班,遵守公司的规章制度。"

李明春:"我认为你是对的。但是,对你这样的处理方式我仍持保留态度。"

汪大伟:"小李,你有选择的权利。如果你下个月的记录仍不好,我将使用正式警告。"

李明春:"好的。但我还是认为不公平。"

★ 讨论

1. 请根据案例内容,分析上司汪大伟与下属李明春之间发生冲突的原因。
2. 处理人际冲突通常有哪几种方式?汪大伟与李明春对他们的冲突各采取了什么样的态度?这对增强彼此间的信任,解决相互间的冲突会产生什么影响?

(案例来源:康青编著《管理沟通》(第三版)中国人民大学出版社,2012)

【案例分析7-2】

TT网络公司内部冲突

TT网络公司是一家专门从事通信产品生产和电脑网络服务的中日合资企业。公司自1991年7月成立以来发展迅速,销售额每年增长50%以上。与此同时,公司内部存在着不少冲突,影响着公司绩效的继续提高。

因为是合资企业,尽管日方管理人员带来了许多先进的管理方法,但是日本式的管理模式未必完全适合中国员工,例如,在日本,加班加点不仅司空见惯,而且没有报酬。TT公司经常让中国员工长时间加班,引起了大家的不满,一些优秀员工还因此离开了该公司。

TT网络公司的组织结构由于是直线制组织结构,部门之间的协调非常困难。例如,销售部经常抱怨研发部开发的产品偏离顾客的需求,生产部的效率太低,使自己错过了销售时机;生产部则抱怨研发部的产品不符合生产标准,销售部门的订单无法达到成本要求。

研发部马经理虽然技术水平首屈一指,但是心胸狭窄,总怕他人超过自己,因此,他常常压制其他工程师。这使得研发部人心涣散,士气低落。

★ 问题

1. TT网络公司的冲突有哪些?原因是什么?
2. 如何解决TT网络公司存在的冲突?

第八章 控 制

【本章学习目标】

1. 理解控制的含义；
2. 掌握控制的类型；
3. 掌握控制过程的三个阶段，确立标准、衡量绩效、纠正偏差；
4. 理解控制过程三个阶段的具体内容；
5. 掌握有效控制应遵循的原则；
6. 掌握控制的基本方法。

第一节 控制概述

一、控制的概念

控制是管理过程中重要的职能之一，控制首先指"纠偏"，即按照计划标准衡量计划的完成情况，针对出现的偏差情况采取纠正措施，以确保计划得以顺利实现。同时还包含着在必要时修改计划标准，以使计划更加适合于实际情况。控制需要具备三个基本要素。一是控制的标准。二是偏差信息。偏差信息即实际工作情况或结果与控制标准之间的偏离情况。只有掌握、理解了偏差信息，才能决定是否采取纠正措施以及采取怎样的纠正措施。纠正措施是对发现的并需要进行纠正的偏差而采取的举措。根据掌握的偏差信息，找到偏差产生的原因，确定纠正偏差措施的实施对象，选择恰当的措施纠正偏差，使得工作按照预期的方向开展。

控制是对管理活动及其效果进行衡量和校正，并纠正各种显著偏差，以确保组织计划和目标得以实现。控制职能与计划职能是联系在一起的，因为控制是依据计划作为标准来衡量组织运行的成果，控制可以认为是计划的延续，计划越全面、明确和完整，控制的效果就越好。

二、管理中的控制工作

作为管理的一项职能，控制工作是指主管人员对下属的工作成效进行测量、衡量和评价、并采取相应纠正措施的过程。在管理工作中，根据控制的对象决定控制的称谓，例如质量控制、财务控制、成本控制等。我们把管理中的控制工作简称为管理控制或控制工作。

控制工作非常重要,体现在如下两个方面。

一是,任何组织、任何活动都需要进行控制。这是因为即便是在制订计划时进行了全面、细致的预测,考虑到了各种实现目标的有利条件和影响因素,但由于环境条件是变化的,主管人员受到其本身的素质、知识、经验、技巧的限制,预测不可能完全准确,制订出的计划在执行过程中可能会出现偏差,还会发生未曾预料到的情况。这时控制工作就起了执行和完成计划的保障作用,以及在管理控制中产生新的计划、新的目标和新的控制标准的作用。通过控制工作,能够为主管人员提供有用的信息,使之了解计划的执行进程和执行中出现的偏差以及偏差的大小,并据此分析偏差产生的原因。对那些可以控制的偏差,通过组织结构,查究责任,予以纠正;而对那些不可控制的偏差,应立即修正计划,使之符合实际。

二是,控制工作的重要性还表现在它在管理的六个职能中所处的地位及相互关系。控制工作通过纠正偏差的行动与其他五种职能紧密地结合在一起,使管理过程形成了一个相对封闭的系统。在这个系统中,计划职能选择和确定组织的目标、战略、政策和方案以及它们的程序,然后,通过组织工作、人员配备、指导与领导等去实现这些计划。为了保证计划的目标能正确实现,就必须在计划实施的不同阶段,根据由计划产生的控制标准,检查计划的执行情况。这就是说,虽然计划工作必须先于控制活动,但其目标是不会自动实现的。一旦计划付诸实施,控制工作就必须穿插其中进行。它对衡量计划的执行进度,乃至发现并纠正计划执行中的偏差都是非常必要的。同时,要进行有效的控制,还必须制订计划,必须有组织保证,必须要配备合适的人员,必须给予正确的指导与领导。所以说,控制工作存在于管理活动的全过程中,它不仅可以维持其他职能的正常活动,而且在必要时,还可以采取纠正偏差的行动来改变其他管理职能的活动。虽然有时这种改变可能是很简单的,例如在指导中稍微做些变动即可;但在许多情况下,正确的控制工作可能导致确立新的目标,提出新的计划,改变组织结构,改变人员配备以及在指导与领导方法上做出重大的改革。

三、控制的必要性

控制是管理人员为了保证实际工作与计划一致而采取的一切行动。控制是计划的孪生兄弟。没有控制,计划没有保证,没有计划,控制没有标准。控制比计划更重要,控制是管理的内涵,计划是管理的外延。管理控制的必要性主要是由下述原因决定的。

(一)环境的变化

如果企业面对的是一个完全静态的市场,市场供求条件永不发生变化,每年都以同样的费用取得同样性质和数量的资源,同时又能以同样的价格向同样的客户销售同样品种和数量的产品,那么企业管理人员年复一年、日复一日地以相同的方式组织企业经营,工人可以以相同的技术和方法进行生产作业,因而不仅控制工作,甚至管理的计划职能都将成为多余的。事实上,这样的静态环境是不存在的,企业外部的环境每时每刻都在发生着变化。这些变化必然要求企业对原先制订的计划进行修改,从而对企业经营的内容做相应的调整。

(二)面对面地组织和指挥全体员工的劳动

时间与精力的限制要求管理人员委托一些助手代理部分管理事务。由于同样的原因,这些助手也会再委托其他人帮助自己工作。这便是企业管理层次形成的原因。为了使助手有效地完成受托的部分管理事务,高一级的主管必然要授予他们相应的权限。因此,任何企业的管理权限都制度化或非制度化地分散在各个管理部门和层次。企业分权程度越高,控制就越有必要;每个层次的主管都必须定期或非定期地检查直接下属的工作,以保证授予他们的权力得到正确的利用,利用这些权力组织的业务活动符合计划的要求。如果没有控制,没有为此而建立的相应控制系统,管理人员就不能检查下级工作情况,即使出现权力不负责任的滥用,或活动不符合计划要求等其他情况,管理人员也无法发现,更无法采取及时的纠正行动。

(三) 工作能力的差异

即使企业制订了全面完善的计划,经营环境在一定时期内也相对稳定,对经营活动的控制也仍然是必要的。这是由不同组织成员的认识能力和工作能力的差异所造成的。完善计划的实现要求每个部门的工作严格按计划的要求来协调进行。然而,由于组织成员是在不同的时空进行工作的,他们的认识能力不同,对计划要求的理解可能发生差异;即使每个员工都能完全正确地理解计划的要求,但由于工作能力的差异,他们的实际工作结果也可能在质和量上与计划要求不符。某个环节可能产生的这种偏离计划的现象,会对整个企业活动的进行造成冲击。因此,加强对这些成员的工作控制是非常必要的。

【案例 8-1】

为什么适得其反?

刘先生是一名新上任的某塑胶五金制品厂主管,他通过一段时间的观察发现,有些工人会利用上厕所的机会偷懒,在里面一待就是十几分钟,还有相当一部分员工吃午饭时间超过半个小时。为了提高生产效率,刘先生要求员工上厕所一次不能超过 5 分钟,吃饭不能超过 10 分钟,迟到 1 分钟罚 200 块钱。从此之后,再也没有工人会利用上厕所和吃饭的机会来偷懒了。这让他颇为高兴,但不久之后,他开始为一件事情而感到头痛。那就是产品的废品率开始直线上升,已经到了一个难以忍受的程度。这究竟是怎么一回事呢?难道是原料环节出了问题?经过一番调查之后,才发现一个事实,原来废品率上升的原因只有一个,那就是工人们故意破坏。这让他非常惊讶,百思不得其解。

(案例来源:改编自光明网.限制员工上厕所时间太不人道,作者毕晓哲,2013-12-18.有删减)

☆ 讨论

1. 刘先生的管理为何适得其反?你能做出解释吗?
2. 如果你是这位刘先生,面对这种局面,最先要做的是什么?将怎样从根本上改变局面?

四、控制的目的

在现代的管理活动中,控制要达到的目的表现为以下两个层次。

第一,控制的基本目的,就是要"维持现状"。即在变化的环境中,通过控制工作,随时将计划的执行结果与标准进行比较,若发现有超过计划允许范围的偏差时,则及时采取必要的纠正措施,以使系统的活动趋于相对的稳定,实现组织的既定目标。

第二，控制要"打破现状"。在某些情况下，变化的内外环境会对组织提出新的要求，需要管理者改革创新，开拓新的局面。这时就必须打破现状，修改原定计划，确定新的实现目标和管理标准，从而符合变化了的新的形势。

第二节 控制的原则与过程

一、控制的原则

（一）控制的原则

有效的控制应遵循如下原则。

1. 及时性原则

亨利·法约尔曾指出，为了达到有效的控制目的，控制应在有限的时间内及时进行。

2. 适度性原则

适度性原则是指控制的范围、程度和频度恰到好处，防止控制过多或控制不足。

3. 重点原则

任何组织都不可能对每一个部门、每一个环节的每一个人、每一时刻的工作情况进行全面的控制。

4. 经济性原则

经济性原则强调只有控制带来的效益超出所需成本时，才是值得的。控制成本与效益的比较分析，实际上是从经济的角度去分析控制程度与控制范围的问题。

5. 客观性原则

所谓客观，就是管理者不能凭个人的主观经验或直觉去判断，而应采取科学的态度，采用科学的方法进行控制。客观的控制源于对组织状况及其变化的客观了解和评价。

6. 弹性原则

计划在执行中难免会出现与期望有偏差的现象，所以要允许控制在以计划为中轴的上下之间有个浮动的幅度，这样，控制才能适用和有效，这就是控制的弹性原则。

二、控制的类型

（一）根据控制点的不同时间分类

根据控制点的不同时间，可将控制可分为预先控制、现场控制和事后控制三类。

1. 预先控制

预先控制，是指在系统运行的输入阶段就进行控制，也叫前馈控制。这种控制是未来导向的,控制作用发生在行动之前,故又称未来定向控制。它是在实际工作开始之前,管理者做出某种预测,对预期出现的偏差,预先采取各种防范措施,期望组织未来的活动保持在允许限度内的一种控制类型。因此,这种控制需要及时和准确的信息,并进行仔细和反复预测,把预测和预期目标相比较,并促进计划的修订。控制的内容包括检查资源的筹备情况和预测其利用效果两个方面。如对司机进行有关交通法规和违章操作后果的教育,就是一种想利用持续性计划预先控制驾驶行为的企图。

为了保证经营过程的顺利进行,管理人员必须在经营开始以前就检查企业是否已经或能够筹措到在质和量上符合计划要求的各类经营资源。如果预先检查的结果是资源的数量和(或)质量无法得到保证,那么就必须修改企业的活动计划和目标,改变企业产品加工的方式或内容。预先检查的另一个内容是检查已经或将能筹措到的经营资源经过加工转换后是否符合需要。如果检查的结果符合企业需要,那么企业活动就可以按原定的程序进行;如果不符合,则需要改变企业经营的运行过程及其技术。

2. 现场控制

现场控制,是指在计划的执行中同步进行控制,也叫即时控制。这种控制是同期导向的,控制作用发生于行动之时。从维持组织的动态平衡的观点来看,即时控制比等结果产生后进行行为调整的后馈控制更令人满意,当微小的偏差发生时即时加以调整,比稍后时间改正较大的偏差来得容易。因此,即时控制对在组织继续运行时把各种活动过程维持在期望限度之内是十分重要的。

对下属的工作进行同期监督,其作用有两个。一是,可以指导下属以正确的方法进行工作。指导下属的工作,培养下属的能力,这是每一个管理者的重要职责。现场监督,可以使上级有机会当面解释工作的要领和技巧,纠正下属错误的作业方法与过程,从而可以提高他们的工作能力。二是,可以保证计划的执行和计划目标的实现。通过同期检查,可以使管理者随时发现下属在活动中与计划要求相偏离的现象,从而可以将问题消灭在萌芽状态,或者避免已经产生的问题对企业不利影响的扩散。

在组织中,常见的即时控制方式就是现场视察,有些组织,如造币厂、银行、交通管理部门建立了全天候的电视监视系统,控制人员在主控室就可以了解被控对象的即时活动情况,这种借助于机器系统的控制主要目的在于及时观察到非期望行为的发生,并立即给予纠正或制止。但是,个人行为极大地影响着组织行为,仅靠无生命的机器监视系统不能全方位地即时控制。现代控制理论认为,必须使每个组织成员都加入控制行列,加强自我控制能力,即时控制方式才有效。西方国家的企业界于 20 世纪 60 年代创立的"零缺点管理"就是要求每个员工具有"不发生错误"的决心,在其职责范围内,按照预先确定的目标,力求作业标准、工作程序和工作方法的正确执行,尽可能做到无缺点,从而保证生产高质量的产品。

3. 事后控制

事后控制是指在计划完成后进行控制,也叫反馈控制。这种控制是过去导向的,控制作用发生于行动之后,属于一种亡羊补牢式的控制。这类控制是管理者在获得信息时行为结果已成事实,需要对其做出评价并决定是否采取行动以改正或调整未来可能出现的同类行动。如对超速驾驶车辆的司机给予罚款,就是一种反馈控制。反馈控制是一种传统的,并且是最常用的控制类型,控制时间滞后是其重要特征,控制的主要目的在于为下一循环的工作积累经验。

反馈控制主要包括财务分析、成本分析、质量分析和职工成绩评定等内容。

财务分析的目的是通过分析反映资金运动过程的各种财务资料,了解本期资金占用和利用的结果,弄清企业的盈利能力、偿债能力、维持营运的能力以及投资能力,以指导企业在下期活动中调整产品结构和生产方向,决定缩小或扩大某种产品的生产。

成本分析是通过比较标准成本(预定成本)和实际成本,了解成本计划的完成情况,通过分析成本结构和各成本要素的情况,了解材料、设备、人力等资源的消耗与利用对成本计划执行结果的影响程度,以找出降低成本,提高经济效益的潜力。

质量分析是通过研究质量控制系统收集的统计数据,判断企业产品的平均等级系数,了解产品质量水平与其费用要求的关系,找出企业质量工作的薄弱环节,为组织下期生产过程中的质量管理和确定关键的质量控制点提供依据。

职工成绩评定是通过检查企业员工在本期的工作表现,分析他们的行动是否符合预定要求,判断每个职工对企业提供的劳动数量和质量贡献。成绩评定不仅为企业确定付给职工的报酬(物质或精神上的奖惩)提供了客观的依据,而且会通过职工对报酬公平与否的判断,影响他们在下期工作中的积极性。公开报酬的前提是公开评价,这种评价要求以对职工表现的客观认识和组织对每个人的工作要求(计划任务或"职务说明书")为依据。

4. 三种控制类型的比较

预先控制是建立在能测量资源的属性与特征的信息基础上的,其纠正行动的核心是调整与配置即将投入的资源,以求影响未来的行动;现场控制的信息来源于执行计划的过程,其纠正的对象也正是这一活动过程;事后控制是建立在表明计划执行最终结果的信息的基础上的,其所要纠正的不是测定出的各种结果,而是执行计划的下一个过程的资源配置与活动过程。

(二) 按控制组织结构的不同分类

根据控制组织结构的不同,可将控制可分为集中控制、分散控制、分级控制三类。

1. 集中控制

集中控制,是指全系统的控制活动由一个集中的控制机构来完成,这种形式的特点是所有的信息(包括内部、外部)都流入中心,由控制中心集中加工处理,且所有的控制指令也全部由控制中心统一下达。

集中控制的优点是:信息完整、集中;控制目标易协调、易统一。集中控制的缺点是:信息传输效率低,控制滞后性强,系统适应性差。

集中控制是一种较低级的控制,只适合于结构简单的系统,如小型企业、家庭作坊等。

2. 分散控制

分散控制,是指系统中的控制部分表现为若干个分散的、有一定相对独立性的子控制机构,这些机构在各自的范围内各司其职、各行其是、互不干涉,各自完成自己的目标。当然这些目标是整个系统目标中的分目标。

分散控制的特点与集中控制相反,不同的信息流入不同的控制中心,不同的控制指令由不同的控制中心发出。分散控制的优点是针对性强,信息传递效率高,系统适应性强。缺点是信息不完整,整体协调困难。

分散控制适应系统组织较松散的部门,如城市各交叉路口的交通管理、企业集团的一些外围企业等。

3. 分级控制

分级控制又称等级控制,是指将系统的控制中心分解成多层次、分等级的体系,一般呈宝塔型,同系统的管理层次相呼应。

分级控制的特点是综合了集中控制和分散控制的优点,其控制指令由上往下越来越详细,反馈信息由下往上传越来越精练,各层次的监控机构有隶属关系,它们职责分明,分工明确。

(三) 直接控制与间接控制

1. 直接控制

直接控制是指控制者与被控制对象直接接触,由控制者直接调节、干预被控制对象,从而纠正偏差的一种形式,它是相对于间接控制而言的,其特点是直接性,即控制指令不同任何中间环节,直接作用于被控制对象。

2. 间接控制

间接控制是指控制者与被控制对象不直接接触,而是借助中间工具作用于被控制对象。

三、控制的过程

从管理控制的实施来看,组织的管理控制大致包括确立控制标准、衡量实际绩效和纠正偏差三个阶段,这构成了完整的管理控制过程。

(一) 确立控制标准

控制是依据一定的标准去衡量和掌握实际工作的过程。因此,任何控制的实施都要有可衡量可比较的标准。所谓标准,就是计量实际或预期工作成果的尺度。一般认为,组织目标以及计划是控制的最基本标准,组织计划固然是组织目标的具体体现,但不同种类的计划,在具体规定实现组织目标所需各种活动的实施方案详尽方面的程度也不同。例如,长期计划只反映组织在未来发展的战略,而对具体行动的规划应由年度计划来体现。因此,单纯以计划的规定作为控制标准尚不够,还需要确立控制的标准。

控制的标准可以体现为一些定量化的指标,如劳动生产率、工时定额、原材料消耗定额、利润、销售量、资金利用率、资金利润率、产品合格率等。一般来说,对这类指标的确定通常使用统计分析法,根据组织拥有的资料来确定,故又称统计性标准。控制的标准还可以体现为定性标准,如各种规章制度以及企业公共关系、组织成员的素质等。以企业为例,企业的规章制度可分为:①基本制度,如人事制度;②经济管理制度,如计划管理制度、技术管理制度、生产管理制度、财务管理制度、物资管理制度以及劳保福利制度等;③责任制度,包括岗位责任制和管理业务责任制等;④技术标准和技术规程,如工艺规程、操作规程、设备维修规程和安全技术规程等。制订这类标准,一般使用经验估计法。它是根据管理人员的经验判断而建立的估价性标准,一般是在缺乏充分的数据资料时采用,通常都带有管理人员的主观色彩。

在实际工作中,不管采用哪类标准,都需要按控制的对象来确定。除了把组织目标作为标准之外,常用的标准还有以下内容。

1. 实物标准

这是一类非货币标准,普遍适用于使用原材料、雇用雇员、提供劳务和产品等的基层单位。这些标准反映了定量的工作成果。例如,单位产量工时、生产每马力所需要的燃料数、货运量的吨公里、单位台时产量、每吨铜的导线尺数、每日门诊病人数等。实际标准也可以反映质量。例如:轴承面的硬度、公差的精密度、飞机上升的速率、纺织品的耐久性等。从某种意义上来说,实物标准是计划工作的基石,也是控制的基本标准。

2. 费用标准

这是一类货币标准同实物标准一样普遍适用于基层单位。这些标准把货币价值加到各种经营费用之中,用来说明费用标准有单位产品的直接费用和间接费用,单位产品或工时的人工费用,单位产品的材料费用、机时费用,单位面积的用地费用等。在管理学中,产品往往也包括医疗服务中的病人,预防措施的对象以及受教育者等。

3. 资金标准

这是费用标准的变种,是用货币来计量实物项目而引起的。资金标准与投入一个企事业单位的资金有关,而与经营费用无关。对于新的投资和综合控制来说,最广泛运用的资金标准就是投资回收率。

4. 收入标准

这是把货币价值与销售额相联系而产生的。这类标准多种多样,例如公共汽车每乘客公里的收入、每销售一吨钢材的货币收入、每治愈一个病人的收入等。

5. 计划标准

为了控制也许会指派一个主管人员去编制一个可变的预算计划,编制一个要正式实施的新产品发展计划或提高医务人员素质的计划。在评价计划执行情况时难免有主观判断的因素,因此,利用计划规定的时间日程以及其他的因素作为客观的判断标准。

6. 无形标准

这是一类既不能用实物也不能用货币形式来计量的标准。主管人员能够以什么样的标准来确定其下属的人事科长或医务主任的能力呢?他们又能够用什么样的标准来确定一项庞大的流行病学调查计划意图以被所有的有关人员所理解了呢?这类问题表明,要确定既无明确的定量标准又无明确的定性标准的目标是十分困难的。

在任何一个组织中,都存在着许多无形的标准,这是因为对所有各种工作的预期成果还缺乏彻底研究的缘故。或者,一个更重要的原因是,在工作成果涉及人们相互关系的地方,特别是在基层以上的各级机构中,很难衡量什么是"好的""有效的"或"有效能的"。虽然心理学家和社会学家所提出的试验、调查和抽样方法使得判断人们的行为和动机已有可能,但是对人们相互关系的许多管理控制却仍要以无形的标准、主观的判断、反复试验,有时甚至是纯粹的预感等为依据。

(二)衡量实际绩效

衡量实际绩效就是用确立的标准对实际工作绩效和进度进行检查和比较,发现偏离标准的情况,分析产生的原因,制订和采取相应的措施。提交需要纠正的偏差结果,形成管理控制中的纠偏依据。因此,它又可分为两个小步骤:一是衡量实际工作成绩;二是比较实际工作与控制标准,由此发现和提出问题。从管理实务的角度来讲,衡量绩效才是控制工作的真正开始。

标准是衡量绩效的依据。有了标准,就可以将实际的工作成果与标准相比较,衡量管理的绩效。如果标准的确立已经比较适应,那么衡量绩效结果的好坏则取决于管理者是否掌握了关于实际工作成果的真实信息。在实际管理活动中,管理者获得信息的途径基本有两条:一是大多数组织都有制度化的各种财务报表制度和内部报告制度,即将要求能够反映活动成果的重要指标自下而上定期报告的一种制度,这在大型国有企业中是上级管理者获得信息的主要途径;二是通过管理人员的直接观察、检查或听下属口头汇报而获得的信息。来自这两条途径的信息并不一定能够真实地反映组织经营管理活动的情况。组织内部的有些部门可能会因本位主义,局部利益而在内部报告中做了隐瞒或夸张,有的下属在向管理者汇报工作时,为了给上级留一个好印象,而夸大其词,或因迎合某些管理者的口味而谎报实情。当将这样的信息与标准比较之后,计划与实际之间的偏差可能较大,容易引起管理者采取不恰当的纠正措施。因此,在衡量绩效的过程中,保证信息的及时性、有效性和可靠性是非常重要的。具体来说,信息必须满足以下要求。①正确,即信息要客观反映实际情况,保证使用信息的人能够做出正确的判断。只有正确的信息,才能产生效益,不正确的信息比没有信息造成的结果更糟。②及时,信息要及时传递到有关部门与使用者那里,使他们做出及时的、正确的反映。否则,即使是正确的信息而不能及时传递,便会贻误时机而失去时效。③适用,是指信息在内容、数量、精度上必须符合使用人的要求,不适用特定需要的信息等于没有信息,信息不能杂而繁多,应有针对性地满足管理者的需要。④经济,即要求管理者获得信息而支付的代价应小于信息所能带来的效益。

丰富的信息是至关重要的,但是有的管理工作本身就使衡量绩效的工作难以展开。在所有有关的信息中,用指标定量化表示出来的一些信息可以比较容易将其与相应的计划指标相对比,它是比较客观的。但有些管理工作的绩效是很难用指标将其定量化的。例如,组织气氛是一种无法具体观察到的变量,对这方面的工作绩效的分析只能凭主观推断而无法准确测度,与组织气氛相关的计划指标也只能是定性的,是一些描述性的说明。因此,在对此类工作衡量时,要求管理人员应尽可能多地掌握相关信息,公正、客观、实事求是地进行绩效评估。

(三) 纠正偏差

纠正偏差是在衡量工作绩效的基础上,针对被控制对象出现的偏离程度,及时采取措施,予以纠正,使其恢复到正常状态上来。在这个阶段,需要做好以下工作:首先,要分清偏差的性质;其次,要分析偏差产生的原因;最后,采取措施纠正偏差。

将管理工作的实际结果与计划规定的指标和目的相比较,只要实际结果与目标不相一致,就成为管理上的问题。但并非所有出现的管理问题都是控制的对象,即管理者并不是对所有出现的偏差都采取纠正措施,而是在这些出现偏差的问题中进行分析和筛选,将重要的偏差挑选出来,作为管理控制的对象。管理者不可能有时间和精力将所有的问题都仔细研究。事实上,有些偏差即使出现了,但它们并不会对管理目标的实现有多么重大的影响,管理者可以不去理会这一类偏差。如果管理者面面俱到地控制,则会造成该重点控制的问题没有得到深入的研究和解决,而将时间和精力浪费在那些无关紧要的事情上。

欲确定那些出现偏差的问题应视为管理的对象，主要应认真分析形成偏差的原因。一般认为，造成组织实际工作结果严重偏离计划规定目标的原因可以归纳为三类。第一类是组织外部环境的变化，影响到组织规定的目标难以实现，如大幅度提高贷款利率，可能会使组织计划期内的资金筹措目标不能实现，这些由于组织外部环境因素而造成的偏差，对于一个特定组织来说，是管理者无法控制的，因此，管理者可能采取的措施只是调整组织的计划目标及具体指标，使计划与组织的外部环境相适应。管理者所采取的主动措施是增强对组织外部环境的预见性。第二类是组织经营方针的调整。对这类原因造成的偏差，管理者有较大的能动性，通过组织变革，或根据新的经营方针调整计划。第三类是计划本身的不完善造成的，可能是计划所包含的内容不全面，在制订计划时对未来情况的预测和估计不准确，可能是所使用的计划方法和手段需要改进、调整。对这类原因造成的实际与计划的偏差，管理者应采取措施加强计划管理，提高计划职能的效率。

在找出所需控制的关键问题，而且已经分析出现偏差的原因之后，就可以针对不同的问题采取纠正措施。纠正偏差的具体方法因问题的不同及形成偏差的原因不同而异，但最基本的原则应是对症下药。

【案例 8-2】

应该立即采取行动吗？

张先生是一名在网上销售进口红酒的商人，在8月的第一个星期，他接到了公司销售人员送来的上个月按品牌分类的销售情况表(见表8-1)。该表显示了7月份的定额标准和实际销售数值。

表8-1 红酒7月份销售数据　　　　　　　　　　　　　　　　　　　单位：件

品牌	标准	实际	偏差
A	857	657	-200
B	621	635	14
C	531	522	-9
D	438	501	63
E	410	409	-1
F	357	421	64
G	213	215	2
H	118	110	-8

张先生应该对7月的销售情况引起重视吗？总销售量比原定目标要稍高一点，但这能说明没有显著的偏差吗？尽管整体的绩效总的来说还不错，但有些品牌的情况还是值得销售经理重视的。然而值得重视的具体数量依赖于张先生所认为的"显著"程度。究竟有多大的偏差才会使张先生采取正确的行动呢？

第三节 控制的方法

一、控制的内容

尽管管理者希望一切都在掌控之中,但是组织控制的基本内容主要在以下五个方面。

(一)人员

管理者是通过他人的工作来实现组织目标的。泰勒曾经给管理下的定义是:确切地知道你要别人干什么,并要他使用最好的方法去干。所以,管理者的一项重要工作就是保证员工理解其期望,并按照其期望的方法进行工作。为做到这一点,管理者通常使用最直接、最简明的控制手段:现场巡视,即管理者亲临工作现场指导员工的工作,并纠正员工偏离目标的行为;绩效评估,即管理者根据激励理论定期对员工的绩效给予系统评估,并根据评估结果给予报酬。除此之外,还有如下一些行为控制手段。

(1)甄选:识别和录用那些态度和个性符合管理者期望的人。
(2)培训:通过正式培训向员工传授期望的工作方法。
(3)社会化:让员工了解规定了何种行为是可接受的或不可接受的内容和规章制度。
(4)传授:让老员工对新员工传授"该知道和不该知道"的规则。
(5)目标认同:当员工接受了具体目标后,这些目标就会指导并限制其行为。
(6)工作设计:合理的工作设计能够对工作进行合理的分工,控制员工的工作节奏、活动方式,使员工相互协作。
(7)外在报酬:组织使用报酬手段强化期望行为,并消除不期望的行为。
(8)组织文化渗透:通过故事、榜样和仪式等方式传递含有组织期望行为的文化。

(二)财务

控制财务活动是传统的控制内容,其目的就是降低成本、减少费用、提高资金利用率,使资源得以充分利用。企业管理者可能会查阅每季度的收支报告,以确定收支的合理性,发现有无多余的支出;也可能对重要财务指标进行计算,以保证有足够的资金支付各种费用,保证债务负担合理。以下这些指标可以作为财务活动的控制手段。

1. 流动比率

流动比率=流动资产÷流动负债,该指标表明该企业流动资产在短期债务到期之前偿还流动负债的能力,即检验组织偿付短期债务的能力。

2. 速动比率

速动比率=速动资产÷流动负债,该指标是衡量企业资产中可以立即变现用于偿还流动负债的能力,是企业资产流动性的一种更为精确的检验。所谓速动资产,是指流动资产减去存货等流动性差的资产后的余额。

3. 存货周转率

存货周转率＝销售收入÷平均存货,表示存货资产的利用率。

4. 总资产周转率

总资产周转率＝销售收入÷平均总资产,表示组织全部资产的利用率。

5. 销售利润率

销售利润率＝税后净利润÷销售收入,说明该企业的销售收益状况。

6. 投资收益率

投资收益率＝税后净利润÷平均总资产,度量资产创造利润的效率。

7. 资产负债率

资产负债率＝全部负债÷全部资产,对组织财务杠杆作用的检验。

8. 利息保障倍数

利息保障倍数＝息税前利润÷全部利息支出,度量组织的利息支出能力。

(三) 作业

一个组织的成功,很大程度上取决于它在生产产品或提供服务方面的效率和效果。作业控制方法是用来评价一个组织的转换过程的效率和效果的问题。

典型的作业控制包括:监督生产活动以保证其按计划进行;评价购买能力,以尽可能低的价格提供所需质量和数量的原材料;监督组织的产品或服务的质量,以保证满足预定的目标;保证所有的设备得到良好的维护。

(四) 信息

管理者需要信息来完成他们的工作。不精确、不完整、过多的或延迟的信息将会严重阻碍他们的行动。因此,应该开发一个高效的信息管理系统,使其能在正确的时间、以正确的数量,为正确的人提供正确的数据信息。

(五) 组织绩效

管理者最关心组织的整体绩效,他们为寻找评价组织绩效的合理方法进行不懈的努力。但事实证明,没有单一的指标可以用以衡量组织绩效。控制组织绩效的指标有很多,涉及市场的有市场份额、销售量等;涉及收入的有利润、资金周转率、收入的稳定性等;涉及生产或服务的有产量、生产率、管理效率等;涉及员工的有士气、满意度、旷工率、流动率等;涉及组织成长的有稳定性、适应性、变革力、研究与发展能力等;涉及外部关系的有投资人、供应商、顾客、政府代理部门等的满意程度。这些指标都从不同侧面反映了组织绩效,无疑都是衡量组织整体绩效的重要指标,所以管理者对组织绩效的控制手段应该是多样性的和综合性的,对组织绩效的控制思想应该是多方平衡的思想。

二、控制的方法

（一）人员控制

人员控制分直接控制和间接控制。

1. 人员的直接控制

管理者最简单的方法就是直接巡视和评估员工的表现,视察、指导员工的工作,并及时处理出现的问题就成为管理者的日常工作。

2. 人员的间接控制

人员的间接控制是指根据组织发展战略的要求,通过有计划地对员工进行合理配置,搞好员工的培训和人力资源的开发,采取各种措施,激发员工的积极性,充分发挥员工的潜能,做到人尽其才,人尽其用,更好地促进工作效率的提高,进而确保组织战略目标的实现。

（二）时间控制

比较好的安排时间的计划方法有甘特图法、滚动计划和网络计划法等,其中网络计划法为合理安排时间和科学分配资源起到了重要的作用。

（三）成本控制

成本管理的中心是成本控制,即要使经营活动的各环节、各方面的成本达到或低于目标成本,为此,要做好以下工作。

(1) 制订控制标准,确定目标成本。其方法有计划法、预算法和定额法等。
(2) 记录和统计资料,进行成本核算。
(3) 差异分析。
(4) 采取措施,降低成本。

（四）质量控制

质量控制是企业生产经营活动中一项极其重要的控制活动。质量控制具有两个方面的含义:一是工作质量;二是产品质量。二者既有联系,又有区别。产品质量是工作质量的体现,工作质量是产品质量的保证。质量控制既包括对企业产品或服务质量的控制,又包括对工作质量（包括制度、标准等）的控制。

（五）库存控制

库存控制是对制造业或服务业生产、经营全过程的各种物品、产成品以及其他资源进行的管理和控制,是仓储管理的一个重要组成部分。

（六）审计控制

审计控制是常用的一种控制方法,根据内容,它包括财务审计和管理审计两大类。

1. 财务审计

财务审计是由专职机构和人员,依法对审计单位的财务、财政收入及有关经济活动的真实性、合法性、效益性进行审查,评价经济责任,以维护财经法纪,改善经营管理,提高经济效益的经济监督活动。

2. 管理审计

管理审计是以管理原理为评价准则,系统地考查、分析和评价一个组织的管理水平和管理成效,进而采取措施克服存在的缺点或问题。管理审计通常有内部审计与外部审计两种形式。

1) 内部审计

内部审计提供了检查现有控制程序和方法能否有效地保证达成既定目标且执行既定政策的手段。例如,制造质量完善、性能全面的产品是企业孜孜以求的目标,这不仅要求利用先进的生产工艺以及工人提供高质量的工作,而且对构成产品的基础——原材料提出了相应的质量要求。这样,内部审计人员在检查物资采购时,就不仅限于分析采购部门的账目是否齐全、准确,而且试图测定材料质量是否达到要求。

根据对现有控制系统有效性的检查,内部审计人员可以提供有关改进公司政策、工作程序和方法的对策建议,以促使公司政策符合实际,工作程序更加合理,作业方法被正确掌握,从而更有效地实现组织目标。

内部审计有助于推行分权化管理。从表面上来看,内部审计作为一种从财务角度评价各部门工作是否符合既定规则和程序的方法,加强了对下属的控制,似乎更倾向于集权化管理。但实际上,企业的控制系统越完善,控制手段越合理,越有利于分权化管理。因为主管们知道,许多重要的权力授予下属后,自己可以很方便地利用有效的控制系统和手段来检查下属对权力的运用状况,从而可能及时发现下属工作中的问题,并采取相应措施。内部审计不仅评估了企业财务记录是否健全、正确,而且为检查和改进现有控制系统的效能提供了一种重要的手段,因此有利于促进分权化管理的发展。

虽然内部审计为经营控制提供了大量的有用信息,但在使用中也存在不少局限性,主要表现在以下几点。

(1) 内部审计可能需要很多的费用,特别是深入、详细的审计费用。

(2) 内部审计不仅要搜集事实,而且需要解释事实,并指出事实与计划的偏差。审计部门要能很好地完成这些工作,而又不引起被审计部门的不满,需要对审计人员进行充分的技能训练。

(3) 即使审计人员具有必要的技能,仍然会有许多员工认为审计是一种"密探"或"检查"工作,从而在心理上产生抵触情绪。如果审计过程中不能进行有效的信息和思想沟通,那么可能会对组织活动带来负面效应。

2) 外部审计

外部审计是由外部机构(如会计师事务所)选派的审计人员对企业财务报表及其反映的财务状况进行的独立评估。其目的是:检查该组织的财政财务收支及有关的经营活动是否合法,是否真实,有无偷税、漏税、账目做假等。为了检查财务报表及其反映的资产与负债的账面情况与企业真实情况是否相符,外部审计人员需要抽查企业的基本财务记录,以验证其真实性和准确性,并分析这些记录是否符合公认的会计准则和记账程序。

外部审计实际上是对企业内部虚假、欺骗行为的一个重要而系统的检查,因此起着鼓励诚实的作用。由于知道外部审计不可避免地要进行,企业就会努力避免做那些在审计时可能会被发现的不光彩的事。

外部审计的优点是审计人员与管理当局不存在行政上的依附关系,不需要看企业经理的眼色行事,只需对国家、社会和法律负责,因而可以保证审计的独立性和公正性。但是,由于外来的审计人员不了解内部的组织结构、生产流程的经营特点,在对具体业务的审计过程中可能产生困难。此外,处于被审计地位的内部组织成员可能产生抵触情绪,不愿意积极配合,这也可能会增加审计工作的难度。

(七) 预算控制

预算是一种计划技术,是未来某一个时期具体的、数字化的计划,它把计划分解成以货币或其他数量单位的预算指标,要求各部门、各单位的开支在预算范围内。预算也是一种控制技术,它把预算指标作为控制标准,用来衡量其计划的执行情况。

1. 预算的种类

按照内容的不同,可以将预算分为经营预算、投资预算和财务预算。

1) 经营预算

经营预算是控制和规划预算期间日常生产经营活动的预算。其内容可分两部分:一部分是直接反映生产经营活动的预算,包括生产预算、销售预算、直接材料预算、直接人工预算、制造费用预算、产品单位成本预算、销售及行政管理费预算等;另一部分是反映企业生产经营活动的财务状况和财务成果的预算,包括预计损益表、预计资金平衡表、现金预算等。

2) 投资预算

投资预算是在可行性研究的基础上,对企业的固定资产的购置、扩建、改造、更新等编制的预算。投资预算具体反映在何时进行投资、投资多少、资金从何处取得、何时可获得收益、每年的现金净流量为多少,需要多少时间回收全部投资等。由于投资的资金来源往往是影响企业决策的限定因素之一,而对厂房和设备等固定资产的投资又往往需要很长时间才能收回,因此,投资预算应当力求和企业的战略以及长期计划紧密联系在一起。

3) 财务预算

财务预算是集中反映未来一定期间现金收支、经营成果和财务状况的预算。财务预算的内容一般包括现金预算、预计损益表和预计资金平衡表(预计资产负债表)。其中,现金预算反映企业在预算期内,由于生产经营和投资活动所引起的现金收入,现金支出和现金余缺情况,预计损益表反映企业在预算期内的经营业绩,即销售收入、变动成本、固定成本和税后净收益等构成情况;预计资金平衡表反映企业在预算期末的财务状况,即资金来源和资金占用以及它们各自的构成情况。经营预算和投资预算中的资料,都可以折算成金额反映在财务预算中,这样,财务预算就成为各项经营业务和投资的整体计划,因此也常常被称为"总预算"。

2. 预算的方法

由于预算的结果常被用来做控制标准,故预算方法的选定非常重要。一般预算采用固定预算,而且多为根据基期数据进行调整,从而带来一定的危害。另外两种方法可以在一定的程度上改善这种状况,即弹性预算和零基预算。

1) 弹性预算

弹性预算又称可变预算,其基本思想是按固定费用和变动费用分别编制固定预算和可变预算,以确保预算的灵活性。在编制可变预算时,应根据具体情况研究各种费用的变动程度,以确定各种换算系数,这样更有利于预算的合理性、准确性,减少预算变动的频繁程度。这种预算的控制力度稍弱,但有较强的环境适应性,能较好地适应控制的要求,在预算控制中弹性预算比较常见。

弹性预算编制有以下几个步骤。

(1) 选择业务量的计量单位。

(2) 确定适用的业务量范围。

(3) 确定成本与产量之间的相互关系,应用多水平法、公式法和图式法等把企业成本分解为固定、变动、半变动成本。

(4) 确定预算期内各业务活动水平。

(5) 编制预算,若企业事后按实际业务量编制弹性预算,可按实际业务水平编制。

(6) 进行分析、评价、考核预算控制的执行情况。

2) 零基预算

零基预算是由美国德州仪器公司首创的,其基本思想是:在每个预算年度开始时,把所有还在继续开展的活动都看着是从零开始,预算也就以零为基础。由预算人员在从头开始的思想指导下,要求每个项目的预算费用以零为基数,通过仔细分析各项费用开支的合理性,并在"成本-效益"分析的基础上,重新安排各项活动即各个部门的资源分配和收支。

零基预算方法要求把企业计划分为目标、业务和所需的资源等组成的各个项目计划的费用,其中,每个项目计划的预算费用都是以零为基数重新计算的。将各种合乎需要的计划按它们对企业的效益来计算其代价并进行检查,然后按它们的效益大小顺序排列并根据费用-效益标准对它们做出选择。零基预算避免了预算控制中只注重前段时期变化的普遍倾向,它迫使主管人员重新安排各个项目计划,这样做可以从整体出发连同新计划及其费用一起来考虑所确定的计划及其费用,有利于资金分配和控制支出。同时,零基预算还能充分调动和发挥各层管理者的积极性和创造性。当然零基预算也有一些缺点,主要表现为费用估计中有相当程度的主观性及预算工作量较大,成本较高。现实中每3~5年编制一次零基预算,以减少浪费和低效。

3. 预算的作用及其缺点

1) 预算的积极作用

由于预算的实质是用统一的货币单位为企业各部门的各项活动编制计划,因此它使得企业在不同时期的活动效果和不同部门的经营绩效具有可比性,可以使管理者了解企业经营状况的变化方向和组织中的优势部门与问题部门,从而为调整企业活动指明了方向;通过为不同的职能部门和职能活动编制预算,也为协调企业活动提供了依据;更重要的是,预算的编制与执行始终是与控制过程联系在一起的,编制预算是为企业的各项活动确立财务标准,用数量形式的预算标准来对照企业活动的实际效果大大方便了控制过程中的绩效衡量工作,也使之更加客观可靠;在此基础上,很容易测量出实际活动对预期效果的偏离程度,从而为采取纠正措施奠定了基础。

由于这些积极的作用,预算手段在组织管理中得到了广泛运用。

2) 预算在编制和执行中的缺点

（1）它只能帮助企业控制那些可以计量的，特别是可以用货币单位计量的业务活动，而不能促使企业对那些不能计量的企业文化、企业形象、企业活力的改善予以足够的重视。

（2）编制预算时通常参照上期的预算项目和标准，从而会忽视本期活动的实际需要，因此会导致这样的错误：上期有的项目而本期不需要的项目仍然沿用，本期必需的项目而上期没有的项目会因缺乏先例而不能增设。

（3）企业活动的外部环境是在不断变化的，这些变化会改变企业获取资源的支出或销售产品实现的收入，从而使预算变得不合时宜。因此，缺乏弹性、非常具体的预算，特别是涉及较长时期的预算可能会过度束缚决策者的行动，使企业经营缺乏灵活性和适应性。

（4）特别是项目预算或部门预算，不仅对有关主管提出了希望他们实现的结果，而且也为他们得到这些成果而能够开支的费用规定了限度，这种规定可能使得主管们在活动中精打细算，小心翼翼地遵守不得超过支出预算的标准，而忽视了部门活动的本来目的。

（5）在编制费用预算时通常会参照上期已经发生过的本项目费用，同时，主管人员也知道，在预算获得最后批准的过程中，预算申请多半是要被削减的。因此他们的费用预算申报数要多于其实际需要数，特别是对那些难以量化的费用项目，更是如此。所以，费用预算总是具有按先例递增的习惯，如果在预算编制的过程中，没有仔细复查相应的标准和程序，预算可能成为低效的管理部门的保护伞。

只有充分认识了上述的局限性，才能有效利用预算这种控制手段，并辅之以其他工具。

三、控制效果的评价

如何评价组织控制工作是否有效？当然，在营利性组织中，组织在一定时期内所创造的经济效益最能说明组织控制工作的成效。管理的效率最终取决于控制的成败。只有实施有效的控制，才能保证组织目标的最终实现。一般而言，当我们说一个组织的控制系统有效时，人们总是可以从这些令人满意的控制系统中看到它们达到了下述评价的标准。

（一）控制要突出重点

如前所述，有效的控制并不意味着面面俱到，包罗万象的控制，而是选择重点进行控制。管理者不可能有足够的时间和精力有效用于所有偏差的分析和纠正，即使管理者有能力这样做，也不可避免地因增加不必要的工作而分散对关键问题的注意力。因此，管理者要仔细研究、识别对组织目标的实现具有关键意义的问题，抓住要害，集中精力实施控制。

（二）控制要体现客观性

控制总是表现为较高层次的管理者对下属工作进行的检查和监督活动。这不免使控制常常带有管理者主观色彩的影响。特别是当行使控制职能解决那些标准不易用具体指标来表示的管理变量，如员工的士气，如何控制这一变量使之符合组织的要求？不同的管理者对此类问题的看法大相径庭。因此，具感情色彩的主观控制势必会影响控制效果，使之不能真正体现组织目标的要求。这就要求在选择控制变量时，应尽可能选择那些可以定量化的内容，对确实难以量化而必须用定性指标去描述时，也应以客观事实为基础。在现代管理中，对人力资源的管理,已采用了大量以客观现象为基础的指标去确定控制的标准,只有客观确立了控制的标准,才能保证实施有效的控制。

(三) 控制要与组织结构相适应

首先,控制方法和手段的选择应与现有的组织结构相适应。如在采取事业部制组织结构的组织内,采用能发挥责任中心作用的控制技术和方法如预算法、内部会计等方法,有利于对组织中各部门实施有效的控制。其次,控制与组织职能相协调还体现在控制中信息联系方式也应与相应的组织结构相适应。例如在直线制组织结构中,控制只有保证组织内部存在上下级之间信息直线传递与网状信息联系,才能保证控制的信息来源来自组织中各个部门、各个方面、各个层次,也才能使控制的措施流向组织内各个方面、部门和层次。否则,就不存在有效控制。

(四) 控制要有弹性

有效的控制是灵活性很强的控制,控制弹性是指控制应适应影响管理的各因素的变化。制约管理的因素发生了变化,计划也理应相应得到调整,即使计划来不及调整,控制也应能反映出这种调整的趋势。因此,评价控制工作是否有效,应看它对组织内外不断变化的环境是否敏感,它是否能不仅适应计划中未曾预见到的新情况,而且也能在出现任何失常的情况下仍能保持控制系统的正常运转。当控制系统本身意外和故障出现时,也能正常发挥管理的控制职能。

(五) 控制要体现反馈的作用

反馈是用过去的信息来调整未来的行为。有效的控制应是闭环的反馈控制。在对系统输入控制信息时,这些信息不是凭管理者主观想象出来的,它应来自上一时期管理的实际工作成果的信息中,体现过去的信息对未来工作的调节作用。

(六) 控制要便于沟通

有效的控制还应要求控制系统具有沟通的便利,即有效的控制系统应该能够便于控制者和被控制者之间保持直接的联系。而且有效的控制系统还应与管理人员之间具有良好的沟通与反应机能,当管理者需要某种资料、数据时,可以迅速从控制系统中得到。

(七) 控制应体现经济性

有效的控制当然应体现经济性,任何组织实施控制职能所付出的代价小于控制为组织带来的效益。经济性差的控制,尽管控制的手段先进,控制的效果再明显,它也不应是令人满意的控制。

★ 复习思考题

1. 如何理解控制的含义?
2. 控制过程包括哪些工作和内容?
3. 控制的基本类型有哪些?
4. 控制的原则主要有哪些?

5. 常用的控制方式有哪些?
6. 预算控制有哪些主要的方式与方法?

【案例分析 8-1】

彭飞厂长的控制方法

彭飞担任厂长已有一年多的时间了,他刚看了工厂有关今年实现目标情况的统计资料。厂里各方面工作的进展是出乎意料的,他为此气得说不出一句话。记得他任厂长后的第一件事是亲自制订工厂一系列工作的计划目标。具体来说,他要解决工厂的浪费问题,要解决职工超时工作的问题,要减少废料的运输费用问题。他具体规定:在一年内要把购买原材料的费用减少10%~15%;把用于支付工人超时的费用从原来的11万美元(1美元=6.836人民币)减少到6万美元;要把废料的运输费用减少3%。他把这些具体规定告诉了下属有关方面的负责人。

然而,当他看了年终统计资料后,让他大失所望。原材料的浪费比去年更严重,原材料的浪费率竟占原料总额的16%;职工超时费用也只减少到9万美元,远没达到原定的目标。运输费用也没有降低。

他把这些情况告诉了负责生产的副厂长,并严肃批评了这位副厂长。而副厂长则争辩说:"我曾对工人强调过要注意减少浪费的问题,我原以为工人也会按我的要求去做的。"人事部门的负责人也附和着说:"我已经为削减超时的费用做了最大的努力。只对那些必须支付的款项才支付。"而负责运输方面的负责人则说:"我对未能把运输费用减下来并不感到意外,我已经想尽了一切办法。我预测,明年的运输费用可能要上升3%~4%。"

在分别与有关方面的负责人交谈之后,彭飞又把他们召集起来布置新的要求,他说:"生产部门一定要把原材料的费用减少10%,人事部门一定要把职工超时费用减少到7万美元;即使是运输费用要提高,但也绝不能超过今年的标准。这就是我们明年的目标。我到明年再看你们的结果!"

★ 讨论题

1. 彭飞厂长采用的是哪种控制方法?
2. 彭飞厂长哪些控制做得不恰当,为什么?
3. 你认为该厂明年的计划目标能实现吗?为什么?

【案例分析 8-2】

计算机化的控制系统

某图书发行公司规模较大,在全国设有20个销售服务中心。由于许多同行业的、较小企业都已将计算机应用于记录保存和账务处理,该图书发行公司的总裁感到巨大的压力,他要装备一个计算机化的控制系统,为公司及销售服务中心记账。过去,公司的收支都是用手工作业方式在处理,会计部门只有两个负责人和五个会计员。账表比较简化,一张日报就显示出包括20个销售中心的数据。工资计算也类似,工资单通常都能在24小时以内处理完毕。

图书发行公司邀请了几家计算机公司来考察。这些计算机公司的分析是,要想通过计算机化来节省人力和费用几乎是不可能的。但是有一家计算机公司提供的新型数据处理系统相当令人信服,公司顾问预测,如果采用此系统,将有几个好处:①信息处理加快;②业务信息更详尽;③费用可节约。

信息控制系统被采用了。两年以后,总裁听到的汇报是:"采用计算机以前,会计部门仅7人,现增至9人,外加数据处理中心还有7人。要从计算机得到输出确实只需几分钟,但是我们要把最后一个销售服务中心的数据输入之后才能计算,因为必须等待那个工作最迟缓的单位的数据。的确,我们获得的信息更详尽,但我们不知道是否都有人看,想到计算机打印出的报告中找出所需信息并对它做出分析解释,太费时间了。我们希望恢复过去的手工方式和账表系统,可是公司已投入这么多的资金,已到了无路可退的地步"。总裁听到这些汇报,也感到为难。

★ 讨论题

1. 这家图书发行公司的计算机化控制系统何以未能达到预期的效果?能否断言计算机化系统不如手工作业系统?
2. 如果你是总裁,现在应该怎么办?
3. 如果要你设计一个计算机化的控制系统,需要考虑哪些因素?

第九章 中国管理学概述

【本章学习目标】
1. 了解中国管理学的定义与价值；
2. 理解中国管理哲学思想以及中西方管理哲学的主要差异；
3. 掌握中国式管理的意义以及人性假设；
4. 掌握中国式管理的最佳原则、方法、最高境界；
5. 了解中国、日本、美国三国管理的差异，中美管理模式的融合趋势。

1840年鸦片战争爆发，英国等列强打开了中国的通商关口。中国人一方面震惊于西方的船坚炮利，渐至形成崇洋媚外心态；另一方面，却严重地违反伦理，竟然将所有责任推给祖先，否定传统的价值。中国管理现代化，就在这种不正常的状态下，徒然成为"西方化"或"美国化"的代名词。管理学界和企业界大量引入美国管理理论和制度方法，却忘了推行管理的现场是在中国。第二次世界大战以后，日本与新加坡根据国家自身的特点，同时吸收中国儒家文化和西方管理，在20世纪七八十年代迅速获得成功，在世界上产生了很大的影响。这使得人们更加理解德鲁克一再强调的：管理以文化为转移，并受到其社会、传统与习俗的支配。现代管理的兴起，固然对社会和文化的传统有所挑战，但同时加强了传统的重要性。努力改造传统，使其适应时代需要，才是真正的现代化；而要突破传统的限制，必须首先肯定自己的传统，在一定程度上给予健全的认同。

中国经济总量目前居世界第二的位置，管理活动的内容非常丰富，中国人应该走自己的管理道路，摆脱全盘西化的困扰，反思中国传统文化的价值及其现代价值，以创造中华文化的新意义为前提，不盲目复古，不任意抛弃传统，才能更好地发挥传统管理，结合西方管理的精华，创造出既能适应中国国情，又能符合现代化需要，实现古今中外的真正整合。

第一节 中国管理学的含义

一、中国管理学的定义

管理一词的含义在中国管理学中不同于西方，它不仅包括英文里的管理（management）的意思，还包括了治理（government），它有"治理、统治、研究、修养、规矩、整理、旺盛"等意思，暗含了对客体属性的研究、主体的自身修养、管理目标、管理过程、管理方法等一系列丰富的内容，中国式管理是"修己以安人"的历程。

中国管理学是通过研究古今中外的管理思想与实践并吸收其中科学的部分,探索适用于中国管理实践中普遍规律、原理与方法的现代学科。它以中国优秀管理文化为理论基础,系统梳理和提炼了中国经济管理实际的经验和教训,力图归纳出具有中国特色、全球视野的现代管理模式的一门综合性学科。研究内容包括通过对古今中外管理思想和实践的研究,探索如何创造性地转换传统管理文化、融合国际与本土经验,演绎东西方管理思想的精髓,服务于现代企业管理实践与经济社会发展。研究的目的是要在管理创新和实践中取得良好的效果,为中华民族的复兴做出贡献。中国管理学的研究内容包括国家管理、企业管理、家庭管理、自我管理四个层面。

二、中国管理学的价值

(一) 中国管理学的理论价值

第一,完善中国式管理理论体系。历史已经证明,经济发展迅速的地方往往孕育着新的管理模式、方法的诞生。中国改革开放以来,在大力加快国外先进管理技术、管理手段和管理思想引进速度的同时,也促进了中国古代管理思想的现代化转换进程,中外管理思想与文化在我国社会进行深层次碰撞与融合。随着一大批中国本土企业和企业家的成功,归纳和提炼中国式管理的模式、特征和方法已经成为可能。

第二,提升中国式管理理论在世界管理理论中的地位。自泰勒、亨利·法约尔开创具有现代意义的西方管理科学以来,发源于古希腊、古罗马文化传统的西方管理思想体系,在世界管理发展史中长期处于主导地位,成为西方社会发展的有力推动因素。而中华民族几千年传统文化中所蕴含的管理思想,则长期得不到系统提炼和总结,在世界管理思想体系中也长期没有获得重视。由于西方管理思想一直在国内外学术界居于主导地位,有些学者甚至全盘否定中国管理。这种状况直到日本和东南亚国家(地区)经济的快速发展才开始逐渐改观,这些国家和地区的企业家,在生产经营实践活动中大量创造性地吸收、融入了中国古代管理思想中的智慧,从而形成了不同于西方的管理模式、方法,比如终身雇佣制、年功序列工资制、集体决策制度、质量圈管理等。荷兰著名跨文化管理学者霍夫斯泰德更是在其民族管理文化理论中增加"儒家动力"元素。尽管日本管理吸收了我国古代经营管理中的智慧,然而其管理模式始终是打着"日本模式"的烙印。目前世界上有"美国式管理""德国式管理""日本式管理",如果没有"中国式管理",就使得我国的管理理论和方法在西方人眼中一直处于前科学的状态,那将对中国管理理论与实践的发展产生不利的影响。对中国管理理论与实践进行研究,提炼出中国式管理理论对提升我国管理学界在世界管理学界的地位,具有非常重大的意义。

第三,推进中国式管理理论的继续深入发展。从历史的角度来看,中国管理之道包罗万象,"格物、致知、诚意、正心、修身、齐家、治国、平天下","上知天文,下知地理,中通人事"。中国式管理理论的研究对研究者的要求高,需要研究者具有浓厚的传统学术根底;对学习者的要求也很高,需要掌握各方面的知识,注重个体对管理与实践的体验和感悟。这种传统的"人在其中"的发展路径,在培养教育人才、推进学术发展的速度方面是存在一定的局限性。我们现在以科学姿态来研究中国管理学,有利于克服传统研究的局限,促进中国式管理理论的深入发展。

（二）中国管理学的实践价值

中国管理学具有重要的实践意义，主要体现在以下三个方面。

第一，治国兴邦。治国兴邦是中国管理思想的最高境界，也是中国管理学的最大实践价值。立国、治国、兴国以及邦交问题的研究都是围绕着"富国安邦""民为邦本"展开。在我国，很早就有关于"惠民""富民""裕民"的记载，对富民与富国的问题进行了深入探讨。比如，荀子认为，富国必先富民，民不富，则国不强。正所谓"王者富民，霸者富士，仅存之国富大夫，亡国富筐箧、实府库"。以民为本、保民而王、集分适当、德法兼容等都是我国传统治国思想的精髓。由于教材篇幅有限，在本章中，我们对治国问题不做深入的探讨，更多地研究"治生"和"治身"的问题，也就是企业管理与自我管理的问题。

第二，治理企业。知识经济时代的企业竞争，越来越依赖于作为知识载体的人。改革开放以来，西方管理思想理论与方法纷纷传入中国。然而，中国人的心理行为不同于西方人的心理行为，在某些方面表现出迥异的特质，基于西方人特别是美国人的心理状态的西方管理，能否在中国普遍适用，令人怀疑。中国社会的网络架构、人情面子的行为机理、家族企业经营等有别于西方。中国管理学则基于对中国社会和人的深入理解，构建适合于中国人心理行为的管理模式，将对中国的企业管理具有重要的指导意义。

第三，改造社会。中国正在建设社会主义和谐社会，社会和谐应该包括个体身心的和谐、人与人的和谐、人与家庭的和谐、人与社会的和谐、人与自然的和谐等多个方面。中国管理学不仅研究人的自我修养、自我提升，还研究家族管理、企业网络经营以及商业成功之道，而且研究国家治理，涵盖了各个层面，对建设和谐社会具有积极的意义。

三、中国管理学研究方法的特点

中国管理学的研究方法有自身的特点。

（一）科学主义、人文主义与管理科学研究相结合

科学精神与人文精神是人类在探析对象和发现自己的过程中，形成的两种方法、观念和价值体系。它们是人类寻求生存与发展的产物，在人类知识和智慧的曲折演进中，科学主义与人文主义不断对峙、交融渗透，促成了人类文明成果的生动发展与综合提升。中国管理学主张管理研究要将科学主义与人文主义结合起来。科学主义偏向于"物"的研究，侧重对外在对象的客观描述和分析；人文主义偏向于研究"人"，侧重对人的主观感受和体验的阐释。两者对人类的认知同等重要，不能只持一端任由发展，而应该取长补短，发挥各自的优势。因此，要想获得对管理世界的深入而全面的认知，就必须使人类观察世界的这一双"眼睛"相互配合不断进步，必将更好地体现管理的科学性与艺术性协调统一的特点。

（二）古今中外相结合

中国管理学特别注重古今中外的结合。中国古代典籍中蕴含着丰富的管理智慧，如何从中发掘和提取，并结合现代管理实践加以创造性的诠释，做到"古为今用"，是中国管理学研究中需要完成的重要工作。这其中较普遍地使用文献整理法、归纳法、解释学等具体方法。

中国管理学还特别强调比较研究。中国与美国等西方国家对管理的研究,由于国情的差异,其研究取向、研究结果会存在较大的不同。传统的东西方管理学研究各自具有不同的优势和劣势。比如,西方管理学重理性、重法制、重科学、重分析,不注重伦理道德的修养,也不注重人与人、人与社会、人与自然关系的和谐;而中国管理研究则重伦理、重感性、重综合、重和谐。其实,东西方管理在任何一个方面走向极致都不可取。历史上,商鞅和韩非等人曾经根本否定道德对人的管理的制约作用,韩非甚至把所有人与人之间的关系,都归结为利害关系,只相信赏罚政策的作用。因此,他们主张应该依靠法制进行管理而不能依靠道德。其结果是,他们辅佐的秦国逐渐强大,并在统一中国之后,实施严政酷律,无视社会道德对管理的积极作用,最终导致了秦国的迅速瓦解。可是,如果片面排斥科学、排斥理性,不尊重客观规律,不但国家实力得不到提高,甚至会损害经济的增长和发展。因此,恰当的做法是必须首先立足中国国情,发掘出适应于本国的传统和行为规范,从中整理出规律性的原则与方法,并通过严格的验证,形成自己的研究成果。然后,发现中西方管理相通之处,鉴别出西方管理中适合于中国国情的部分,并吸收进来以实现"洋为中用"。

(三)管理研究与心理健康研究相结合

中国人心理状态与西方国家有所不同,相对来讲比较容易产生情绪波动,从而对人际关系的和谐和对工作的开展产生不良的影响。因此从管理心理学的角度来看,中国式管理注重人的心理健康问题,管理能使人安心,对增进工作效率是大有裨益的。人由于需要而产生动机,动机的产生便于引导人的行为指向目标。但这种行为由于受到各自条件的制约,并非任何时候都能达到目标。人们在遇到挫折时,一方面固然可以促使人们提高解决问题的能力,也能引导人们以更好的方法满足需要;但另一方面挫折太大可能使人们的行为出现偏差、心理痛苦、情绪波动,甚至引发疾病。这便产生了人的心理健康教育的需要,以便帮助人们消除心理上的障碍,使受压抑的情感得到释放。但是仅靠心理的疏导是不能完全解决问题的,还要和正确的是非观、人生价值观的培养结合起来。提倡高尚的道德理想,对责任感、义务感、事业感、自尊感、集体主义情感、爱国主义情感等的教育,将有利于提高战胜挫折的信心和忍受挫折的能力,并能在工作中发挥主观能动性。这方面的具体方法和手段,也正是中国管理学所需要研究和总结的。

四、中国管理思想与实践的现代化特征

改革开放以来,中国管理学不仅吸收了国外现代管理理论的合理部分,又吸收提炼了中国古代思想家的管理思想和中国优秀管理实践家的成功经验,相对于中国古代和中国改革开放之前的管理而言,具有本土特点和重要的现代意义。中国管理思想与实践的进步,促进了中国管理学的现代化,体现在管理思想的现代化、管理组织的现代化、管理手段的现代化、管理人才的现代化等五个方面的特征。

管理思想的现代化包括管理思想的高效化、科学化、民主化和系统化等四个方面。从管理思想的高效化的角度来看,中国管理强调从人的方面入手,充分发挥人的创造性和积极性是提高管理效率的基础。既从生产率的角度(也就是从投入与产出的角度衡量管理的效率),也从组织成员的凝聚力、组织与社会的协调程度等方面来考察管理的具体效果。从管理思想的科学化

的角度来看,中国管理经过长期实践与研究,已经吸收了现代经济学、社会学、心理学、数学、物理学以及众多技术科学的研究成果,以解决当代管理中的问题。科技的发展是要为人服务的,以人为本才是管理科学化的目的。从管理思想的民主化的角度来看,民主化思想是以人为本思想在管理思想发展历程中的又一体现,积极参与组织的管理和建立民主化制度等要求充分反映了当代被管理者参与意识的觉醒,也为越来越多的管理者所重视。从管理思想的系统化的角度来看,中国管理自古以来就非常擅长从整体的综合的视角分析问题,早在《易经》的六十四卦中就有体现,各个卦之间的相互衔接与配合,反映论系统的整体性与层次性等特征,到现代仍然值得借鉴。

管理组织的现代化价值包括企业法人化、组织设计现代化、组织经营市场化等方面。当今社会的组织结构与形式在不断发展,企业制度经历了从业主制到合伙制再到公司制度的发展历程,使得现代企业管理可以由管理专才打理,提高了资源配置效率;同时,企业的法人化也保证了公司在一系列法律规范下经营,减少机会主义行为。由于组织形式不断完善,组织管理理论与技术也趋向科学化与现代化。金字塔型的组织结构,正逐渐向网络型的组织结构转化,单一决策中心开始向多决策中心转化,学习型组织、虚拟组织、超级事业部制、多维制等新型组织形式层出不穷。组织与市场的联系越来越紧密,与社会的分工协作关系也日趋和谐。

管理手段的现代化,是指运用现代的经济、行政、法律、技术、思想教育等一系列手段进行管理活动。经济手段是根据客观的经济规律,发挥市场机制的作用,运用价格、信贷、报酬和合同等各种物质利益调节人们的经济关系,最大限度地满足人的需要,从而调动人的积极性和创造性。经济手段的运用常常和思想教育等精神建设方式相结合。行政手段是利用行政系统指挥下属工作的管理方式,其实质是利用行政职务进行管理。行政手段运用的效果如何,常常与管理者的素质有关,管理者必须坚持以德为先、修己安人的思想理念,加强服务意识。

法律手段是通过法律、法规和司法、仲裁等形式调节人与人之间经济管理活动的管理方式,在管理实践中运用法律手段来解决问题时,通常需要考虑与社会和经济发展的协调性,才不至于使得运用此手段而导致僵化。技术手段的运用是利用现代社会化大生产技术,尤其是信息网络技术,协助和代替人们进行生产、服务和控制,从而推动管理的变革和进步。思想教育的手段是根据一定的目的,通过晓之以理、动之以情以及讨论等,来提高人们的素质,从而提高工作效率的管理方式,其实质是促进人的自我完善和发展的有计划的活动。

管理方法的现代化,是指组织选用一系列与其相适应的现代管理方法,例如现代化的经营决策方法、计划管理方法、物流管理方法、人力资源管理方法、理财方法等。随着经济学、计算机科学等学科知识的大量引入,新的管理方法正在大量地涌现。博弈论和运筹学的采用提升了管理者的决策能力和水平;库存管理和适时制的采用,极大地减少了企业库存,节约了产品成本;柔性制造系统的建立实现了生产过程的高度自动化与灵活性;知识经济时代,知识资本正在成为企业的重要资源,因而诞生了一系列现代知识管理方法。

管理人才的现代化是实现管理现代化的关键,人才是管理中最为重要的资源。中国管理的现代化归根到底是人的现代化。现代管理活动的迅速发展对人才的知识结构、实践能力以及综合素质提出了越来越高的要求。组织成员要走专业化的道路,管理者不仅应该具备相关的专业知识,还必须具备管理的专门知识和领导艺术。现代化的管理人才应该具备指挥才能、执行才能、参谋才能、监督才能和国际交流才能等基本素质。通过人才职业化政策的建设,为现代管理人才的现代化提供制度环境保障,实现内部环境规范化、外部环境法制化、人才素质职业化、人才信用体系化和人才配置市场化。

第二节 中国管理学的理论基础

中国管理学并非凭空发展起来的,而是在几千年悠久管理思想的基础上,融合并进行现代化之后形成的。在历史长河中,曾经涌现出无数杰出的管理人才与先进管理思想,至今值得我们去探讨和学习。中国管理学的理论基础,可以追溯到先秦时期的中国古代管理哲学思想,我国主要的学术思想都起源于这个时期,这个时期的管理具有代表性的理论主要有易经思想、儒家思想、道家思想、法家思想、兵家思想。传统文化经过选择和再阐述,与西方优秀思想融合后,能够成功地进行现代转型,可以成为中国管理的精神资源。(这里强调使用"先秦"时期的中国管理哲学思想,会比较纯粹一些。摒弃从汉朝以后,封建统治者为了加强统治的需要,而对先秦经典进行歪曲的令人误解的内容)。

一、中国管理哲学思想

(一)《易经》思想

《易经》被誉为"群经之首",是中国古代哲学最重要的经典,它是一个理想管理系统的基础。《易经》哲学将宇宙看成是动态的整体,提出的宇宙论与辩证法、感应价值论、预测与决策论等,给管理提供了有益的启示。

1. 宇宙论与辩证法

宇宙是一个整体,是动态开放的,又是各个部分相互联系贯通的。所谓"动态的整体",是指宇宙事物之间有密切的互动和影响,每个事物都有一定背景与网络。事物的发展以和谐与平衡为目标,具有从根源点出发,发展创造,又回到根源点,再次发展的循环往复的特点。宇宙的整体性,要从阴阳两极的对立统一中去认识,就是易经哲学的"二极一体"的整体宇宙观,体现出一种辩证的逻辑。天道有阴阳,地道有刚柔,人道有仁义。人类社会里,君为阳臣为阴,君子为阳小人为阴。宇宙是由相互对立而统一的阴、阳所组成。爻有阴阳、卦有阴阳,都是对客观世界中阴阳的描述与反映。从一分为二到合二为一,从对立相反到互补互化,再产生新的事物,经历五个过程,即从整体化、两极化、多极化、互补化、再到整体化。这五个过程也是一般管理需要经历的组织更新、市场发展、生产活动、人事调理、规划决策的过程。

2. 感应价值论

事物在发展过程中,有的能够充分发挥其内在创造力,而有的却不能;有的关系是和谐的而有的不是,并且存在冲突。这就产生了一个好坏与吉凶的问题,也就是价值论的问题。《易经》的价值论是一种主客互动、相互决定的感应价值论。人希望趋利避害,进德修业,把握自己的生命;而这些都是通过作为主体自我的人,与天地万物之间的感应体现出来的。这种感应价值论具体体现在三个方面:功利价值(趋利避害)、道德价值(进德修业)和本体价值(把握生命本体)。由此可以看出,《易经》蕴含了阴阳平衡的人本管理思想。现代企业是经济组织同时也是由人组成的协作系统。企业的内外部人际关系对实现组织目标,具有重要意义。

3. 预测与决策论

《易经》具有占卜的功能，但它的价值主要在于揭示宇宙万物的本相，帮助人们了解世界把握未来。因此，并不是它本身有什么神秘的力量帮助我们揣测未来，而是有其内在的哲学理由和根据，否则就变成封建迷信了。现代的预测是基于科学的定理，对自然现象的预测准确率相当高，但是也存在"测不准"的情况（在现代物理学中就有所谓测不准定律）；对社会现象的预测其测不准的情况更多。占卜可以在没有确定知识的条件下，不断自我审定和修正，让人们去把握事物发展的方向和格局，从而站在理性的立场，把握事物的机缘，发挥人的主动性（而不是被动等待命运的安排），积极做出决策，从而推动事物的发展。在21世纪全球化的背景下，管理的内外部环境经常发生变化，应该发挥《易经》的智慧，从中外一切现代管理中吸取有益于我国的管理成分，为提高我国管理水平而服务。

（二）儒家思想

儒家思想最重要的来源是周朝之前的文物典章制度，这表明从一开始儒家思想就与管理结下了不解之缘。先秦儒家以"治国平天下"为己任，其基本精神是以"人"为中心，讲为政以德和正己正人，在管理的载体、手段以及途径方面提出了其独到的见解。

以人作为管理的载体。儒家哲学的核心概念是仁。"仁，亲也，从人从二。"仁字是"二人"的复合字。这表明儒家哲学把人以及人际关系作为理论的出发点，同时也是其管理哲学理论的出发点。孔子说"故为政在人，取人以身，修身以道，修道以仁。仁者人也，亲亲为大"。可见孔子把人（包括管理者和被管理者）作为管理的载体，管理的本质是治人，管理的前提是人性，管理的方式是人治，管理的关键是择人，管理的组织原则是人伦，管理的最终目的是安人。总之，一切都离不开人。

以道德教化作为管理的手段。儒家主张以道德教化的手段感化百姓，从而实现治理的目的。孔子说："道之以政，齐之以刑，民免而无耻；道之以德，齐之以礼，有耻且格。"用道德教化感动人心比一味惩罚能获得更好的效果。同时儒家并不否认法治的作用，而是主张软硬手段交替使用以安定社会秩序。儒家在使用法律手段的同时仍然不忘同时配以道德手段。"仁"与"礼"的原则，蕴含着合作秩序，可以成为现代商业社会文明的基础。

以修己作为管理的途径。儒家所讲的为政以德，同时包含了管理者自身的德行提升。管理者要从自我做起，注意个人道德修养。修身、齐家、治国、平天下，是从自我管理开始，再到家庭管理，层层推进到国家和社会的管理。孔子认为只有先管理好自己，才能管理好别人："其身正，不令而行；其身不正，虽令不从。"只有首先管理好自己才能管理好国家："修己以敬""修己安人""修己以安百姓"。中国式管理就是修己安人的历程。

（三）道家思想

道家创始人老子曾为"周守藏室之史"，后来从当时的统治阶层中退出，但他并非一个消极出世的人。老子的《道德经》中有大量关于"治国""治人"的论述，对国家政治与社会管理进行了积极的哲学反思。道家管理哲学的基本精神是以"道"为中心，主张"道法自然""无为而治""弱者道之用"。在管理规律、管理方式和管理艺术方面具有了独特的见解。

1. 道法自然的管理规律

老子提出道法自然，其中"道"指的是人类社会运行的客观规律。人法地，地法天，天法道，道法自然,这个循序渐进的过程,可以理解为人法自然。也就是人必须遵照自然规律来办事,从管理的角度来讲,就是要求管理者必须按照管理的客观规律,一切顺其自然才能获得良好的效果。

2. 无为而治的管理方式

既然管理要按照规律来办事,而"道常无为",所以管理者应该"处无为之事,行不言之教"。"无为"的本意是反对统治者的胡作非为,不能对人民剥削太甚。但"无为"并非是要管理者不作为不履行管理职责,而是"为无为",行"无为之为"。所谓治大国,若烹小鲜,鱼还是要吃的,但是煎鱼的时候不要胡乱翻动,否则只能吃烂鱼;国家是需要治理的,但是治理国家不可以胡作非为,否则会把国家搞糟。用无为的手段达到有为的目的,是老子无为思想的精髓。由此,老子讲管理者分成四等:最好的管理者,人民根本感觉不到他们的存在;次一等的,人民亲近并赞美他;再次一等的,人民畏惧他;最糟糕的,人民轻侮他,瞧不起他。因此,老子主张顺其自然不过多干预的比较宽松的管理方式。无为而治也是现代管理追求的最高境界。

3. 守弱的管理艺术

老子指出"弱者道之用"。老子认为事物的发展具有对立统一和相互转化的规律。弱与强,柔与刚,也是可以相互转化的,"弱之胜强,柔之胜刚",由此老子指出"弱"是"道"的根本属性,"守弱"才是符合道的最妙手段,充分体现了老子管理辩证法的精妙。"弱用"的管理艺术可归纳为十种:静观待变、守弱用柔、知盈处虚、居上谦下、不争之争、见微知著、欲取先予、以曲求全、藏而不露、知足常乐。

(四)法家思想

先秦法家代表人物都是当时诸侯国的当权者,既是管理活动家又是管理理论家。法家之集大成者韩非的思想被秦王接受成为统一中国的理论武器。法家是同现实管理活动结合得十分紧密的学派。法家管理哲学以"法"为中心,讲究"法、术、势"相结合,在管理制度、管理技巧、管理权威方面具有独特的见解。

1. 管理制度

在执法方面,主张法治反对人治。韩非认为历史上的暴君和贤君都是极少见的,绝大多数君子是只具有中等管理水平的"中人",如果实行法治,靠这些"中人"就能够把国家管理好,如果实行人治,则要"千世一出"的圣贤才行,这显然是不现实的。即使由圣贤来管理国家,也不可能离开法律制度,没有一定之规,一切圣贤明君都无能为力,这就需要推行法治。当然,就立法而言,法家以君子为中心推行人治。

2. 管理技巧

法家所说的"术",十分复杂。韩非提出"七术",涉及君主驾驭臣下的技巧,有管理的技术和艺术,更有管理的权术。其中的管理权术虽在道德上不可取,但在实际管理活动中,却被历代封建君主使用。法家管理技巧中所包含的用人制度与方法,从组织机构的设立,职权的设置,到人员的选拔授权与监督等管理技术,对一般的管理活动来说都普遍适用。

3. 管理的权威

韩非认为帝王实施其统治的关键在有"势"。他指出"势者,胜众之资也"。势可分为自然之势和人为之势。前者指在既定条件下管理者对权力的运用,后者指管理者创造条件强化自身权威。韩非更注重后者,特别强调管理者充分发挥主观能动性以保证管理措施的成功实施。

（五）兵家思想

兵家的活动领域主要在军事。战争是政治的延续，军事管理也是政治管理的延续，同时也是人类社会管理的一个组成部分。军事组织是最具有效率性的组织，战争是最具有竞争性的活动，其基本原则对其他类型的社会组织和管理活动具有一定程度的可适用性。现代人也有人把商场比作战场。这表明了，军事管理同一般管理具有一定的相似性。以孙子为代表的中国兵家思想十分丰富，它以谋略为中心，讲"谋攻庙算"，讲"因变制胜"，讲"令文齐武"，对管理的战略、策略、方式均有事实上的启发作用。

1. 对于管理的战略

古人在出战前一定要在宗庙祠堂里祭祀筹划，对战争全局进行规划与指导，即所谓"运筹帷幄之中，决胜千里之外"。具体谋划的内容包括："一曰道，二曰天，三曰地，四曰将，五曰法……曰，主孰有道？将孰有能？天地孰得？法令孰行？兵众孰强？士卒孰练？赏罚孰明？吾以此知胜负矣。"孙子强调，优秀的战争指挥员应该靠计谋取胜，"故上兵伐谋，其次伐交，其次伐兵，下政攻城"；"故曰：知己知彼，百战不殆；不知彼而知己，一胜一负；不知彼，不知己，每战必殆。"这些重视战略筹划的思想，对管理人员同样具有重要的启迪作用。

2. 管理的策略

孙子指出："水因地而制流，兵因敌而制胜。故兵无常势，水无常形；能因敌而制胜者，谓之神。"这种"因变制胜"的策略思想，对于一般管理，特别是对于经济管理和企业管理来说，是有参考价值的。现代出版了不少如《商用孙子兵法》《孙子兵法与企业管理战略》《三十六计与管理》之类的书籍，受到经济界和企业界的普遍欢迎，就是一个证明。

3. 管理的方式

孙子提出了分级管理，即"凡治众如治寡，分数是也。"要使管理多数人像管理少数人一样，就要依靠组织和编制的作用。如何形成富有战斗力的组织呢？孙子又提出"令文齐武"的原则，就是用思想教育的手段，对部属晓之以理，动之以情；用制度控制的方法，严明纪律和法度，做到首尾一致，令行禁止。这一套原则对现代管理在一定程度上也适用。

二、中西方管理哲学的比较与融合

现在从与西方管理哲学相比较的角度出发，揭示出中西方管理哲学的特点，并加强对中西方管理学理论基础的理解。管理哲学是一定历史时代和社会发展的产物，各国在其各自的自然环境和社会环境条件下确立了与本国国情相适应的管理哲学，并形成自身的管理哲学优势，这体现了管理哲学民族性的特点，并且具有融合的趋势。

古代西方强调伦理和政治，这与古代中国儒学有一致的地方。古希腊时代重视伦理学与政治哲学，儒家也是从伦理学走向政治哲学。但是后来各自的发展方式不同，这是因为文化环境不一样，对人性的了解也有差异。中国人强调天人相通，要了解宇宙，要从宇宙里面感受到人的价值，又能够实现人的价值。实现人的价值就是修己安人，亲亲而仁民、爱民、惠民。希腊的政治哲学强调社会法律秩序的建立，个人理性思维的发展以及人民良好习惯的维护。西方文明相当重视理性的社会性。

到了近代，西方哲学从神学里解放出来，走向理性主义。政治方面导向民主国家的建立，经济方面则体现在亚当·斯密在个人自利动机的基础上建立了自由竞争的市场经济机制。其实，从心理学的角度也可以看到，人人都为了自己，而必须面临相互的竞争，在合理的基础上竞争当然是有好的一方面，但另一方面却导致了贫富对立。相较而言，中国主张和谐，不太强调竞争，所以在文化上基本维持着一种伦理的导向。中国的管理哲学以伦理为基础，西方的管理哲学是以经济为基础的，自亚当·斯密之后，这两者具有明显的差别。以经济竞争为基调，加上理性主义要求建立的社会民主秩序，加上民族国家的发展，这就形成了一个以强烈的竞争精神为主题，以资本主义为内涵的现代西方国际社会。表现在管理当中，信奉"个人中心主义"，强调：人应当追求自身价值与幸福；注重业绩考核与制度管理；用模型化和定量化解决问题。中国人讲求和谐，强调德行，强调每个人都要关心他人，尊重他人，己所不欲，勿施于人，而且要推己及人，于是万邦协和、世界大同、天下为公，这是中国管理哲学的终极目标，而非永远竞争、斗争下去。所以管理哲学从以上的分析来讲，中西方是有差别的，这与中西的文化环境有关系。

当代中西方相互学习，具有殊途同归的趋势。西方把自由当作最高的理想，因而自由、民主、人权已经成为西方管理哲学中的核心价值。然而中国哲学与文化深处并不否定这些核心价值，东西方有不同的价值观念，但通过彼此交流学习之后，最终将走向相互融合，殊途同归。进入21世纪，由于环境在快速变化，强调制度与量化精确的西方人，逐渐意识到中国应对变化的能力是值得借鉴的。在企业管理方面，也更加重视中国的国情。西方人要向中国学习和谐的重要性，我们也要学习西方科学与自由的重要性，我们要共同接受的是正义的重要性。所以中国的核心价值观同时强调自由、正义与和谐。

【案例 9-1】

华为的变革

华为集团总裁任正非著名的"三化"理论："先僵化"接受，"再固化"运用，"后优化"改良是这一分析的注脚。1997年，华为在引进IPD（集成产品开发）技术时，为了保证能够将国际先进的管理体系不走样地移植过来，华为集团总裁任正非下了死令："5年之内不许任何改良，不允许适应中国特色，即使不合理也不许动。5年之后把人家的系统用惯了，我可以授权进行局部的改动。至于结构性改动，那是10年之后的事情。"1998年8月，任正非请来50位IBM顾问在华为连续工作5年，进行变革。按人均顾问费20万美元计算，仅顾问费这一项华为就支付了5000万美元，内部人员估计，整个变革项目费用不低于10亿元，并且这期间还经历了2002年营业收入下滑的"华为的冬天"。任正非说创新一定要在理解的基础上进行，一定要有良好的流程、制度、系统，把整个管理规范起来。2002年年初，华为对所有总监级别以上的高层进行了几天的封闭式培训，内容包括传统的东方文化与哲学思想，如"易经与思维方式""老庄的智慧"等，也包括"回到轴心时代"等西方哲学思想。之所以把东西方哲学思想放在一起学习，是因为企业文化变革必须以民族文化为基础，逐步去除与优秀商业文化完全不相容的部分，最终形成既保持有本民族的特点，又能包容文化差异的开放性企业文化体系。"全盘西化"是从一个极端走向另外一个极端。在实践中探索中西文化有机融合，才是企业变革的最佳方向。

资料来源：吴建国、冀勇庆著《华为的世界》，中信出版社，2006年版。

第三节　中国式管理精要

一、中国式管理的意义是修己安人

梁启超认为,儒家的学问博大精深,其精华可用《论语》中修己安人的观点来概括,也就是《庄子》中所说的"内圣外王",修己的功夫做到极致就是内圣,安人做到极致就是外王。管理自始至终是修己安人的历程。儒家著作《大学》中说:"古之欲明明德于天下者,先治其国;欲治其国者,先齐其家;欲齐其家者,先修其身;欲修其身者,先正其心;欲正其心者,先诚其意;欲诚其意者,先致其知;致知在格物;物格而后知至;知至而后意诚;意诚而后心正;心正而后身修;身修而后家齐;家齐而后国治;国治而后天下平。自天子以至于庶人,壹是皆以修身为本。"格物、致知、诚意、正心、修身,是内在的德与智的修养,是"明明德"的功夫,是开展管理起点的第一纲领。齐家、治国、平天下,是第二纲领"亲民"的发扬。秉持光明正大的理念,执经达权,以永不停滞的精神,适时调整,使得整个八条目每一个阶段都做得恰到好处,就到达第三纲领"止于至善"的境界。

无论是管理者还是被管理者都需要首先修己。上司修己,然后让员工安心;员工修己,让上司放心。修己安人不仅是中国传统管理的智慧,同时也是现代中国式管理的意义所在。

(一) 修己

管理和修养好自己叫作修己,德智兼修,以德为主。《大学》中的八条目:格物、致知、诚意、正心、修身、齐家、治国、平天下。其中前面五个条目,是修己的内容。格物的"格"字,是彻底研究清楚,格物就是彻底研究清楚事物的规律。现代管理者要研究管理科学的计划、组织、领导、控制、人事、协调等规律,要通过格物获得系统的学问,然后研究自然科学、人文社会、伦理道德的学问,做到融会贯通,知识无所不极尽,就是"致知"。道德不是一个空洞的概念,对于管理来说,如果管理者对管理知识和管理规律缺乏必要的认知,不能胜任管理,空有所谓的道德人品,是不能令人信服的。在现代知识爆炸的时代,管理者自知所识有限,始终不敢自以为是,因而意念真实无妄,希望能够将自己的知识和智慧推广开去,而不至于有偏差,这就是"诚意"。意念真实不欺人,也不自欺,那么主宰一身的心自然端正,做事情就不会违反规矩(礼),身就修好了。真正可以"所系正大",就可以尽管理者的职责了。

(二) 安人

安人是对管理的一种概括性的描述,使得组织成员安,才能得到成员的忠诚与能干。马斯洛的五个需要层次,可以用孔子所说的安人来进行概括。安人的内容包括"安定"与"进步"两大方面,没有安定与进步的表面上的安,并不可取。"安定"包括"责任"与"安全"两个方面,"进步"包括"利润"和"绩效"。成员不尽责任,甚至连安全都没有,就无法安;没有利润无法安,绩效不佳也不安。在安人的大前提下,追求利润和绩效才不会造成不安。管理者以安人为最终目的,一切分目标都包括在内。人需要安定与进步,"安"也是人生追求的目标。

中国式管理现代化的目的,仍然是安人。在组织管理中,管理者如何才能安人?根据中国人的性格和现代环境,以下的几个方法可以作为参考。

第一,真诚的服务,合理的待遇。管理者扮演服务人的角色,必须出于真诚,如果只是口头上讲得动听,内心毫无诚意,便很快被识破。所以服务要真诚,才能引起员工良好的反应,员工安人,管理者放心,彼此相安,组织才能安。待遇太低大家都不安,太高容易引起同行怀疑和指责,也不能安。

第二,合适的工作,相对的稳定。工作胜任,大家愉快工作自然能够安。如果工作太多、太难或任务太重,容易使人产生畏惧。但是工作太少、过分简单也会带来单调乏味,产生不安。同时工作有相对稳定的保障,不能动不动就解雇或存心排挤。

第三,相当的尊重,适时升迁。中国人特别爱面子,如果让人丢面子,则令人不安。但是如果对道德败坏的人,则不能姑息通融,否则会造成组织成员的不安。对下属该升的升,不该升的不升,那么大家自然能够安心。

第四,创业辅助。对特别有才能又有强烈创业意愿的员工,给以适当的辅助,个人和组织才能都安。安人的标准要合理。修己、安人,都应该止于至善,到达合理的程度,无过也无不及。管理必须要有制度,然后根据情况进行调整以求达到合理,符合人的合理需求,所以无论制度化还是人性化,都要合理化。

安人的范围,也就是管理范围,分为家、国、天下。范围越大,实现起来难度也越大。家的管理包括管理好家庭、家族、家乡。齐家在古代还包括成家和立业。在现代工商社会,立业常常与企业管理有关,人们或创业或求职进入企业。治国需要行政管理,平天下需要教育管理。

现代中国式管理的意义如图 9-1 所示。

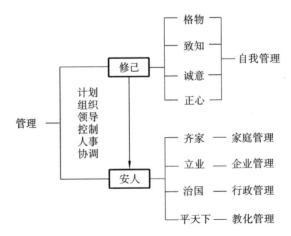

图 9-1　现代中国式管理的意义①

---

①　引自曾仕强著《管理大道——中国管理哲学的现代化应用》,北京大学出版社,2004 年版。在意义不变的情况下,为了适应现代管理职能的表达习惯,对原图中的管理职能稍作调整。原图中的管理职能为:训练、控制、领导、组织、计划。

二、中国式管理的人性假设——伦理人

从管理的角度来研究人性,是为了探索人的行为规律,并根据规律进行管理。中国的道德哲学是中国式管理的重要基础,把仁、义、礼、智、信等道德标准诉诸人心,因此,中国式管理具有伦理性的特点,以特定的价值准则为依据,人的行为都用这些准则来衡量,当人的行为与准则趋于一致时,人们感到安心。把对人性的研究纳入道德形而上学的体系中去,使得中国式管理具有伦理管理的特点。因而提出中国人是"伦理人"的人性假设,也就是对人的管理要符合伦理道德。①

中国管理的人性理论倾向于对人性的塑造,从伦理道德的角度来看待人性的善恶。孔子对人性持性纯可塑论的观点,虽然对人性是善还是恶孔子并未提及,但他认为,"性相近也,习相远也"。也就是人的人性是可以改变的,人生下来如同一张白纸,可以通过仁义教化陶冶人性,使人从善,孔子认为这是管理者(作君作师者)的根本任务。孟子主张"人性善",抓住人的社会属性做文章,认为把人性中的仁、义、礼、智的萌芽加以扩充与发扬,就可以化民而天下大治。至于有的人行为不善,是由于他受到外界诱惑,不努力去探求和发挥自己的善性造成的。荀子的"人性恶",认为人的自然属性是恶的,如果听之任之则天下大乱,所以管理者应该积极引导人向善。由此可见环境对人的重要性。孔子创立仁义之道,把它作为塑造人性的理想模型。他针对的是一般人(中人),"唯上智与下愚不移",上智、下愚的人,是不为教育和环境改变的,但是这两种极端的人,为数极少。我们关注的是中等人,他们容易受到后天的影响,有的向善,有的向恶。美国哲学家杜威也在其《人性会改变吗?》一文中指出,要研究在何种条件下,人性是如何改变的。

既然人性是可以塑造的,那么无论是管理者还是被管理者,都应该自觉加强道德修养。这样打破了人的等级限制,使所有人都要接受良心的审视。人与人之间在人格上平等相待。对于管理者来说,应该扮演"服务人"的角色,而被管理者应该扮演"感应人"的角色。管理者通过修己,去感化被管理者;而被管理者也应该通过修己,去回应管理者。这样,就是孔子强调的内在的压力,胜过外在约束。因此在管理中建立制度是需要的,但是更重要的是管理者与被管理者的感应,管理者通过格物、致知、诚意、正心、修身与被管理者的良好感应,就能够产生管理的效力。

伦理人的人性假设不亚于西方的人性假设。目前,我国管理学教材的人性假设的理论来自西方,例如经济人理论、社会人理论、自我实现人、X理论和Y理论、复杂人理论,等等。这些假设侧重于从被管理者的外部行为来考察人性,得出人的本质假设,并在此假设的基础上,管理者针对被管理者的人性,对组织实行管理。可见,西方对人性的研究主要是研究被管理者的人性,西方现代管理着眼于对被管理者的人性的适应,而管理者自身应该怎样,并不是西方人性理论研究的重点。

---

① 本文采用的人性假设,引自曾仕强著《管理大道——中国管理哲学的现代化应用》,北京大学出版社,2004年版。

伦理人的人性假设并不排斥西方的人性假设，而是认为诸如经济人等人性假设的存在，各具有一定的合理性，但伦理人假设更适合中国国情和中国人的特点。比如，对利益的观点，孔子认为应该是义以生利。孔子所说的"君子喻于义，小人喻于利"，并非是将义和利对立起来，而是对当时社会的客观描述，并且对社会的管理者与被管理者提出不同的要求。所谓"君子喻于义"，是对已经获得物质利益的统治者提出更高的道德要求（具有经济人假设和伦理人假设的含义）。所谓"小人喻于利"，是强调应该先满足被统治者的基本物质要求，然后对他们进行必要的精神指导，才可能有效（也具有了经济人假设和伦理人假设的含义）。孔子的义、利合一观，体现在管理活动当中就是"以义生利"。《左传·成公二年》中记载孔子说过："礼以行义，义以生利，利以平民，政之大节也"。管理者的责任是要循礼行义，通过行义，创造出物质利益来满足人民的需要，这正是为政真谛。可见，义以生利是孔子乃至经典儒家义利观点的核心。

三、中国式管理的最佳原则是"情、理、法"

"情、理、法"是我国传统管理的最高原则，是"仁、义、礼"的通俗说法。管理由情入理，务必求得合理合法。在现代社会这一原则表现为管理的人性化、合理化、制度化。

（一）以"情"为引导

"情"是仁心的自然流露。中国文化特质之一就是"情"，心安理得的情。孔子主张德治，就是用情来感化。中国人对情的重视不局限于家庭成员和朋友之间，在工作中也考虑情的因素，比如中国人爱面子，在沟通时要注意先稳定对方的情绪。但是情有好坏，近代以来出现了"怕情"的现象，认为"人情味"和"同情心"是管理混乱的根源，应该去除，甚至"绝情"。事实上，拉关系走后门的所谓"情"，是不正当的社会风气，应该杜绝。管理者对情的运用，应该是"发乎情而止乎礼"，情是要符合道理的，不能违反制度规矩。"情"是仁心的自然流露，组织成员之间真诚的关心，有利于组织开展工作，也就是现代管理的人性化。

（二）以"理"为中心

"理"是合理化，即是"义"，也就是"宜"。孔子说："无可无不可"。任何管理措施用得适宜恰当，便可；如果失宜，则不可。管理没有"万灵丹"，需要随时随地进行调整，到底要怎样调整要靠义（理）来衡量。因此秉持中道精神，做到光明正大（中正）、和谐协调（中和）、不偏不倚（中庸）、积极进取（中行）、适时调整（中时），才能持经达权，达到管理合理化的地步。

（三）以"法"为基础

"法"属于"礼"的范畴，"礼"是典章制度、行为规范以及约定俗成，是每一个人扮演好自身的角色。礼治就是现代的制度化管理，可以包括法治，但法治不能包括礼治。西方社会控制人的行为主要靠法律，礼是辅助的居于次要地位。中国当然也要守法，但就管理而言，礼居于主导地位。组织的规章制度是成员必须共同遵守的"法"。但是，当环境发生变化使得制度需要进行调整时,就要求管理者从仁心出发,公正合理地对制度进行调整,以避免出现制度僵化。这个过程要做到合情合理。

四、中国式管理的基本方法是经权法

由于内外部环境会发生变化,所以管理的内容十分复杂。西方管理的权变理论指出,世界上没有任何管理能够适合全部的情况,管理应该根据条件的变化而适当调整。中国式管理要"守正持经、权宜应变"。"经",就是不变的"常","权"就是"变"。"执经"就是坚持管理的基本原则不动摇,"达权"就是通晓变化的道理。这就是中国式管理的基本方法——经权法。

经权法来自《易经》,"易"字表面意思是变,实际上包含了"变易"与"不易"两种可能。"不易"并非不变,而是"变易"中有"不易",变化当中有不变的原则。管理的最终目的在于安人,这是不变的常道,时代会变迁,安人的具体办法可以变。遵守制度的精神(法的精神)不能变,订立义理制度是必要的,成员共同遵守,所言所行才能"中"道,也就是合理。应对内外部环境的变化,要唯时适变,使每件事情都"因时制宜"。权变不是乱变,也需要以中道作为原则。具体有三条原则:第一,权不越法,一切权变都要在制度范围之内,当然如果制度本身有问题,也可以修改,但是修改应该依据法的精神进行;第二,权不损人,主要功夫在协调,避免因为权变而造成"几家欢乐几家愁"的局面;第三,权不多用,变化次数太多,严重影响组织的常规运行,容易使成员失去遵守的信心。

经权法既然来自《易经》,就含有"易简"的精神,平易近人的道理容易掌握,简易的方法容易照着实行,即"易则易行,简则易从"。现代管理应该用"易简"的精神,消化吸收一切古今中外管理的精华,例如"伦理、民主、科学",作为中国管理现代化的"经"的重要组成部分,使之为中国的管理实践所用。

现代化的经权法如图9-2所示。

五、中国式管理的最高境界是无为而治

管理是修己安人的历程,管理者需要努力的是"修身以正人",管理者以身作则,以道诲人,就可以无为而治。道家老子主张"为无为,则无不治"。贤明的管理者不发号施令,倡导以无为的态度处理事务,实行"不言"的教导。中国人普遍不喜欢被管,而是爱好自由自在,"日出而作,日入而息,凿井而饮,耕田而食,帝力于我何有哉!"加强自我修养,自己管理好自己,不要别人来管,一直是中国人向往的境界。管理应该符合人性要求,以达到安人的目的。人是不喜欢别人管的,梁启超把"无为"解释为俗语所讲的"不要管他"。

"无为而治"在现代管理中,是不违背管理的规律,让人自动做好工作,是一种"人力自动化"的管理。不要管他,而是"理他"。"理"是孟子所说的"敬",要求我们"有礼者敬人"。《孟子·公孙丑下》中记载"父子主恩,君臣主敬",《孟子·万章下》中说"用上敬下,谓之尊贤",都是希望管理者首先要看得起下属,不要只重视自己的权威,一心想要满足自己的成就欲。管理者的无为,是"看得起下属"的人性表现。看得起下属,就能够引起下属良好的感应,"敬人者,人恒敬

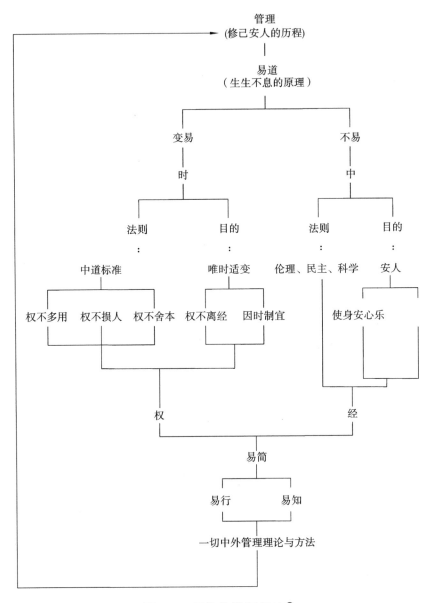

图 9-2　现代化的经权法[①]

之",是礼尚往来的对等原则,看似缥缈,其实有心理学中强大的"预言自我实现法则"的理论支撑。你对他人的预期,往往会在与他人交往中自动实现。如果你一开始就认为下属不值得信任,是一个随时都可能钻空子的投机分子,那么对方往往就可能真的成为这样的人;如果你认为下属是善于合作善解人意的人,那么对方往往会表现出团结合作的行为。对方的行为容易朝着你预设的方向走。管理学的 X 理论和 Y 理论,以及教育学中的皮格马利翁效应(对孩子期望越高,孩子的成就就越大),本质都是预言的自我实现的体现。

---

① 引自曾仕强著《管理大道——中国管理哲学的现代化应用》,北京大学出版,2004 年版。

因此，无为绝不是什么都不做，而是"支持下属放手去做事"，下属的有为，正是管理者的"无不为"。凡是下属能够做好的工作，主管都不应该去做，因为管理是通过组织架构有秩序地进行的。主管一般只在特殊情况下，才不得已地参与下属的工作。管理者不要有立功的心理，而是鼓励和支持下属去做，这样组织成员就有成就感，就越来越愿意勤奋地工作，自动自发地努力完成目标。

第四节 中国式管理的特色

任何管理模式都是根植一定的民族文化之中的，反映了特定的民族社会心理特征，并随着工业化、城市化和现代化的发展而进行调整。20世纪80年代以来，经济全球化、区域经济一体化的加速发展，使得各国之间经贸交流、文化交流日益扩大，各国的管理模式在保持自身特质的同时，互相借鉴和融合的成分也在增加。将中国式管理与日本、美国的管理进行比较，发现我国与国外管理模式的差异以及相互融合的部分，有利于加深对中国式管理的特点与价值的认识。

一、中国式管理与日本式管理的比较

中国和日本同属亚洲国家。日本企业在20世纪七八十年代取得令人惊人的经营绩效，值得我们认真思考和研究日本式管理。日本式管理适应了日本社会的文化传统和民族心理，有效地调动了员工的工作积极性和创造性。其主要的特征包括：集团主义经营、以人为本、终身雇佣制、年功序列工资制、企业内工会、有效地协调竞争、集体决策制度、主银行制度等。日本传统文化受到中国儒家文化的影响，明治维新以后又向西方学习科技和制度管理。日本经济的振兴是中国儒家文化和西方先进技术相结合的产物。近代工业之父涩泽荣一认为，《论语》加算盘，能够使得国家经济兴旺。日本的"东方伦理，西方技术"的管理模式与中国式管理存在很多共性，比如具有相似的传统文化背景，突出人本管理，注重道德感化等，但是两者之间仍然具有如下差异。

（一）在家族观念及其延伸上的差异

中国社会的"家"是以血缘关系为主，包括婚姻关系，强调"血的共同性"，有宗族化和制度化的界限，与之相关的词汇很丰富，比例血系、血亲、宗、族、门、房，等等。日本人将所属共同体为"家"，日本社会里"家"的概念要宽泛一些，包括了一些长期在一起生活但没有血缘关系的人，比如管家、仆人甚至雇工等。由此决定了日本社会至关重要的单位，是以作为"社会性谋生组合的集团"，经济利益摆在十分重要的位置，血缘关系次之。企业主或领导者与下属的关系，类似于家庭中的"亲子关系"，前者为共同体的生存发展以及每个成员的利益负责，后者表现出对团体的无限忠诚。这构成了日本式管理的一项特色：家族式的共同意识，信任而微妙的亲密关系。

中国社会里的家主要是血缘关系的生活体，家庭经济体只是延续谱系血缘关系的工具。中国人和日本人的家族道德观念不同，使得两国的管理模式也存在差异。

第一，在企业的经营理念方面，凡是在"家"中共同工作生活的人，都是家中的成员，职工对组织有强烈的认同感，以厂为家的理念十分普遍；而中国家庭更强调血缘，并据此对人有亲疏远

近的区别,对自己关系网上的"自己人"好好相待,而对"外人"则是另外一种态度,甚至以苛刻的标准去要求他们。华人亲属体系有很强的凝聚力,但是这种内外有别的管理,导致中国组织中容易出现"窝里斗"的现象,当遇到待遇更好的企业时,职工容易离职。

第二,在企业发展方面,日本企业主以企业为本,为了公司可以牺牲家庭,把家族企业化;中国人重视家族延续,把企业视为暂时性和工具性的东西,为家庭谋福利的手段,办企业最终目的是为了家族的兴旺,因此企业主如果没有后代,造成的问题要比公司破产严重得多。

第三,在企业内部管理上,日本企业注重制度和原则,强调各司其职,各尽其责,很少越俎代庖。在决策方面,日本上下级之间虽然有较大的权力距离,但是领导方式不是权威式的,而是全体成员参与的集体决策,任何行动都不是领导独立决定,而是事先必须通知公司每一位成员,达成一致意见之后,才采取行动。员工感到自己得到了公司的认同,从而对公司有很高的忠诚度。中国企业权力过于集中,企业主可以插手任何一个层次的具体事务,造成职责不明确,责权不对称的现象,员工平均主义意识较强,缺乏对领导的敬畏和服从。

第四,在企业产权问题上,日本企业不排除非血缘关系的人进入企业的控制层。在家产继承人的选择上,一般原则是长子继承,但是如果亲生儿子无能,他们宁愿选养子或婿养子,"宁愿把继承权传给外人,也不能传给能力低的亲生儿子"。一般来说,中国的企业主不愿意把控制权和管理权委托给家族之外的人,使得企业难以扩大资本。

【拓展阅读9-1】

养子与婿养子制度

日本家族企业在没有男性继承人的情况下,掌门人就会物色一位有能力的小伙子,把女儿嫁给他,招婿的主要目的是让其继承家业,之后再通过仪式将之正式收养为自己的儿子,成为养子,这种方式被称为婿养子——女婿和养子合二为一。如果家族企业的家长虽然有直系血缘关系男性继承人,但其没有维持家业的能力,这种情况下通常从家族企业里最有前途的高层经理中选拔养子,养子在履行法律收养手续时,将自己原来的姓氏改为新家庭的姓氏,并发誓效忠于新祖先(但多数情况下会类似于前一种形式),养子到了婚龄会与掌门人的女儿结婚成为"婿养子"。养子的选拔方式没有任何歧视性,只以能力为重。

(二)对西方管理方法吸收和运用上的差异

日本在19世纪下半叶,向西方学习时,最初全盘照搬欧美(主要是美国)的管理方法,后来经过日本理性精神的改造,取得了优于欧美管理的效果,并形成了与美国不同的管理特色。有机地消化、吸收国外的管理方法,使之完成日本化的改造。日本大约用了20年时间吸收欧美发达国家半个世纪的成果,同时把西方管理的优势与日本国情相结合,从而比西方管理具有更加坚实的文化基础,为企业推行经营管理现代化做好充分的准备。在人才使用方面,日本推行终身雇佣制,企业注重人才的培养。这是日本管理体制比欧美更长于开发人力资本之处。同时充分发挥民族精神,使管理的现代化深深扎根于日本民族的精神土壤之中,形成了人本管理、团体本位管理等方式。这种管理模式符合组织管理中的"内协外争"原则,从而产生群体效益。

在中国的民国时期,有少量的西方经济与管理的著作被翻译成中文,引入中国。改革开放以后，一部分企业和一部分学者一直没有停止对西方管理文化的追求，从19世纪末泰勒创立的科学管理、20世纪初行为管理，到80年代兴起的企业文化，各种西方管理理论和方法以"大跃进"的方式涌进中国，充斥在中国高等学校里的管理教科书里。这些理论基本上是从国外照搬回来的，一时间"满城说奶酪，言必称哈佛"。在引进先进管理经验的旗号下，许多企业投入了大量的人力物力，在硬件方面取得了很大的进步。但也出现一些问题，例如，一些很好的西方管理思想到中国来，就变了模样。一方面是因为西方的理论未必都能适合中国的国情，另一方面是因为我们并没有真正弄懂西方的现代管理。中国内地企业对西方管理的引进分为三个阶段：囫囵吞枣、消化吸收、创新发展。目前整体上正处于在第二个阶段末期，并且已经有一些创新出现。中国一直有学者探索中国管理学，研究适合中国的管理。1986年，"中国管理研究"和"中国管理通鉴"就作为复旦大学经济管理研究所研究生的主要课程。2006年复旦大学苏东水和贺彭等学者出版了《中国管理学》。海外华人学者也对中国管理研究十分关注。

二、中国式管理与美国式管理的比较

美国式管理的特点。

第一，短期雇佣制。普通雇员在美国企业的停留期平均为2年，即使是经理级管理者，停留在一家企业的平均时间也不过是4年。

第二，迅速评价和升级。由于雇员流动速度快，企业不得不采取迅速评价和升级的办法，雇员为了升迁，只关心自己的工作，无视他人的问题，不能形成有效的协作。

第三，职业发展途径高度专业化。雇员做销售，或会计，或生产，或工程、常常从一而终，很难跳出某一个专业范围。这有利于培养业务专家，但是也制约了人的全面发展。

第四，明确的、形式化的控制方式。定量指标控制方式使人与人之间失去微妙、亲密的关系，难以协调配合。

第五，个人决策与个人负责。个人决策很快，集体协商决策少，但是执行缓慢。

第六，人与人之间是局部关系，相互间的了解仅限于工作范围，这与现代社会不相容。中国改革开放以后，大量引入美国式管理，取得了一些成绩，也发现不少问题，因此，通过比较中美管理模式的差异，科学地进行吸收，显得十分必要。

（一）两者的差异

1. 价值观不同

在一定的社会形态里，往往存在价值判断和行为方式的基本准则，这就是社会的核心价值观。这种价值观将制约、引导和规范社会成员的行为方式。不同社会的管理行为反映出价值观的差异。价值观是管理行为选择模式，是管理的根。价值观对管理行为的影响，主要体现在三个方面：一是管理行为受到价值观的指引；二是人群关系依据价值观的准则；三是管理方法需要价值观的评判。因此，分析中国式管理与美国式管理的差异，首先要分析中国人与美国人的价值观的差异。美国是个人主义价值观，而中国是集体主义价值观。

判断价值观是个人主义还是集体主义，可以从四个方面进行区分：第一，自我观念，是独立的自我还是相互依赖的自我；第二，目标关系，集体目标是达成个体的目标途径，还是相反；第三,是社会约束性力量的来源,是来自个人信念与价值观,还是社会规范;第四,是重视关系和谐,还是重视任务的完成。

一般认为,美国社会是个人主义的价值观。个人主义强调人是价值的主体,相信每个人都有价值,高度重视个人的自我支配、自我发展与自我控制,是以个人为本位的人生哲学。在美国文化中表现为自主动机、自主抉择、尊重他人、尊重隐私和个性自由、个人竞争和个人利益。其中个人利益放在最重要的位置,当个人利益与集体利益面临冲突时,美国社会的个人,可以理直气壮地选择个人利益,而不会受到舆论的谴责。美国社会个体的行为方式与西方经济学中的人假设为理性经济人的理论相一致,即以追求个人利益最大化为自己的行动准则。在美国式管理中,把个人放在首位,对人的尊重表现在个人英雄主义和个人奋斗精神上,通过对个人的尊重,去完成组织目标。美国孩子长到18岁,就要离开父母,自立门户。老人也不愿住在自己儿女宽敞的家里。在美国,学生打工十分普遍。有些学生打工是因为家庭经济状况不好,但相当多的学生打工,则是为了培养自己的自立精神。

中国社会是集体主义的价值观。这种价值观是传统思想的延续。儒家思想框架就是大一统的集体主义原则,是君、臣、民各安其分的统一体。社会的安宁要靠强调集体牺牲个体、克己复礼,最终归于仁义来完成。在儒家文化传统里,人是一个关系的存在,并非是西方个人主义的权利主体,社会是由各种以个人为中心的特殊主义的网络组成的。社会学家费孝通认为,中国传统社会的文化观念、分层结构、生活方式和人际关系是以血缘(或亲缘)为中心,以地缘为基础,由数个不同层面的非制度化关系圈所构成的差序格局。"自我"在差序格局中受到伦理道德的约束,只能存在于与他人的关系亲疏远近中,只能存在于集体之中,并成为其不可分割的一部分,离开集体,就不可能是完整的"自我"。因此,这样的"自我",不同于西方的独立"个体"。中国社会最稳定的关系是血缘关系。孔子从家庭开始,把血缘关系和宗法关系注入他理想的大一统社会。从家庭里的血缘关系首先是"孝",向外延伸为"忠"(君臣关系),横向延伸为"悌"(兄弟关系),夫妇关系由妇人的"节""顺""和"来维系。中国社会强调人的社会属性,强调人的集体主义,这是与传统文化的"中庸"观念相吻合的。因此,中国传统社会的理想人格,是温和谦让的君子风度,不要为人先,不要冒险。自我反省和自我认识,以服从社会整体利益。

2. 思维方式不同

思维是反映客观事物的活动,人们通过一定的思维方式来认识社会。美国人和中国人形成了不同的思维方式,主要表现在以下三个方面。

第一,美国人的思维方式逻辑性强,中国人直觉性强。美国人运用科学的思维方式,将逻辑思维、数学思维、系统思维纳入认识世界的过程中。中国人的思维途径提倡直觉体悟,思维未经严密的逻辑过程,直接而迅速地获得整体感觉并进行把握。

第二,美国人思维形式倾向于精确性,中国人思维倾向于模糊性。美国人崇尚科学理性,强调思维活动的确定性,思维程式数字化、公式化、形式化。中国人思维最显著的特点是模糊性,善于用象征和隐喻的手法,阐发现象背后的深刻意涵,但是对概念缺乏周密的界定,在解决问题时,常常从经验出发进行推断。

第三,美国人思维着眼于个体性分析,中国人着眼于整体性分析。美国人基点的历史渊源,来自于"主客二分"的思想,这是分析性思维的核心,特点是明确区分主体和客体、思维和存在、现象和本质、人和自然,并把两者分离、对立起来研究。中国人善于以整体性为基点,通过多方向的类比联想对客体进行抽象,从而寻求其中的普遍规律,以寻求广大的和谐。中国人有"静思"的习惯,而美国人习惯于先行动后思考,一有行动就能取得实证分析的逻辑思维点,同时进行拓展。中国人则长于思考,千百年的文化传统使人们形成了某种价值定势,做事情之前先思索是否符合某种伦理准则。在管理上表现为,中国人在做事之前比美国人更多地考虑"后果",无论是管理者还是被管理者,都注重自己行为不违背一定的价值标准。如果员工把组织的管理目标看成是自己的行为准则,由此实现自我管理。

思维方式的不同必然反映在管理行为上存在差异。美国人的思维方式体现在管理中,就是精确化,例如泰勒主张把人的动作进行标准化,以提高效率。精确化管理在管理中得到充分的体现,明文规定企业目标、政策、组织机构、报告流程、评价标准等。在决策方面,美国从不迷信于"拍板定案"的经验决策,而是收集大量资料进行严密论证,以期使每一项决策都有坚实的科学依据。中国人的思维方式,在管理中表现出经验化和模糊化。一项决策从分析、制订到执行的整个过程,主要靠经验判断,人情因素也可能对决策产生影响;虽然有管理制度,但是人与人、人与组织之间的关系,是维系管理有效运作的重要方面。企业中的领导常常忙于应付日常实务,不容易静下心来为企业的长远发展做精确的计划与决策安排。

3. 制度管理与伦理管理的差异

美国在个人主义的基础上形成契约型社会,当社会发展到需要把契约关系用法定的形式规范下来时,就形成了法制社会。在管理中的人与人之间,不形成宗法伦理关系,一切按照规则办事,追求制度效益。为了防范入股者的投机主义行为,在企业内部形成一系列的代理、制约和激励关系,最终演变为现代的企业的法人治理结构。其管理具有科学主义的特质。科学主义的五大原则是精确、量化、分解、逻辑与规范。因此,美国管理模型是以强调规则、逻辑、秩序和流程,以制度为主体,以防范为特征。

中国社会文化是伦理文化(或人文文化),善于协调人际关系。和美国防范性管理不同,中国式管理注重情感投资和群体的和谐,具有引导性特点,即通过特定途径,使得员工接受管理准则和伦理,从而形成自我管理,这与中国文化的基本特点有关。伦理管理在中国式管理中具有重要的作用。表现为沟通频率的提高增加了内部成员的认同效应,组织的整合功能强,部门之间的协调成本和费用也会降低。当然,伦理管理也有一定的缺点,例如偏重于"关系学",对制度的重视不足。事实上,伦理管理和制度管理是缺一不可的,只是中国式管理的伦理管理色彩明显,而美国式管理的制度管理色彩更明显。

4. 物本管理与人本管理的差异

美国式管理的特色之一是物本管理。在用人上强调能力,并用绩效衡量人的工作,裙带关系较少。亚当·斯密最早提出人是追求经济利益的理性"经济人"。西方管理中把员工看成是机器的附属物,让人去适应机器,人被当作工具,当作物来管理。在这种管理模式下,职工与企业关系不稳定,人员快速流动,一旦高工资和高福利状态失衡,人际关系就容易变得紧张,甚至出现对立和社会动荡。出于对这一问题的反思和修正,20世纪初兴起当代西方人本主义,对人的本性进行了新的探索,演化出"经济人"到"社会人"再到"复杂人"等一系列研究,确立了人在管理中的作用。但是,以"经济人"为假设前提的理论与美国的科学主义文化相吻合,目前仍然是西方管理学的主流,在人本管理方面虽然有所改善,但仍然不具有主流地位。

中国的"以人为本"的管理,表现为柔性管理,具有伦理管理的特点,人力资源开发投资的损失较小,但是也存在一些缺点,例如,论资排辈、压抑个性、过分重视人情、任人唯亲等。

5. 权力距离的差异

权力距离是组织内权力分配存在不平等的现象,是指上司决定下属行为的程度,与下属能决定上司行为的程度的两者差异。西方国家人们的权利差距小,东方人则相对强调服从权威、尊重长辈、做事情要符合自己的身份。在美国的企业管理中,通过授权,上下级之间权力距离较小,下级通常认为上级是"和我一样的人",他们信奉最接近操作过程的人最了解问题,也最有发言权。美国高层经理通常会给下属规定一个目标,由下属去做,上司只以成果来衡量目标,至于下属中间过程怎么做,上司基本不干预,只要不违法和不违背商业道德即可。在现代管理中,权利差距小,明确分权和授权,以及权责相称的组织结构和高效运行的保证机制,能使组织各部门提高管理绩效。

权力距离小与权力距离大的文化特征比较见表9-1。

表9-1 权力距离小与权力距离大的文化特征比较

权力距离小的具体表现	权力距离大的具体表现
社会上的不平等应该缩小	世上存在不平等的秩序,每个人都有自己恰当的位置,人们的地位由该秩序保护
所有人都应该相互依赖	一些人应当独立,大多数人应依靠他人
等级制度意味着角色的不平等,建立它是为了便利	等级制度意味着不平等
上级认为下级是"和我一样的人",	上级认为下级不是和我同一类的人
下级认为上级是"和我一样的人",	下级认为上级不是和我同一类的人
上级是可以接近的人	上级是不可以接近的人
权利的运用应该正当合法,并服从于权力好坏与否的判断标准	权力是社会的基本事实,存在就意味着合理
一切人都拥有平等的权力	掌权者是被赋予特权的人
掌权者表现出看上去比实际掌握的权力要小	掌权者应试图尽可能表现出有权的样子
出现失败时,体系应遭谴责	失败者应受谴责
改变一个社会体系的方法是重新分配权力	改变一个社会体系的方法是罢免掌权者
不同权力层次的人民较少感到威胁,应准备去信任他人	他人是对一个人权力的潜在威胁,他人难以被信任

(二)中美管理模式的融合

1. 中美两国的管理模式,具有一般管理的特性

第一,两者都把人放在首位,但仍然有所不同。美国把单纯的被管理者个人放在第一位,通过对个人的尊重去完成组织目标,对人的尊重表现在个人英雄主义和个人奋斗精神上。而中国式管理强调个人对整体的义务和价值,相对来说创新意识不足。信息时代以来中国强调以人为本,让每一个人在整体中表现优秀,使得个人目标与整体目标统一起来。

第二,两者都追求组织的高效运转,都要通过管理要素和相似的管理职能过程的运作,以实现组织目标。

第三,两者在管理手段和方法上具有共性。特别是在对"物"的管理上,两者有较多的相似处,由于大量引进西方先进的科学技术,中国式管理在"物"的管理方面,获得很大的进步。

2. 中美两国的管理模式,具有融合交叉的特征

中国式管理侧重人文精神,美国式管理侧重科学精神,随着互联网技术的普及以及各国与地区交流的日益频繁,各种文化形态和管理模式之间的融合正在加强。

第一,追求卓越和追求和谐的融合交叉。如果片面追求卓越,会导致科学主义的泛滥。美国管理文化在20世纪80年代以后,力图从东方文明中寻找核心的因子,以便科学地发展,希望在追求卓越的同时,不至于给人类带来灾难。中国受传统文化的影响,管理文化倡导人生健康、成功、自在,并与人和组织以及环境建立和谐统一的关系,但科学精神不足,现代中国式管理不断吸收西方科学主义精神,开始形成"和谐—卓越—更高层次和谐"的格局。

第二,制度管理和伦理管理的融合交叉。美国式管理的最大特点在于程序化、制度化、规范化和逻辑化,以效益为中心建立科学的管理秩序,管理模式具有"防范性"的特点,这直接导致了管理者与被管理者的对立。20世纪80年代以后,美国式管理想从东方文化中吸收管理智慧,以丰富美国企业管理文化。

复习思考题

1. 什么是中国管理学?怎样理解中国管理学的研究方法?
2. 如何理解中西管理哲学的差异?
3. 为什么说中国式管理的意义是修己安人?
4. 如何理解中国式管理的情、理、法原则?
5. 简述中国式管理的经权法的内容。
6. 为什么说中国式管理的最高境界是无为而治?
7. 简述中国式管理与日本式管理的差异。
8. 简述中国式管理与美国式管理的差异与融合趋势。

【案例分析 9-1】

联想领导带头守纪律

任何规章制度,只要能贯彻执行,就能显示出一种巨大的力量。那些优秀的企业,贯穿各项工作的核心往往就是极强的执行力。在联想,任何一项制度在发布后都会被坚决地执行。这些制度在实施的过程中,上下都非常重视,任何一名员工会遵守。任何人如果违反条例规定,都会自觉地去执行惩罚条例。正是因为这样的执行力,才使得联想的各项制度具有相当的威力,保证了各项工作都能顺利进行。

联想的这一硕果源于这样的规定:在联想,以前人们开会也经常迟到,当公司发现了这个问题后就制订了一个会议管理条例,凡是会议,所有的人都不能迟到,否则,员工就将被要求在前面站上一分钟,会议也停下来奉陪。被罚站的第一个人是吴文洋,被罚的吴文洋一身汗,柳传志

也一身汗。因为吴文洋原是计算所老科技处处长,是柳传志的老领导。柳传志对吴文洋说:"老吴,今天你在这儿站一分钟,今晚我到你家,给你站一分钟。但现在你必须罚站,不这样,今后会议没法开,所有的人都忙,都有理由迟到。"吴文洋的脸立即变得通红,但他真站了一分钟,但那一分钟柳传志也冒了一身汗。柳传志承认自己也被罚站过三次。"其实不算多,我开会最多,迟到机会最多。有一次,电梯坏了,我被困在里面,我拼命敲门,叫人请假,可周围没人,这也是要罚站的。"联想从几百人发展到现在的上万人规模,始终如一地坚持执行着这项规定,之所以能够这样,关键也是联想的领导班子做出了榜样。

资料来源:广通编著:《联想名言录》,地震出版社,2005年版。

思考题

1. 柳传志在处罚吴文洋之前说:"老吴,今天你在这儿站一分钟,今晚我到你家,给你站一分钟。"体现了中国式管理怎样的原则?
2. 请谈一谈制度管理的重要作用。

【案例分析9-2】

胡适无为而治当校长

胡适曾担任中国公学校长,上任后,受到师生的热烈欢迎。他发现学校连一本正式校规都没有,便首先召开校务会议,通过了《校务会议组织大纲》《教务会议组织大纲》和《学校章程起草委员会》等议案。

有了规章制度以后,胡适对学校事务便采取无为而治的态度。时任副校长杨亮功说:"胡先生对学校行政常以'无为而治'自嘲,实际上他是以无为而为,与自然主义教育家卢梭以不教而教同是一样的态度。胡先生只注意于学校的重要问题,赋予各主管以事权,并为之排除困难,因此养成各人自发的工作精神。"

与杨亮功的评价相比,一位名叫陈咸森的学生讲得更透彻。他说:"胡先生一贯主张无为而治。这在当年我们做学生时还不大了解,直到30年后在台湾看到胡先生的一篇'无为而治'的文章,那篇文章里说到艾森豪威尔做哥伦比亚大学校长和做总统时两个故事,方才明了胡先生的'无为而治'的深厚道理。"

为了弄清楚所谓"深厚道理",我们先看看这两个故事讲了些什么。第一个故事说的是艾森豪威尔担任哥伦比亚大学校长时,各部门领导都要前来拜访,谈谈各自的工作。于是他每天要接见两三位院长或部门负责人。几天以后,他问副校长,像这样的人一共有多少,对方说共有63位。艾森豪威尔两手举过头顶高声说道:"天啊!太多了!太多了!我当盟军统帅的时候,只需要接见三位受我直接指示的将领就行了。我完全相信这三个人。他们手下的将领,我从来不用过问。想不到我当一个大学校长,竟要接见63位负责人,他们谈的我不大懂,又说不到点子上,这对学校实在没有好处。"

另一个故事是说艾森豪威尔当总统时爱打高尔夫球,有一天白宫送来一份急件,助手替他准备了两份批示,一份表示同意,一份表示不同意。没想到他居然在两份文件上都签了字,并交代说,请副总统尼克松替我挑一个吧。

在许多人眼里,这两个故事是嘲笑艾森豪威尔的,但是胡适却从中看出民主的真谛。胡适的这个观点对于我们来说是非常陌生的。

资料来源:智效民著:《八位大学校长》,长江文艺出版社,2006年版。

思考题

1. 无为而治是一种怎样的管理境界?
2. 制度建设与无为而治是什么关系?

参 考 文 献

[1] 成中英.C 理论:中国管理哲学[M].修订版.北京:东方出版社,2011.
[2] 葛荣晋.中国管理哲学导论[M].2 版.北京:中国人民大学出版社出版时间,2013.
[3] 吴照云.中国管理思想史[M].2 版.北京:经济管理出版社,2017.
[4] 胡国栋.管理范式的后现代审视与本土化研究[M].北京:中国人民大学出版社,2017.
[5] 吴通福.中国古典管理哲学[M].北京:经济管理出版社,2016.
[6] 周书俊.先秦管理思想中的人性假设[M].2 版.北京:经济管理出版社出版时间,2017.
[7] 黎红雷.儒家管理哲学[M].3 版.广州:广东高等教育出版社,2010.
[8] 黎红雷.中国管理智慧教程[M].北京:人民出版社,2006.
[9] 曾仕强.中国管理哲学[M].北京:商务印书馆国际有限公司,2013.
[10] 曾仕强.管理大道——中国管理哲学的现代应用,北京大学出版社,2004.
[11] 曾仕强.中国式管理[M].北京:北京联合出版社,2015 年.
[12] 舒化鲁.中国式管理系统实施方法[M].北京:经济管理出版社,2006.
[13] 肖知兴.论语笔记[M].北京:机械工业出版社,2006.
[14] 苏东水,贺彭,等.中国管理学[M].上海:复旦大学出版社,2006.
[15] 苏东水.东方管理学[M].上海:复旦大学出版社,2005.
[16] 苏东水.华商管理学[M].上海:复旦大学出版社,2006.
[17] 周三多,陈传明,贾良定.管理学——原理与方法[M].6 版.上海:复旦大学出版社,2016.
[18] 芮明杰·管理学:现代的观点[M].2 版.上海:上海人民出版社,2005.
[19] [荷]G.霍夫斯坦德.跨越合作的障碍——多元文化与管理[M].尹毅夫,陈龙,王登,译.北京:科学出版社,1996 年.
[20] [美]理查德 L·达夫特.组织理论与设计[M].12 版.王凤彬,石云鸣,张秀萍,等,译.北京:清华大学出版社,2017.
[21] [美]理查德 L·达夫特.领导学[M].6 版.苏保忠,苏晓雨,等,译.北京:清华大学出版社,2018.
[22] [美]彼得·德鲁克.管理的实践[M].齐若兰,译.北京:机械工业出版社,2009.
[23] [美]彼得·德鲁克.21 世纪的管理挑战[M].朱雁斌,译.北京:机械工业出版社,2009 年.
[24] 斯蒂芬·罗宾斯,玛丽·库尔特.管理学[M].13 版.刘刚,程熙镕,梁晗,译.北京:中国人民大学出版社,2017 年.